中国城市经济问题研究

RESEARCH ON URBAN ECONOMIC ISSUES IN CHINA

付晓东 王静田◎著

经济管理出版社
ECONOMY & MANAGEMENT PUBLISHING HOUSE

图书在版编目（CIP）数据

中国城市经济问题研究/付晓东，王静田著．—北京:经济管理出版社，2022.4
ISBN 978 - 7 - 5096 - 8410 - 8

Ⅰ.①中…　Ⅱ.①付…②王…　Ⅲ.①城市经济—研究—中国　Ⅳ.①F299.2

中国版本图书馆 CIP 数据核字（2022）第 076592 号

组稿编辑：申桂萍
责任编辑：康国华
责任印制：黄章平
责任校对：王淑卿

出版发行：经济管理出版社
　　　　　（北京市海淀区北蜂窝 8 号中雅大厦 A 座 11 层　100038）
网　　址：www. E - mp. com. cn
电　　话：(010) 51915602
印　　刷：北京晨旭印刷厂
经　　销：新华书店
开　　本：720mm×1000mm/16
印　　张：15.75
字　　数：289 千字
版　　次：2022 年 8 月第 1 版　　2022 年 8 月第 1 次印刷
书　　号：ISBN 978 - 7 - 5096 - 8410 - 8
定　　价：88.00 元

前　言

人作为万物之中最有灵性、最有智慧的物种，在进化发展过程中创造出了一种集中且宏大的生存方式——城市（聚落）。

城市的出现，为人类创造财富、文明进步、实现理想构建了一个新的巨大的场所和家园。城市的文明与辉煌、创造与革新，使城市脱颖而出，由简单到复杂，由"点"到"群"，功能形态升级更新，聚能发力，成为每个时代的社会先锋、时尚引领。可以看到，城市在发展过程中，有兴衰与沉浮，有繁华与萧条，有拓展与掠夺，有建设与摧毁；有高楼大厦、车水马龙、繁华市容，也有棚户陋巷、脏乱差贫、拥堵破败；有血雨腥风、灰飞烟灭，也有诗情画意、歌舞升平，不管怎样，城市集中反映了人类社会的百态。尤其是随着近现代科技和社会的全面进步，城市迅速发展，无论是经济还是文化，无论是职能还是地位，都担当起了引领人类社会发展的旗帜。

城市在社会发展进程中一路崛起，但也存在这样或那样的问题，我们依然无法全部改变或者彻底解决。而且，今天的城市，仍是许多人无法摆脱或离不开（向往）的一种选择。其实，城市这种形态就是一种社会发展趋势，城市存在的问题和矛盾，需要随着认识和手段的进步，不断改进、疏解和克服。一个再发达的城市也无法做到使每一个来到这个城市的人都获得满足，但作为城市居民中的一员，总是期盼城市能够做得更好。本书的目的就在于此，为未来更加美好的城市思考谋划、化解问题、添砖加瓦、添光增彩。

城市是我们的家园，人是城市的主人、主体。然而，长期以来，我们却忽视了对"人"的足够关注和服务，出现了生硬的、机械的、冰冷的一面，而温暖的、鲜活的、亲切的、浪漫的感受和表达明显不足。一些城市"封闭隔离式"的交通反而割断了道路两旁商贸的交流氛围，虽然提升了交通运行效率，但却牺牲了市场空间、商贸交易和人文沟通（人气）的价值；拔地而起的高楼，老死不相往来的独居，缺乏公共活动空间的社区，减少了人与人之间的交往机会。

城市是具有巨大活力、承载历史、创造文明、开创未来、给予希望的人类集聚地，城市的活动、运动、流动千差万别、千变万化，不同城市演绎着跌宕起伏的独特历程；城市的主体、个体、客体，林林总总、千千万万，他们贡献着自己的那份汗水和才智，创新着自己的幸福与城市的未来，感受着城市摇篮般的温暖呵护，享受着各种便捷发达的服务，欣赏着自创的文化与景观，承受着难以停歇的残酷竞争压力；同时，也在述说着甚至谩骂着城市的不足与缺陷。城市就像一列行驶的列车，不管它带给车上人们的是欢乐（美好、愉悦）、富裕（幸福）、惊喜、梦想以及人生的拓展，还是痛苦、磨难、坎坷（挫折、失败），甚至是毁灭，城市带着"真善美"和"假恶丑"依旧沿着它的轨迹向前而去。然而，我们的目标（期望）是要获得更多的"真善美"，减少或杜绝"假恶丑"，让人们在这里充分感受生命美好的过程，享受高质量的现代生活。

历史进入了一个转型发展、创新发展、提质发展的时期。城市经济的新旧问题汇聚混合、盘根错节，特别是我国城市化速度异常迅猛，以人类历史上未曾有过的人口流动，大规模涌入城市，新城新区、高楼大厦拔地而起，光鲜亮丽的背后有着许多不可回避的、复杂而尖锐的矛盾和问题，如城市由来已久的历史问题（交通、人口、产业、环境和住房等），在新的发展条件和环境中遇到的新问题（宜居、特色、品位、形象、创新、后劲、开发、经营、竞争和活力等）。城市中的不同主体有着不同的期待和诉求，不同的城市有着不同的区位、底蕴和前景，如何认识城市众生的兴衰起伏？如何超越、引领、破解困局与僵局？如何面对未来、传承史脉、追逐潮流？为何有的城市可以独领风骚数百年？为何有的城市突然崛起？为何有些城市一蹶不振？为何数百年建立起来的传统经济结构难以为继？为何新兴经济洪流滚滚、长驱直入？为何新兴业态在一些城市枝繁叶茂，却在一些城市不温不火，甚至成了"无花果"？为何一些经济理论苍白无力、研究滞后于实践？这些城市经济问题显然不是一个城市经济学理论所能解决的，而是需要一个跨学科、多角度、众人参与、集思广益的研究策略。城市是一个复杂的巨型系统，随着科技的迅猛发展，城市经济的运行以及管理方式都在发生变化，开展新形势下的城市研究，是把握未来城市发展的重要前提。值得欣慰的是，时代提供了机遇，数字（信息网络）时代加上热情睿智的"创客"，促使学术界对城市经济学的内容与方法不断进行完善和补充。

本书以探索问题为主线，观察城市，认识城市中的主体——人，以人为本，与环境友好，剖析、挖掘城市经济问题的脉络和症结，集思广益，寻求答案（破题之策），为使我们的城市更加宜人、更加美好，成为人间的"天堂"，启迪心智，添柴加薪，实现真正的"城市的胜利"。

目　录

第一章 认知逻辑问题

人们对事物的认识总是基于一定的理论和固有的定式。理论和原理有助于人们对问题的分析和把握，追寻事物的本质。当然，理论和原理有很多，在城市经济学领域各种原理林立，有不少是经典，是分析问题的"灵丹妙药""钥匙"。本书将根据个人的理解和感悟，提出一个认识逻辑和视角。

第一节 三个重要的出发点

《区域经济学原理》一书提到了区域经济学存在和发展的客观基础，这些基础有三个方面。其实，这些方面可以作为认识城市经济问题的出发点和逻辑起点。

一、自然禀赋的差异性

人类的经济活动总要落脚在一定的地域空间上，城市是人与自然共同作用的十分重要的经济社会空间单元，它既是经济增长的重要源泉，也是社会活动的集中场所。城市存在的基础和依托就是自然，城市离不开地球。地球各部分空间经过亿万年的沧海桑田变迁，自然条件千差万别。一些地方的自然条件适于人类的生存与发展，而另一些地方则不适宜或难以适应人类的生存与发展需要；一些地方宜于农业生产，而另一些地方则宜于矿业开发建设；还有一些地方资源在这里的组合效率优于其他地方。由此产生的区域差异可以理解为自然形成的区域"级差地租"。位于地球表面某一处的城市，必然受到所在地自然禀赋的支撑（可看作原始供给水平）和约束。地球表面这些不同部分的自然禀赋，包括自然条件的不同性，资源（要素）的丰缺性、有限性，以及分布的不均衡性、不完全流动性，这是大自然内置于城市、长期需要支付的"预设成本"（见下一节）、"固定成本"。由此可以看出，大自然为人类社会提供了多样性、可能性，山川河流、沿海内陆，各类土地、气候（冷暖、干湿、白黑天）、矿产能源、景观天象等。人类按照经济活动的经济性、便利性和舒适性，形成了千差万别的集聚形式——

城乡面貌。宏观上的胡焕庸线，两侧的不同反映了自然基础上叠加的人为选择的结果。

其实，与人类需求的无限性相比，无论是自然资源、人力资源，还是社会经济资源及社会财富，都是有限的。这些稀缺的资源即使分布均匀，也会因自然差异（区位）效应的作用，向某些地区集聚。再叠加上人为的、政策的作用，要素流动与集聚更加明显。由此，产生了对资源进行优化配置、使经济发展质量达到最大化的生产力布局这一区域经济学的基本理论。倘若资源不是稀缺的，而是无限的，那么区位将失去位势，区域差异将消失，区域经济将成为无本之源。

从自然的差异性角度可以看出，生产要素在地域空间分布上的不均衡性和生产要素的不完全流动性，使人类的经济活动难以形成空间均衡化，但却为各地在多样化的基础上实现最大化经济成果提供了可能。假如生产要素的分布是均衡的（或者即使不均衡，但在空间上可以自由流动，各要素供给自然会从要素富集地区流向稀缺地区），就会形成世界大同的"均质"状态。这样，要素可随时随地供应，不会存在交换，不会有要素价格，这实际上意味着经济活动的停滞、窒息和死亡。因此，自然禀赋的差异和要素的不完全流动性是区域经济的灵魂和活力所在，还是区域经济分异的前提，也是区域经济多样性、互补性和区域分工的基础。

二、经济活动的极化性

经济活动的极化性表现为规模效应和集聚效应。它是由经济本身的趋利性和节约性导致的。经济活动具有不可分性、连续性，环环相扣，彼此相依，最终产生成果和收益。这种极化性伴随着科技进步和人类文明的不断提升，由初级的自然经济、农业经济发展为工业经济、现代经济，城市化水平不断推高，集聚的强度、力度和规模一浪高过一浪。

毫无疑问，自然禀赋的差异可以导致区域经济分异，但并不是自然禀赋完全一致时就不产生分异。自然条件的不同、资源的稀缺性、要素分布的不均衡性和不完全流动性只是解释区域经济差异存在的一个必要条件，而不是充分条件。从不均衡性来看，它是流动性产生的前提条件，只有不均衡才会产生流动性的需要，要素的不完全流动性阻止了要素均衡的实现途径，产生了区域差异；从均衡条件看，即使要素分布完全一致，理论和现实也将证明经济的空间格局并不完全一致。我们知道，经济从来不是完全在自然力作用下产生的，区域经济的差异实际上还有更深刻的因素在发挥作用（比如，新经济地理学的第二自然），自然因素毕竟只是客观条件，它需要人类的主观活动才能发挥作用，否则就会陷入"地理环境决定论"的信条中。

确实，自然因素在区域经济中起着不可忽视的作用，在某些情况下，甚至起着决定性的作用，但这些因素如不通过人类有目的的经济活动作用转化为经济因素，资源优势便不能变成经济优势，优越的自然条件就不能转化为现实的生产力，自然条件的价值也就无从体现。因此，不论在自然条件均质的情况下，还是在自然条件不均质的情况下，区域经济差异产生的更为根本的因素都是人为因素，这就是人类经济活动的极化性。

在经济规律的作用下，要素的流向总是趋向于使其增值或者提高效率的方向。一个企业的生产规模在一定限度内增大，一般可以得到节省单位产品成本和提高效率的好处，这就是企业的规模经济。若干个企业集中在一个地点，能够为各个企业带来成本的节约等经济利益，这就是集聚经济。规模经济和集聚经济使各生产要素和经济单位集结在一定的空间上，形成极化点或经济增长极，这些极化点和增长极在极化效应的作用下不断壮大、强化，从而形成以城市为极化中心的区域经济。

三、空间距离的不可灭性

人类经济活动离不开地域空间，有空间就有距离，要进行经济活动，就会产生运动、产生位移，就要克服空间的距离限制，支付距离成本。在均质的条件下，距离远近会导致费用成本的不同，因而，经济活动也会因空间距离因素而发生分异。在不均质时，可达性显出了重要意义，那些交通便捷的区位，那些获得当代最先进基础设施的地区，就占据了发展的先机、优势和主动权。

距离因子是区位论的重要研究内容，尽管现代科技、现代交通和通信业的发展，已经大大削弱了自然距离的束缚，将全世界变成了"地球村"，使空间距离对人类活动的限制越来越少，但只要距离存在，经济活动就需要支付距离成本，就要占用时间。而时间就是金钱，距离就是费用、就是支出，只要发生位移就会产生成本。由此可见，距离成本对区域自然禀赋优势的发挥和空间集聚经济的实现具有极为重要的影响，它使经济活动局限于一定的地域空间范围内。

综上所述，自然禀赋的差异和空间距离的不可灭性是区域差异的基础，这是自然力形成的，也被称为第一自然，靠人力是难以改变和消除的，人类只能顺其自然，趋利避害，加以利用。这不仅是区域经济多样化、区域分工的前提，还是区域经济研究的中心内容。经济活动的极化性是人类活动对区域条件的利用和改造，它既有扩大区域经济差异方面的作用，又有缩小区域经济差异方面的影响。区域经济学研究的目的与任务是，使所有区域在发挥各自优势、尽可能获得进一步健康发展的条件下，走向更高层次的均衡，使人类的物质生活条件趋于均等化。上述三个方面构成了区域经济存在和分异的重要基础及其重要理论支柱，也构成了本书的逻辑视角和出发点。

第二节　预设成本体系视角——经济理论中的
根植性思想与认识

关于城市经济学理论与原理，国内外有不少书刊都有介绍，这里不做赘述，仅就个人多年的学习、认识和体会，总结出一个认知问题的视角，在阐述城市经济问题时尝试加以应用。

经济理论告诉我们，经济活动是在一个可以预知、预期，又存在相当风险的成本效益体系中运行的。其中，既有确定性，又有不确定性。这个体系有一点特殊，就是人类不能摆脱、放弃，必须参与，这是人类生存发展的需要。事实上，这个经济系统存在的成本、收益一部分是可知的、可确定的、可预测的，一些风险也是可认知的，但其是否发生、何时发生、发生的概率是多少是难以确定的，常常可以通过追加成本，加强研究、防范（成本费用容忍范围）减少损失，这方面的研究成为经济决策的重要内容。其实，今天各地许多产业、经济的格局都是人类自然选择（人与天地交互作用）的一个结果。那么，对现实（既定事实）的解释，对未来可能的趋势结果，我们不妨用预设成本体系这种根植性思想来认识、分析一下，换个角度让我们对区域、城市经济有一个更加深入的认识。

一、根植性产生的预设成本体系——特色之源

根植性是指一个地方的经济社会活动长期依赖于某些条件的表现和特质，是资源、文化、知识、科技、制度和地理区位等要素在经济层面在当地的融合化。根植性是经济活动在特定地区集聚的重要原因，也是区域、地方特色形成的本源。

根植性对经济活动的影响通过本地要素成本，进入产业系列，作用于价值创造系统，由此产生了收益的多寡、持续性和稳定性。从更广泛的区域尺度看，不同的地方、不同的城市根植性表现为一个内生的预设成本体系（门槛效应）。它是产业分异、经济分工、职能分化的重要力量，在此基础上会形成千差万别、各具特色的产业门类和经济结构，我们看到的形形色色的大千世界其实就源于此。

因此，认识和挖掘根植性，是塑造特色产业、特色经济、特色城市的需要，也是促进城镇功能稳固、产业持续发展的基础性动力。

（一）认识根植性对城市经济的意义

根植性是指经济发展与其所在地的一种天然、固有的联系，如与当地的资源

条件、上下游企业有机地共同形成产业链或产业网络，它以内在的、基础性的、长期性的力量影响着经济发展的壮大或衰退。各个地方的自然环境、要素禀赋、地理优势、社会资本以及市场条件是不相同的，因此，各地的经济发展模式也会表现出地域性、根植性的差别，这是地区品质塑造的基石。

认识根植性：①有利于差别化定位发展，避免趋同、雷同、相似发展，使合适的新兴产业得以扎根发展。②有利于厘清产业与当地资源、经济的发展脉络与体系，避免在那些水土不服、不接地气的产业上耗费资源和财富，导致生产要素错配；使那些合适的产业在当地生根发芽、互联互通，形成产业网络和价值链体系；有利于提供基础的、深厚的可持续发展支撑力量，避免短期行为，使追风、尝鲜、作秀的做法失去土壤。③根植性的提出为区域和城市经济研究提供了一个全新的方向和思路，除了资本、劳动、科技这些因素外，自然禀赋和历史文化等因素也是难以改变和移除的。④有利于国家产业政策的针对性实行，发挥政策效力。政策虽然是外部因素，但可以直接影响地区经济的发展方向，如果政策制定者没有充分考虑根植性，一味追求"新"，会导致政策与本地市场脱离、技术与产业不匹配，不利于当地的发展。

一旦某一个经济系统与当地的资源禀赋、社会状况相匹配，融于当地的水土人文，有了深厚的根植性，接了地气，就有了基础性支持和内生力量，再加上市场（强偏好）、政策（强导向）等多种源动力的牵引，发展壮大指日可待。

（二）根植性的特性

根植性本身具有深刻的内涵，在历史发展中可以不断获得新的内容，表现出许多特定的特征。

1. 独特性、唯一性

独特性、唯一性，甚至排他性，是根植性的重要特性。由于各地的根植条件，如风土人情，不完全一致，所以，即使是看上去一样、听上去也相似的条件和要素，其内涵也是不一样的。比如，以古镇为特色的周庄、乌镇、西塘等，各有千秋。乌镇的开发重点在于景色景观，展现了古镇与现代化的完美结合。周庄完整地保存了明清时期的建筑，数不胜数的古桥成为代表景观。西塘被称为活着的千年古镇，极大程度地保留了当地的原始状态，充满了生活气息，是小家碧玉式的文艺小镇。独特性一经形成，很难被模仿、复制。

2. 网络性、联通性、交互性

网络性、联通性、交互性是根植性的又一内在特性。一个地方的根植性在其形成过程中，由于多种因素交叉重叠、反复作用，因此，并不都是明确可分的，如文化资本和社会资本有时很难完全区分开。在长期的历史过程中，根植性吸纳、集聚了自然、人文、经济、科技和制度等多种条件的滋养，具有交互性、联通性的特征，为社会经济的发展提供了多向、多方位的基础支撑。

如果一个地方历来就有某种制造业的传统，随着历史传承下来的就会包括技术和文化两个方面。以吕梁市汾阳市杏花村镇为例，该地以汾酒产业为特色，其中包含汾酒的制作技术工艺和汾酒文化。杏花村的酒文化源远流长，酿酒历史可以追溯至4000多年前。千百年来，这种制曲、发酵、蒸馏等酿酒过程，不仅饱含着酒工的技能、情感和创造，还把汾酒的醇香、品质和底蕴口口相传、代代传承，形成了"技艺＋文化"的典型特色。无锡市宜兴市丁蜀镇的陶艺制作和陶文化，许昌市禹州市神垕镇的钧瓷制作与文化也是如此。此外，市场需求模式和自然资源禀赋的发展模式也存在着一定程度的交叉。例如，昌平区小汤山镇的温泉旅游产业是对其温泉资源的合理开发和运用，是基于北京快节奏的生活所带来的周边温泉旅游的需求应运而生的。因此，一个特色小镇的模式通常是由多种因素造成的，这体现了根植性的网络性、联通性和交互性特点。而多种模式的形成为特色小镇的形成和开发提供了不同的依据和理由，也反映出了特色小镇的定位和开发方式的合理性。

3. 发展性、渗透性

根植性不是一成不变的，它具有一定的发展性。许多地方的发展最初是抓住了自己独特的条件（成本体系中最具优势的部分）和特定时期特殊的市场需求偏好，并在此基础上发育出一系列相关的产业（链）及其成熟的技术，并孕育出相应的文化，从而不断演进发展的。

特色（根植性）的形成是一个不断成长、壮大的过程，如好莱坞和国内大大小小的影视城就是运用有利的区位，结合市场需求，集聚文化资本、社会资本的典型案例。滨海新区中塘镇的汽车配件产业体现了区域规划势能与市场需求偏好拉动的技术社会资本发展推进模式。

4. 继承性、易逝性

根植性既可被传承下来，又具有易逝的特点。自然资源禀赋和社会资本基础具有历史继承性，也就是说，资源、文化和技术往往是前人留下来并代代传承的，其在以后的发展过程中也可以作为一种财富继续流传下去，并在区域发展中起到壁垒的作用。

市场需求偏好具有易逝性，一方面，由于时间推移，在没有以一种相对稳定的方式来满足需求的情况下，需求有可能发生变化或者不复存在；另一方面，在利用市场需求进行发展的初期，并没有如资源、文化和技术这样的壁垒，机会有可能被其他地区抢先占有。

（三）根植性的三个视角——"三足鼎立"

按照经典经济学原理的自然生产力和社会生产力划分，可以将根植性的表现理解为自然禀赋基因、社会资本基础和市场需求偏好三个方面，这三个方面构成了"三足鼎立"式的分析视角。

1. 自然禀赋基因

自然禀赋也就是自然条件，包括地理位置、自然景观和自然资源，对于一个产业的兴起和可持续具有至关重要的基础性作用。一个地方产业的成长轨迹，往往依附于自然资源，或者由外部力量利用当地的某些资源条件嵌入产业，以开发利用自然资源为起点，加以改变并且融入新的要素进行生产和交易，形成关联产业群（产业链）。历史上各地形成的特产皆是源于此，茅台、龙井、沁州黄、哈密瓜、海南椰子、根河蓝莓等；近现代产业，如钢铁、能源、化工、石油等，落地也无不与自然禀赋相关。

自然要素主要包括两点：一是地点或区位；二是要素禀赋或特有条件（数量与品质）。前者为产业提供空间基础，后者为产业扎根本地提供可持续的物质条件。将先天的因素引入产业领域作为第一性生产要素，可以清楚地了解产业系统存在的基础，以及面临的有利与不利条件、支持的与制约的条件、丰饶的与短缺的条件、普遍的与独有的条件。

区位不仅是指地理位置和空间概念，或者事物出现或者现象发生的位置；它还包含空间关系，或者事物或现象在空间上的联系或表现（重要性）。区位的重要性除了自然本身（出海口、三角洲、河流岸边和矿产地）的特征贡献外，人文活动也可以改变其地位的重要性（生产力布局、交通设施和文化教育建设等）。由此可见，区位实际上包括了自然和社会两方面的因素。一个产业（或项目）能否在一个地方落脚，并长期健康地发展，是当地的自然条件、属性、资源与人文、社会条件共同作用的结果。比如，"硅谷"不是随机地出现在任何地方，而是在特定的地方，这就说明了这个道理。所以，研究产业发展，选择主导产业，离不开区位因素分析。一个地方的主导产业要能够扎根并健康长久地发展，不仅需要主导产业良好的特性（技术先进性、辐射带动性、成长快速性和市场稳固性等），还需要其与当地的资源、产业配套、经济网络很好地融合，形成一个协同系统。这就是说，根植性是选择主导产业的前提。

这里需要提及一个概念，即资源诅咒。其实，资源诅咒是对优势自然条件的一个误读，也是对根植性的一个误解。可以说，那些建立于某一优势资源（矿产）基础上的产业（城市），只具备短期（矿产寿命一般只有上百年）成长依托的根基，未必是一个真正的长久依赖的根脉或者一个可以自组织的、可转换的、可自更新的产业网络（沿海发达城市已经具备这些能力）。从长远看，那些遭到资源诅咒的产业或地方还未找到真正的对其更有力、更持久、更可依赖的根（条件）。

此外，一些边际效应递增的要素，如人才、创新、科学技术（知识）等非自然因素，在数字经济新时代越来越起着重要的、决定性的作用，且随着时间的推进，其贡献度还会有所提高。但是，区位和自然禀赋这种根植性在地区的品质塑造和转型升级中，仍然是不容忽视的因素。这从国家投入大量的精力改善发展环境（改山换水、生态环保、交通港等）可见一斑。

2. 社会资本基础

社会资本是指社会主体（个人、群体、组织、地区、国家、社会等）之间存在的密切联系的状态及其特征，主要表现在社会网络、信任、规范、共识、权威以及社会道德等方面。社会资本按照其形成的主源头，可以划分为：①技术社会资本，包含地区的传统技艺、现代科技和产业基础，即在以往生产中沉淀下来的和现代发展中形成的产业技术优势；②文化社会资本，主要指历史文化积淀，包括历史遗迹、民俗风情和人文精神等。

从区域生产要素的角度分析，区域生产要素不仅包括先天的基础的第一性要素，还包括后天的人为的第二性要素，而这恰恰是社会生产力的决定因素。这部分因素，如资本、投资、技术、创新、管理和市场等，似乎与根植性无关，但其实不然，它是长期历史发展积淀形成的，特别是人文积淀（人口、劳动力、企业家、文化和历史），其组合与配置以及开发程度与效率，将塑造不同的产业与系统，影响总体社会生产力。比如：中关村高科技园区，根植于高校科研院所及其人才积累、制度优势。这种社会资本条件，如科技创新、金融活跃、技术进步、制度适宜和文化交融等，改变了区域格局、城市功能和发展模式，如深圳、温州、苏州和香港等。

在社会资本的形成过程中，劳动力资源与政府导向是两个重要的环节。劳动力资源包含劳动者素质、长期的劳动技能积累、劳动力的组织与规模、劳动力的流动与更新等，这些内容是具体地区长期历史形成的，是影响一个产业能否在一个地方扎根、持续发展的基础性因素。政府的行为与政策包括支持、限制，甚至禁止类的政策，这对产业的发育、成长和壮大有着至关重要的作用。一般而言，与政府宏观目标政策相适应的产业，可以争取到一个较为宽松有利的发展环境，可以获得较多的支持，运营成本相对低廉；而与政府政策、原则相违背的产业，轻则缺少支持，运营成本增加，重则遭受限制或取缔。所以，在各地主导产业的选择过程中，与社会资本所联系的根植性也是必须要考虑的因素。

北京为了支持首都职能，选择和塑造相应的产业，出台了一系列政策措施，如吸引和壮大金融机构，开展科技研发；排斥高耗能、耗水、耗地产业；限制非首都职能产业；推进 CBD 建设；退二进三（将二产制造业迁移出三环以外）。政策的出发点都与首都职能的"根"相连。

3. 市场需求偏好

经济学给予了市场因素足够的关注，对市场的认识和研究不胜枚举。T. G. 帕里和邓宁等人认为，市场规模、需求内容、消费层次结构、消费者内在因素、市场增长态势、市场布局、发展阶段水平（市场的成熟和完善程度）以及与顾客的联系程度都是国际投资在选择投资场所时必须要考虑的因素，这些方面的区域差异即是根植性的表现。也就是说，市场需求直接关系着一个地方的生产力的形成和发育①。

经济发展在第一性要素的基础上必然要依靠它所在市场的需求和偏好。这就要求经济发展模式的选择必须与市场的需求相适应，围绕消费者偏好，针对市场的某一环节或层面配置生产能力，从而形成专业化生产、规模生产、特色生产，这样才能发挥产业的作用，带动地区经济的发展。

城市经济的增长需要强大而持续的市场拉力和需求空间。一个产业的发展（尤其是主导产业）离不开众多投资者的进入，任何一个投资者在投资之前都要对投资地区的投资项目的市场潜力进行调查和分析，不仅要了解该地区和项目的市场规模容量、进入难度，还要了解市场结构、层次和特征等，以确定其投资方向和投资规模。

对市场而言，它包括的内容和层次十分广阔，一般来说，市场包括消费品市场、生产资料市场、劳务市场、金融市场、技术市场、房地产市场、产权交易市场以及信息市场等。其体系还涉及市场机制、市场规则和市场服务中介机构等。一般消费品市场具有可培育性和可开发性，有效的营销手段可以打开市场、拓展市场，使潜在市场转化为现实市场。上述内容构成了地方的市场偏好根植性。

市场需求因地区而异，每个地区都有不同的需求偏好。市场需求可以是对某种产品的需求，也可以是对服务行业的需求；可以是本地内生的，也可以是外部与本地关联提供的（贯通的）。有些市场具有特定性和强大的根植性，很难模仿、转移，如四川麻辣（川味）市场、西北各地的民族产品、内蒙古牛羊制品、浙江块状产业基地和安特卫普钻石市场等。

根植性除了上述三个强大的根脉（结构组成）外，还有一些重要的特征，如网络特征、动态拓展和双向作用特征等。根植性具有双刃性质，不仅要注重其有利于经济发展、发育的方面，还要看到其约束条件。既要看到其雄厚广阔的机遇，又要看到隐藏于背后的凶恶风险。依托某种优势资源发展起来的主导产业（城市）往往一业独大，鹤立鸡群，不仅制约着其他产业和要素的进入、流动和组合，还使自身处于风口浪尖上，一旦市场波动或资源支撑不足，就会对其造成

---

① 参见帕里在 1976 年完成的博士论文《国际生产区位：制造业跨国公司参与国际市场的贸易与非贸易方式的研究》以及邓宁于 1977 年出版的《贸易、经济活动和区位与跨国企业：折衷理论的探索》。

重大的打击。

不同区域的自然禀赋基因、社会资本基础和市场需求偏好等各不相同，因此，各地的企业和产业也会表现出地域性的差别。

二、与主流理论观点的联系

（一）内生增长理论

诺贝尔经济学奖的获得者保罗·罗默提出的内生增长理论认为，经济增长受内生因素而非外生因素的驱动，对人力资本、创新和知识的投资是经济增长的核心动力。这个理论在产业、城市和区域经济领域应用较广、指导性较强，受到了普遍关注。各地方在分析、寻求发展因素的基础上，力求找到内生性的本质条件和因素，找到合适自己的经济模型。

"三足鼎立"根植性的观点、视角是以当地条件为出发点的，不是以内外因划分的，所以，与内生增长理论所阐述的条件、概念和范围并不一致，但是有重叠部分。人文、劳动力素质、技能、供给以及科技创新投入等因素既是根植性又是内生性。

（二）生产力经济学理论

生产力的概念最早是古典政治经济学家研究如何发展一国经济、创造更多的财富而提出的。重农学派认为，农业劳动创造了社会财富，生产力是土地生产力。亚当·斯密在机器生产和社会分工的背景下，提出了劳动生产力的概念；萨伊提出了资本生产力的概念。李斯特进一步提出"财富生产力比财富本身更重要"的观点，关注国家整体生产力的强弱，并将生产力分为物质生产力、精神生产力和制度生产力。马克思基于对古典经济学生产力理论的研究与思考，将生产力与社会发展规律相结合，对生产力的概念和理论进行了深刻的阐述。劳动过程的简单要素是有目的的活动或劳动本身、劳动对象和劳动资料。生产力是具有劳动能力的人和生产资料的有机结合，继而形成具有改造自然的一种能力。马克思不仅提出了物质生产力，还提出了精神生产力，对于任何机器，它们是人类的手创造出来的人类头脑的器官，是物化的知识力量。

生产力要素具有其内在的构成、特性、秩序与规律。生产力要素结构是指在一定技术水平下，同样的要素以不同的结合方式会产生不同的生产力及其效率。假如两个城市拥有同样的土地、资源、劳动力、资本和技术等要素，如果这些要素的结合方式（结构）不同，投入产出效果就会不同。结构可以由系统性、整体性、开放性等反映出来。生产力要素秩序的重要性和地位涉及其贡献度大小和作用程度。随着科技的进步，要素秩序不断变化，重大科技革命带来的新要素会涌现出来，并占据重要地位，排挤传统要素，甚至替代其功能，成为生产力的新驱动力，推动生产方式的演进。

农业经济的生产力要素主要包括农民和手工工人，土地和手推磨等劳动资料，以及农作物和牲畜等劳动对象。工业经济的劳动者主要是工人，劳动资料和劳动对象依赖于当时的技术革命创造的先进设备和资源基础。数字经济时期，高技能人才是技术创新的主要劳动者要素，电子计算机、智能机械设备及机器人正在逐渐取代人类的许多工作。计算机、大数据、云计算、区块链和人工智能等新一代信息技术以及日渐发达的智能手段作为主要的劳动资料为数字生产力的进一步发展提供了保障。

根植性原理力求在继承和应用的原则下，理解一个地方生产力的形成和发展，以当地各种条件的生成、支撑、变化为分析内容，阐明对地方产业（项目）、经济的影响作用，可以看作是生产力经济学指导下的具体应用。

（三）区域经济理论

1. 区位理论

这一理论的代表人物有德国经济学家杜能和韦伯。19世纪初，杜能从区域地租出发探索因地价不同而引起的农业分带现象，创立了农业区位论，奠定了区域经济理论的学科基础。随后，韦伯发表了《工业区位论》。20世纪30年代初，德国地理学家克里斯塔勒根据村落和市场区位，提出中心地理论。另一德国经济学家廖什利用克里斯塔勒的理论框架，把中心地理论发展成为产业的市场区位论。该时期主要运用成本效益分析方法，探寻农业区位和工业区位的发展规律，是区域经济理论的开创或奠基时期。区域经济理论在中国不同的历史阶段，如均衡阶段、非均衡阶段和协调阶段，形成了不同特征的主流理论观点。

2. 积累因果关系理论

超发展理论是缪尔达尔和赫布曼等人提出来的一种发展经济学理论，其中心是积累循环因果关系的概念，艾伦·普里德将其用于分析地区增长问题。克鲁格曼认为，超发展理论的思想在区位问题中的应用比在发展经济学中更合适。例如，公司往往趋向于市场规模较大的地区，而市场的扩大又与公司的数量增加相关，这样因果积累，市场规模越来越大，集中的趋势越来越明显。

3. 外部经济理论

马歇尔所表述的外部经济，其概念是生产者聚集在一个特定的区位有许多优势，而这些优势反过来又可以解释这种聚集现象。外部经济对地区发展的作用很大，但这方面的研究还不够深入。

4. 地租和土地利用理论

威廉·配第从劳动价值论和工资论出发，首次提出地租理论，但他把地租同剩余价值混为一谈，实际上是以地租形式表示的剩余价值论。亚当·斯密是最早系统研究地租理论的人，他认为，地租是随着土地私有制的产生而出现的范畴，是资本主义社会里地主阶级的收入，在他看来，地租的大小完全取决于自然力的大小，掩盖了地租的来源。大卫·李嘉图从农业用地的角度提出级差地租的概念，否认绝对地租的存在，未能发现资本主义地租的本质和特点。以马歇尔和庇古为代表的新古典经济学家建立的新古典地租理论对土地市场的分析趋于成熟，解决了成熟地租测算的理论方法，建立了有关地租模型，更加注重对政府政策的研究。阿兰索的地租模型是新古典主义地租模型中最杰出的代表，他将空间作为地租问题的一个核心进行考虑，首次引入区位平衡的新古典主义概念，成功解决了城市地租计算的理论方法问题。马克思以科学的劳动价值论和剩余价值论为基础，揭示了资本主义地租的本质。此外，杜能的农业区位论设想了一个从中心到外围地租不断下降的模型，克鲁格曼认为，这个模型涉及均衡理论、价值理论和土地价格理论等，具有广阔的前景。但模型只揭示了从中心到外围的扩散效应，没有揭示从外围到中心的聚集效应。

根植性的考量要结合自然、人文、经济、科技和制度等区位基础，并考虑区域经济理论对其的影响。

（四）新制度学派

新制度学派又称区域政策学派，其研究的中心是将制度要素引入到区域分析当中，研究政府及其体制对区域发展的影响，并通过制定相应的区域政策，协调区域发展。所以，新制度学派涉及区域政策的制定和效果。

区域政策的主要特征是积极的区域倾斜和集中化，因而，区域政策的内容包括：①通过政府干预使生产空间转移，提高区域内现有资源的利用水平。政府可以选定可支持的部门，并由这些部门的分布来影响空间结构，从而提高地区的经济竞争力，改善贸易平衡，发展自身的 R&D 等。②产业和部门规划是区域政策的重要组成部分。国家通过制定援助规划，促进某些产业和部门的发展，或是延缓其衰退的过程，更有效地在各种用途间分配资源，实现区域内最佳增长和最佳空间结构。③缩小区域差距是区域政策最直接的内容。国家通过财政政策、金融政策等，实现转移支付，在区域间有效地再分配生产要素，帮助欠发达的区域发展，缩小地区差距或者抑制地区差距的扩大，实现区域间增长率的均等化和收入的均等化。

根植性也关注研究区域政策的走向、发展以及如何从制度创新、政策创新方面来解决区域问题。另外，制度的地方性和政策的适宜性是因地制宜、化解难题的关键。其实，还需要消除各地因制定政策所造成的冲突与矛盾，协调稀缺资源的使用政策。如何集中资源和力量实现可持续增长，如何平衡发展的优先权，需要从根植性的视角进行分析。

三、根植性的思想渊源

关于根植性，不同的学科有不同的表达。在经济理论中，与根植性相似的还有内生性、异质性和社会嵌入等概念。对于产业的根植性（包括企业、行业），学者们早就有所关注和研究。早期的研究可以追溯到亚当·斯密的绝对成本理论、大卫·李嘉图的相对成本理论、赫克歇尔和俄林的要素禀赋理论以及韦伯的工业区位理论等，此后，就有廖什的区位经济观、弗里德曼的核心－边缘理论、克鲁格曼的新经济地理理论等。下面，择其主要的、典型的理论加以阐述。

（一）古典经济学中的根植性

根植性的思想在早期经济学中并不难发现，韦伯、克里斯塔勒和廖什等诸多学者在阐述集聚因素、行政、文化和精神的作用、城市基础设施、司法环境和制度等内容时，在一定程度上可以找到根植性的影子。但是，古典区位理论并没有将这种根植性引发的区域空间问题带入经济理论的核心，也没有对产业部门进行细分，没有对根植性进行明确和系统的论述。

古典经济学家亚当·斯密在《国富论》中首次提及了绝对成本理论。在市场经济中，出于利益考虑，主观上为自己服务的微观主体通过分工与交易，在客观层面为社会工作的同时，实现自利与互利、个体利益和社会利益的相互联系。其实现的机制是社会各个微观经济主体按自己的特长实行分工，进行市场化的交易，最终实现社会利益的最大化。斯密认为，每个国家都有适宜生产某种特定产品的绝对有利条件，生产成本更低，国家之间彼此交换，可以使利益最大化。

英国著名经济学家大卫·李嘉图发展了斯密的观点，提出了相对成本理论。他认为，每个国家不一定要生产各种商品，而是要基于本国的条件、特点集中力量生产那些利益较大或不利较小的产品，如此形成的国际分工与贸易对各国都有利。

20世纪上半叶，瑞典经济学家赫克歇尔和俄林提出了要素禀赋学说，他们认为，每个区域或者国家利用它相对丰富的生产要素（包括土地、资本、劳动力等）进行生产活动，会处于比较有利的地位；而利用其相对稀少的生产要素进行生产，会处于比较不利的地位。因此，区域或者国家的生产活动一定要基于当地的要素禀赋，符合当地的特点。

在以上古典经济学理论中，无论是亚当·斯密的绝对成本理论、李嘉图的比较成本理论，还是俄林的要素禀赋理论，都强调要根据区域的优势进行商品的生产，究其根源，其实就是根植性的思想。

（二）新古典经济理论中的根植性

近代，英国最著名的经济学家、剑桥大学经济学教授阿尔弗雷德·马歇尔于

19世纪末20世纪初创立了新古典学派，其供给与需求的概念以及对个人效用观念的强调构成了现代经济学的基础。此后，经济学经过了"张伯伦革命""凯恩斯革命"和"预期革命"，在长达数十年的时间里，新古典学派在西方经济学中一直占据着支配地位。在此期间，社会学、环境学和人类学等多学科交叉应用于经济学研究，使根植性的内在性显露出来。

著名经济学家马歇尔认为，产业区是一种由历史与自然共同限定的区域，中小企业积极的相互作用，企业群与社会融合。他对谢菲尔德的刀具产业以及约克夏的毛织纺织区进行了研究，他认为，同一产业的企业地理集中的根本原因在于获取外部规模经济，与当地经济状况密切联系，除了要素禀赋、技术和偏好外，还包括基于自助、创新精神和地方归属感的生活道德伦理，自上而下的有规则的流动，由于企业间劳动力的流动而产生的模仿文化以及在特定细分市场上吸引顾客和贸易伙伴的区域声誉等区域特定的"公共物品"。并且，他还认为，历史要素是一个关键因素。马歇尔研究的产业区和集聚经济，具有社会与地域有机整合的特征，空间接近和文化的同质性构成了产业区两个非常重要的条件，这是根植性思想极为鲜明的体现。

（三）区位理论中的根植性

德国经济学家韦伯在1909年和1914年先后发表2本关于工业区位的著作。他指出，企业选择区位除了要考虑运输成本以外，还要考虑劳动力和聚集因素。

艾萨德对韦伯的工业区位论进行了拓展和延伸，从空间经济的角度对区位问题进行了研究。1960年出版的《区域分析方法》一书系统阐述了他的区域开发思想、理论和方法。他认为，经济区域是按人类经济活动的空间分布规律划分的，具有均质性和集聚性。此外，影响工业发展和布局的因素有很多，主要包括资本、劳动力、技术以及生产和分配关系。厂商在工资高、技术条件好、利率低的地区，可以采用最先进的技术，虽然投资会较大，但是可以节省劳动费用；在劳动力充足、工资低、资金来源难的地区，则可节约投资，不采用最先进的技术设备。

佛罗里达指出，利用文化和驻足的柔性和灵活性来强化国家关系网络、地方关系网络、区域关系网络和企业关系网络的联系与发展，加强实体空间和虚拟空间的联系，形成综合效益网络。他重视地区的特殊性，由于地区习俗、传统或者技能的特殊潜质，地区的产业或者产品会有不同于其他地区的气质与特点。他的思想体现了根植性研究中的社会资本要素。

经济地理学家克里斯塔勒于1933年出版了《德国南部的中心地原理》一书，他将空间的区位理论应用到城市分析中，提出了中心地理论。中心地理论虽然是一种基础的城市空间布局理论，但是已经将贸易和产业活动作为研究对象。城市的区位和企业等的分布受行政、文化和精神服务的影响。

德国经济学家廖什于 1940 年在城市空间布局的基础上提出了区位经济观。在城市商业中心地的形成过程中，交易成本是市场需求最关键的要素。它受城市的基础设施、司法环境、制度等因素的影响。

以上区位理论的观点都表现出了根植性的思想。

（四）新制度经济学和演化经济学中的根植性

美国经济学家弗里德曼对区域空间规划进行了研究。他将产业集聚的根植性归结为两点：一是提出"核心－边缘"理论，为研究根植性的社会网络、外部性和创新等提供了依据；二是描述了政治与经济之间的不平衡关系，指出了区域文化变迁的不对称性。他将政治变量与社会变量加入了研究范围。

熊彼特等演化经济学家将社会学、自然学和生物学等应用到经济学中，在动态的演变过程中，研究了社会规则和制度、偶然性和不确定性、创新和企业家精神等产业扎根本地的基本内容。

（五）新经济地理学中的根植性

在新古典经济学研究的完全竞争、规模报酬不变、无交易成本的世界里，经济活动最终会均匀分布，各地区的经济增长会趋于收敛，地理因素将不会对经济增长带来任何影响。但是，20 世纪 90 年代，克鲁格曼等人开创了新经济地理学，将经济学研究回归到现实空间。他们认为，在真实的世界中，不仅完全竞争难以实现，交易成本也是客观存在的，且存在区域空间的差异，经济活动的空间集聚和不平等由两类因素作用而成，即第一自然或地理第一性（地理环境和自然资源禀赋）和第二自然或地理第二性（人为的集聚经济和收益递增等）。

我们知道，第一自然对一个地区的劳动生产率和经济发展有着重要的基础影响，这些地理、气候、区位和自然资源等第一自然基本要素是难以改变的，尽管随着技术的进步，它在现实经济中发挥的作用越来越有限，但是，自然的根植性烙印依然是无法剔除的。

新经济地理学阐述的第二自然概念，强调运输成本、不完全竞争和报酬递增之间的相互作用，以及经济主体间相互作用而产生的空间定位，涉及根植性的内容。克鲁格曼在对多尔顿地毯产业的研究过程中，突出了本地较好的商业环境、文化传统和交通设施等的重要性，集聚根植性的思想就体现在其中。

新经济地理学突破了利用外生的要素禀赋差异解释产业空间布局的理论框架，使经济聚集机制内生化。但是，其微观基础仍然是资本、劳动自由流动与否假定下的聚集动态研究。2011 年，奥塔维诺正式提出了"新"新经济地理理论，在新经济地理理论的基础上考查了空间、厂商和劳动者的异质性问题，为经济个体的空间经济行为决策提供了更为微观的分析基础。

从全球来看，甚至从一个国家或一个区域来看，第一自然在空间上都是不均衡的，不是所有地区都适合大规模、高强度的经济开发和人口集中，地理因素对产业集聚具有重要的解释能力，第二自然的存在，进一步加剧了产业的集聚。尽管地理不是决定产业集聚的唯一因素，可以通过加快基础设施建设、人力资本投资等政策措施削弱或克服地理因素对经济发展的影响，但很难完全克服或消除地理因素对经济增长的约束，或者说成本极高。

研究指出，中国是一个第一自然地理空间差异极大、第二自然人口分布与产业集聚的匹配度严重失衡的典型国家。

（六）经济社会学和社会经济网络分析中的根植性

随着新制度经济学的不断发展，逐渐出现了研究社会经济现象的社会学，根植性成为社会经济学的研究对象之一。波兰尼首次将根植性用于经济理论和经济现象的分析。他指出，人类的经济活动是一个制度过程；这一制度过程根植于经济制度和非经济制度中；不同的经济活动属于不同的制度环境；在市场交换机制没有占据统治地位的非经济市场，经济活动根植于社会和文化结构中。

格兰诺维特对根植性进行了重新阐述：人类经济活动受社会网络关系和社会结构等的影响，不能将人类的经济活动作为独立的个体进行分析，根植性通过社会关系来体现；经济活动、社会网络关系和社会结构，以及文化、信任和声誉等之间存在一定的作用机制；在研究经济活动的信任和秩序问题时，根植性观点可作为新的方法。

20世纪90年代末，根植性的思想得到了进一步的发展，并从经济社会学研究领域逐步扩展到区域经济、产业集群等研究方面。祖金和迪马吉奥把根植性的概念进一步分解、拓展，把企业所处的社会网络情境和根植性分为结构、认知、文化和制度四个维度。巴伯对新古典经济学的理性人假设进行了修正，他认为，经济的运行规律、个体和组织的行为并不会按照抽象的假设进行，用根植性的概念和思想对传统的经济学和社会学的观点进行了批判和修改。伍兹在研究纽约制衣厂生产活动时发现，根植性与企业的绩效之间存在着倒"U"形的相关关系，根植性太强或者太弱都会对企业的绩效产生消极的影响，根植性与企业的绩效之间存在着平衡的区间。

第三节　对应性视角——香农第二定律

在解决问题时，通常我们会提出许多办法和对策，对于这些办法在可行性、针对性、有效性和精准性方面的作用，却常常忽略，导致一些政策实施后，要么效果甚微，要么适得其反。增加有效性、针对性和精准性方面的考量，香农第二定律给我们指出了方向。

一、香农第二定律

香农第二定律是一个非常严谨、严格的信息学方面的定律，也叫有噪信道编码定理。这个定律在阐述时，先定义了一个信道容量的概念，即信道（信息通道），简单说就是任何信道都存在一个固有的通道容量，信息传输的速度不可能超过信息自身的容量。

当信道的信息传输率没有超过信道容量时，采用合适的信道编码方法可以实现任意高的传输可靠性；若信息传输率超过了信道容量，就不可能实现可靠的传输。其有三个主要内容（表达式）：

第一，信息通道的传输率 R，是无论如何都无法超越信道容量 C 的，即 $R \leq C$。

第二，总能找到一种编码方式，使传输率 R 无限接近信道容量 C，同时保证传输不出现任何错误。

第三，如果谁要试图超越信道容量的传输信息，无论你怎样编码，出错的概率都是 100%。

在通信理论中，香农第二定律的地位就如同物理学中的牛顿运动定律、热力学第一和第二定律。利用香农第二定律可以判断一种资源条件的对接（连通、交流）方式是否有效，进而从根本上找到有效的对接途径。虽然这个定律的内容讲的是信息科学，但是在很多时候，它也会成为一种指导现实生活、城市经济中某些具体事情的方法论。

在研究城市经济问题时，需要了解当地的各种条件，分析优劣势，串通各种渠道，对接各种要素，最大化地开发利用环境因素，所以，接地气和根植性的分析就有着重要的意义。香农第二定律关于对应性的思想对理解和解决城市经济问题、增强政策有效性有积极意义。

在不同的城市、不同的领域，即使大背景条件（政策、市场）一致，要素流动速率、规模和资源配置的效率也会不同。从深层次来看，就是背景条件与当地条件连通（对接、结合）的有效性不同。即使大背景发出同样的政策力度、同样的市场机遇信息，城市之间的反应能力、匹配能力和应对能力也是不同的，这些能力的差异会反映到产业和项目层面。一些城市效率高、落地快、成功率高，经济效果就好；一些城市反应不及时，执行不到位，匹配条件差，结果项目难以落地，难以形成生产力，这就是香农第二定律在信息对接方面的重点体现。我们还可以在物理学中找到类似的概念，如共频、共振。将其运用到城市经济的条件、要素的对接和结合效果上，可以理解为只要信息畅通、根植性强、交流有效，就可以达到共频、共振，就会产生波及效果、乘数效应。

按照香农第二定律，信息通道的宽度决定了信息传递效率的上限。城市信息的传输通道是否通畅快捷，直接影响着整个智慧城市的建设效率以及百姓对政府的满意度。因此，在未来城市发展过程中，拓宽信息通道，激发各类信息资源的活跃度，充分利用移动互联网、APP、网页及个人终端等多种模式，鼓励数字经济的发展与应用，激发数字对经济发展的放大、叠加和倍增作用，对新型智慧城市的建设和城市经济的发展至关重要。

二、对城市经济学问题的启示

（1）发展速度不能超越其可能容量，否则适得其反；如果想要突破其可能容量，必须先要提高其容量能力。比如，纽约当年通过修建伊利运河，直接与五大湖产业区接轨，大大拓展了经济腹地，扩大了发展容量，摆脱了追踪当时第一大城市费城的发展路径（很大程度上是束缚、顶板），一跃而起，成为世界级城市。其实，我国的深圳也是如此，改革开放的大门瞬间打开，处于前沿地带的小渔村突破原有容量的藩篱，敞开胸怀，大进大出，经过四十多年的奋斗，一举成为现代化大都市。

（2）发展方式必须与当地条件贯通、接地气。"接"就是要"通"，对接，使通道畅通，没有障碍。我们遇到的问题常常可以提出许多高大上、宏伟的目标，却难以实现，问题多出在对接不上，目标落不了地。想要追求当今世界最为先进的科技成果，可当地的资源条件没有匹配整合好（也许不具备），不能成为有力的支撑，导致项目迟迟不能获得收益；要么是执行力不够，部门或制度衔接不够，甚至掣肘，贻误战机；一些城市的开发区许多年形不成气候，形不成规模生产力，其实与"通"有关。

（3）发展战略必须上下一致，经过长期的奋斗，方能显示出成效。一个城市的发展涉及多方面主体，有政府、民众、企业和机构，还有外来者、旅游者和打工者等，在相对集约、密集的空间里，本质上需要满足各方面的需求。城市问题的解决，不仅依赖于自上而下的顶层设计，还依赖于自下而上的基层推进。不是依赖一部分群体的理解和支持，而是依赖各个阶层、各种主体的信任和努力。"人民城市为人民"需要通过"互通"，如人心互通、利益互通、预期互通、方式互通和用力互通，把香农第二定律发挥到极致，取得最佳效果。

三、对应性分析框架

尽管城市经济问题复杂纷繁、盘根错节，但是总可以找到一些可以观察的视角和基点，如问题导向分析、要素长短分析、条件优劣分析、发展阶段分析、对手标杆分析、市场需求分析、效益目标方向以及 SWOT 分析等。这里，我们综合经济地理学、生产力经济学、社会经济学等观点，提出一个简单的分析框架——对应性分析。

对应性分析的核心是运用根植性和香农第二定律找出一个城市经济发展的办法（方案），而且可以判断、证明这个办法的适宜性。这个办法要充分挖掘、整合当地的资源条件，极大地利用市场机会、政策势能和社会力量。可以形象地用公式表达，具体表达如下：

城市经济发展力 = 根植性（自然、社会、市场）× 对应性

这个表达式表明，经济发展的快慢、好坏、质量和可持续性取决于自身根植性条件的发掘和利用，以及这些条件与当地社会结构条件的对应情况，用两者的乘积表示其相互关系，如果两者同向且不断增长，说明该城市具有正向的积累；如果两者不能同向一致对应，则发展水平就会大打折扣。在现实中，常常可见制订的方案、措施都不错，但是效果平平，很大程度上是因为对应性不足，或者根植性估计有偏差。

人文、科技和制度可从社会因素中独立出来，是由社会的进步所致，其作用日益突出，产生极强的创新力或塑造力，或对原有体系产生极强的改造力和破坏力。例如，数字经济已经表现出了不同凡响的巨大影响，新的技术、新的产品、新的业态、新兴产业、新的改革行动层出不穷，出现了倍增效应和乘数效应，引起了新的生产方式和生活方式的重大变化，为人们的高质量生活提供了可能性、多样性和快速通道。

这里仍然需要强调的是，自然因素依然是不可忽视的重要因素。尽管科技带来了经济的巨大增长空间，但是并未从根本上改变自然的基础性地位。以中国来说，三大自然阶梯（地带），包括胡焕庸线，依然是人力难以改变的客观现实，因而，在分析城市经济时，需要对自然的基础性作用保持基本的尊重和敬畏。

第二章 基本性质问题

城市经济问题是在城市发展中产生的，是客观存在的。城市在发展中会受到多种因素和力量的共同作用，包括经济、社会、政治、自然、技术以及文化等。其中，有一些是积极的、正向的，起着支撑和推进的作用；也有一些是消极的、负向的，起着阻碍和削弱的作用。这些因素和条件不是一成不变的，而是此消彼长、互相渗透、相互作用的，从而形成复杂多样的城市发展类型，并衍生出相关的城市经济问题。

第一节 城市经济的特殊性

城市作为人创造的"人工物"，并非个体的创造，也非静态的"工艺品"，而是群体的行为，且经历了数百年甚至千年的发展。它既有设计者、管理者的智慧，又有普通市民的奉献；它既融汇了自然、经济、人文和科技等各种因素，以聚集人类的"精华"而自居，又经历过战争、灾害等的历练，走过停滞、衰落、脏乱差的"泥潭"。城市，这个特殊的人类活动空间形式发展到今天，在积淀了巨大的物质和精神财富外，还积累了不少的问题，特别是城市经济问题，这是我们需要面对的。

一、城市的本质与特征

（一）城市——经济社会活动中心

城市，顾名思义，就是城堡加市场。中国古书上曾有过"筑城以卫君"和"日中为市"的记载①。人类是一个群居的物种，"居"和"寝"是人的一种自然需要，虽然这种寝居何时分化为城市这个形式，未有定论，但集中的寝居是有利于种群生存和延续的，这是生物进化的一种自然选择。在人类早期刀耕火种、

---

① 中国古代的城（也称郭、邑、堡）与市兴起比较早，于原始社会后期出现（黄帝筑城邑，仰韶文化、龙山文化有遗迹），后融合为城市。详见马正林．中国城市历史地理［M］．济南：山东教育出版社，1999.

茹毛饮血的时代，面对恶劣、复杂的生存环境（自然灾害、疾病、猛兽、衣食、竞争），个体基本难以存活，人类自然选择一种原始聚落（集中寝居）的形态。从已有的考古发现来看，一些聚落具有社会活动中心（互助、共生、管理）的功能，如公共粮仓、围栏（围墙）、祭祀场地、公共墓地等。

我们也常常会在一些书上看到这样的描述：随着生产水平的提高，人类历史上出现了第一次社会大分工——农业与畜牧业的分离，村庄由此诞生①。在第二次、第三次社会大分工后，社会阶层出现了进一步分化，专门的管理者、手工业者和商人摆脱了对土地的依赖成为非农职业者，在一些地理位置优越的地点，形成固定的商品生产与交换的聚居点。与此同时，适应安全防卫性需要的城堡修筑，促进了城市的产生。

由此看来，城市一经出现，就有防御和交易的功能。随着社会的发展，"城堡"的作用被削弱，而"市场"的功能得到增强。其实，这只不过是社会分工、商品生产和市场转换的结果，本质上是人类文明进步的象征。当今，城市已经是现代经济和社会活动最为活跃的区域，进行着较大规模的社会生产、商品交易和物资集散活动，提供着科研创新、文化教育等公共服务，因此，城市往往是一定区域的政治、经济、科技和文化中心。不论从哪个角度看，我们都很难否认城市的出现，是人类经济社会发展到一定阶段的历史产物。自有城市以来，它就成为一定区域的经济社会活动中心，担负着政治、经济和文化中心的职能。

现实也确实如此，城市已经是现代经济和社会活动最为活跃的区域，已经成为信息、技术、知识、物资和资金等各种活动交汇的特殊场所，在这里进行着大规模的社会生产、研发创新、商品交换和物资集散等活动，因此，往往是一定区域的政治、经济、科技中心。而且，随着科技的进步和改革的深化，城市的中心作用越来越显著。

那么，为什么城市都具有较强的经济实力、发达的商业贸易、先进的科教、便利的交通、较完备的基础设施、训练有素的劳动力和较高的经营管理水平等诸多优势，并表现出强大的引领作用和难以动摇的支配地位？

其实，城市经济学原理已经较为透彻地解释了原因，简单地说，就是集聚效应。也就是说，生产要素在特定的地方集中，会节约成本（生产、管理、交易），增加创新机会和边际效益，产生巨大的虹吸效应和辐射效应，循环累积，城市就会越来越强大。当然，也有一些因素会削弱集聚效应，如自然灾害、军事打击、设施陈旧、竞争排斥、产业衰落、管理乏力及环境约束等，这些因素会使

---

①　美国学者简·雅各布斯的观点更为独特，认为城市是不晚于农村聚落，甚至早于农村聚落出现的现象。其著作《城市经济》得出了城市和城市经济先于乡村和乡村经济出现的惊人结论，彻底颠覆了数百年来历史学家、经济学家们给我们灌输的思想。

一些城市逐步衰退，甚至消亡。

毫无疑问，城市是人类文明进步的产物。从城市经济的角度看，它与科技进步、社会分工、商品生产和市场发育是紧密相连的，代表了一定区域的社会生产力水平，是人类文明进步的象征。在经济活动层面，城市处于一定区域（国家或地区）的核心地位，在经济实力、商业贸易、科技水平、交通运输、基础设施、劳动力和经营管理水平等方面处于领先地位。随着社会的不断进步，城市的中心作用将越来越显著。

（二）多样性：难以统一的城市认知

对于什么是城市，或者城市的定义是什么，城市的边界在哪，不同的学者有不同的认识，不同的国家也有不同的标准。

1. 学术上的城市

《城市经济学》一书给出了美国式的答案：城市是指在相对较小的面积里居住了大量人口的地理区域。该书对城市地区、城市人口、大都市区、小都市区和主要城市等概念分别给出了具体标准。

城市实际上是对应乡村的一个概念。世界上不同国家对城市、城市化地区以及乡村的定义和规定对我们理解"城""乡"、建立城乡新准则有积极意义。

在《大英百科全书》里，城市是一个相对永久和高度组织化的人口中心，比乡镇规模大。城市一般是指一个特殊的社区，以及被称为"城市文明"的文化。作为一种社区，城市可以被认为是一个相对永久的人口集聚过程，包括着多样化的居住、社会管理和支撑活动，以及空间上离散的地点和住宅等。

在维基百科中，市区是指有关于或隶属于城市的地区；郊区是指有关于、处于或者隶属于郊区的地区；乡村是指城市的外围地区。为了方便理解，以波士顿为例，波士顿市就是城市地区，其周边的、有公共交通通勤的城镇属于郊区，那些没有公共交通，或者那里的人们不去波士顿工作的地方属于乡村。这种定义是基于自然特性和交通性质而言的。

另外，还有一种对城市的定义。城市是指具有较高的人口密度和不同于周边区域的人文特点的那些区域。城市地区可以是城市、镇和城市带，但是，这种概念表述通常不包括乡村居民点、小村庄。随着城市化的推进，城市地区不断蔓延和扩张，通过人口密度和城市蔓延分析，以及城市和乡村人口认定，这些方法对于界定城市区域是极为有意义的。实际上，城市化区域是指在一个较大的城市群带里，不断聚合和增长的人口集聚和经济活动中心。

也有一些学者对城市的认识更为独特、深刻。美国学者简·雅各布斯认为，城市的进步，表现为在发展层面不再依赖于自然的农业资源，而是更多地转向矿物资源和人文资源。

从一般意义上讲，城市泛指与乡村相对的一个概念，是具有一定规模的非农业人口聚集地，这种聚集地是以人为主体的经济空间，是与社会制度等紧密联系的有机体，是地理的、经济的、社会的、文化的区域实体，是各种人文要素和自然要素的综合体，是兼有经济、行政和自然性质的一种综合性区域，是特定区域的人口中心、经济中心和国家社会生活的中心，是相对于乡村而言的一种相对永久性的大型聚落，也是人类物质财富和精神财富生产、集聚和传播的中心。要真正在城市和乡村之间画出一条有严格科学意义的界限绝非易事，因为从乡村到城市是渐变的，甚至是交错的，不存在一个具有明显区别的连续稳定的标志点。

　　（1）城市经济学的观点。美国著名城市学家刘易斯·芒福德认为，城市不只是建筑物的群体，更是各种密切相关、经济相互影响的各种功能的集合体。他认为，城市的定义不在于它的物质形式，更重要的是它传播和延续文化的功能。他指出，如果我们仅研究集结在城市范围以内的那些永久建筑物，那么我们根本没有涉及城市的本质问题。在城市成为人类的永久性固定居住地之前，它最初只是人类聚会的地点，这些地点是先具备磁体功能，而后才具备容器功能的。这些地点能把一些非居住者吸引到此来进行情感交流和寻求精神刺激，这些能力同经济贸易一样，都是城市的基本标准之一，也是城市固有活力的一个证据。这同乡村那种较为固定的、内向的和敌视外来者的村庄形式完全相反。

　　英国学者 K. J. 巴顿指出，所有的城市都存在着基本的特征，即人口和经济活动在空间上的集中。用经济学的术语来说，城市是一个坐落在有限空间地区内的各种经济市场（住房、劳动力、土地、运输等）相互交织在一起的网状系统。由于行政管理上的原因，中央政府往往认为，用最低限度的人口水平或其他制度上的界限来描绘城市较为方便，但这并不是经济学的探讨方法。

　　美国学者阿瑟·奥沙利文指出，人口普查对自治市的定义就是城市。在这里，城市指的是地方政府行使政治权力的区域。要定义经济城市，需要划分城市的边界，并且这些边界要囊括地区经济的所有经济活动。经济城市是指有着较高人口密度、开展一整套相关活动的地区。

　　中国城市经济学家饶会林教授从城市形成和发展的特点出发提出了城市的定义：城市是生产力发展到一定阶段的产物，是经济密集的社会有机体，是区域发展的中心。这个定义突出了城市与经济的关系，把城市与城市经济有机联系起来。

　　总的来说，城市是一个在有限地域内集聚的经济实体、社会实体和物质实体三者结合的有机系统；是人们为了生存和发展，经过创造性劳动，加以利用和改造的物质环境；是区域经济的增长极；是不同等级区域政治、经济、文化的中心；是人类集聚最经济的形式。在这种人口、生产和生活物资、享乐和需求相对集中、具有一定空间和地域范围的环境中，一定数量规模的人群以每个时代先进的生产方式和生活方式进行着各种社会活动，创造着比乡村更高的生产力，享受着更高质量的生活。

（2）城市社会学的观点。城市社会学认为，城市是大多数居民从事工商业和其他非农产业的社区，是人类居住、生活、工作的基本社区之一，因此，把城市定义为具有一定地理界线的社会组织形式，或者人类社区的一种生活方式。城市应具备以下条件：有较多的、集中居住的、不同职业身份的居民；有相当数量的居民从事非农业劳动；具备市场功能和局部调节能力；有一种超过家庭或某种小集团的社会约定的准则。通常，它以法律或某种传统或宗教为基础。

韦伯认为，城市永远是个市场聚落，它拥有一个市场，构成聚落的经济中心，城外的居民及市民以交易的方式取得所需的工业产品或商品。韦伯考察了欧洲和中东历史上的城市，并将它们与印度和中国历史上的城市加以比较，提出了完全城市社区的定义：一个聚居地要成为完全的城市社区，必须在贸易商业关系中占有相对优势。这个聚居地作为一个整体，必须具备防卫力量、市场、自己的法院、相关的社团组织和至少享有部分政治自由等特征。

美国芝加哥学派创始人帕克在《城市：对于开展城市环境中人类行为研究的几点意见》一书中第一次指出，城市是一个有秩序的有机系统，绝不仅仅是个人的集合体，也不是各种基础设施的聚合体。城市，是一种心理状态，是各种礼俗和传统构成的整体，是这些礼俗中所包含的并随传统而流传的那些统一思想和感情所构成的整体。

（3）城市地理学的观点。地理学是较早涉足城市问题的一个学科，它侧重于从地域、空间和地理环境的角度理解城市。地理学者认为，城市是发生在地球上的一种宏观现象，有一定的空间性、区域性和综合性；城市是第二产业人群集中的区域，是国民经济空间与劳动人口的投入点和结合点。

法国著名地理学家菲利普·潘什梅尔认为，城市既是一个景观，一片经济空间，一种人口密度，又是一个生活中心和劳动中心，更具体点说，也可能是一种气氛、一种特征或者一个灵魂。1903年，德国地理学家拉采尔提出，地理学上的城市是指地处交通环境方便的、覆盖有一定面积的人群和房屋的密集结合体。1927年，意大利的波贝克（H. Bobek）把地理学上对城市的形态定义转到功能定义上，强调了城市的动态方面，提出城市与乡村存在着公务式劳动和田园式劳动的分工，并配置各自的空间。其中，城市寻求交通方便的有利环境，是对应于交通经济发展到一定阶段的产物。当然，他的定义仍然以地理因素为前提，如关于城乡劳动分工的空间配置问题、交通环境问题等。

2. 国外实施的城市标准

关于城市的认定，不同的国家有不同的理解和划分方法（见表2-1）。欧洲国家基于城市土地利用类型定义城市，不容许有大于 200 米的空白区域，使用卫星影像而不是人口街区边界确定城市边界。少数发达国家增加了土地使用和密度上的要求，有的还有人口要求，如非农业（渔业）人口超过 75%。

表 2－1　世界各国的城市标准

国家	城市专有名词	统计标准	说明
加拿大	Population Centre	城市地区是指人口密度达到 400 人/平方千米且人口数量超过 1000 人的地区。如果（两个或两个以上的）城市之间彼此相距在 2 千米以内，就会合并为一个城市	人口规模、人口密度
美国	Urban Area	具有 50000 及以上人口的区域为城市化区域；少于 50000 人口的城市区域为城市族群。此外，美国人口统计局定义城市地区为核心人口统计区的人口密度不小于 386 人/平方千米，外围人口统计区的人口密度不小于 193 人/平方千米	人口规模、人口密度
英国	Built－up Urban Area	国家统计局认为，城市占地应不少于 20 公顷，人口不少于 1500 注册居民。散落分离的区域也在 200 米之内，要有交通关联特征，包括村、镇与城市，面积至少 20 万平方米，人口一般多于 10000 人	人口规模、建设区面积
法国	Urban Unit	城市地区就是建筑密集地带和通勤密集地带的居民多于 2000 人的市镇（Communes），房屋连片或不大于 200 米	人口规模、房屋密度
瑞典	—	所有那些经过行政细分后的独立的地方。瑞典有 1940 个这样的地方，拥有人口从 200 个到 1252000 个（居民）不等	—
荷兰	Urban Area	居民不少于 2000 人的自治区（Municipalities）	人口规模、行政
奥地利	—	居民多于 5000 人的市镇（Communes）	人口规模
西班牙	—	人口不少于 2000 人的地区（Localities）	人口规模
挪威	—	建筑之间要小于 50 米，除非有公园、工业区、河流等；组团的住宅与主体城区不超过 400 米，均属于城市地区	—
波兰	—	城市人口数据直接来自地方上的那些镇的地区；乡村人口数据则来自镇以外的那些地区	—

国家	城市专有名词	统计标准	说明
以色列	—	居民不少于 2000 人的定居点, 去掉那些至少有 1/3 的人口从事农业的定居点	人口规模、产业
新西兰	—	超过 1000 人的居民点即为城市统计区, 人口不少于 1000 人	人口规模、产业
澳大利亚	—	城市地区为市区核心区和人口集聚区达到 1000 人以上、人口密度至少为 200 人/平方千米的地区	—
日本	—	城市化地区为每平方千米 4000 名居民的高密度居住区的连绵区、人口为 50000 人或以上的居民点, 其中, 60% 或以上的家庭居住在主要的建成区内, 60% 或以上的人口从事第二、第三产业	人口规模、建筑密度、产业
印度尼西亚	—	具有城镇特征的地方	—
印度	Urban Agglomeration	人口不少于 5000 人的居民点, 人口密度不低于 400 人/平方千米, 至少有 3/4 男性居民从事非农产业	人口规模、人口密度、产业
联合国	Urban Agglomeration	具有一定人口密度的连续居住区, 不考虑行政边界的限制	—

资料来源：*Demographic Yearbook* 2018。

城市是指连续的建成区域, 建成区内一般不包括农村土地, 是一个形态学上的词汇。进行城市统计的标准主要有人口规模、人口密度和产业特征, 还有些国家采用的行政标准、建筑密度标准等；有的国家采用单一的人口规模标准, 有的国家采用人口规模和人口密度两个标准, 有的国家采用的标准则比较多。

由表 2-1 可以看出, 对于城市的理解与衡量, 至少涉及三个层面：一是城市人口规模、人口密度或比重；二是城市用地面积；三是分散的部分与城市核心的联系与沟通, 以及距离要求。

因此, 城市是指相对于乡村而言, 具有不同的外表特征和内在功能的大型聚落, 是一定非农业人口聚居的地区, 是人们生产和生活等活动高度集聚的场所, 是一定地域范围内经济、社会、文化和政治中心。

（1）以人口数量和非农就业结构为标准。日本规定, 人口密度在 4000 人/平方千米以上、整个区域人口在 50000 人以上的地区即为城市区域；荷兰规定, 2000 人以上的市, 或人口不到 2000 人, 但从事农业的男性人口不超过 20% 的市为城市；在印度, 所有 5000 人以上、人口密度不低于 400 人/平方千米、成年男子人口至少 3/4 从事非农业活动, 并具有明显城镇特征的地方为城市；在俄罗斯, 大多数居民从事非农产业的地方才能称作城市, 但各联邦主体的具体规定有所不同。

（2）以居民点人口数量或密度指标为标准。在英国3000人以上的居民点为城市地区；法国以居住地的连续性界定城市单元，一个城市单元包括一个或多个建成地区相连的自治市（建筑间距不超过200米）和至少2000个居民，其中一半以上的人口必须住在建成区内；加拿大将1000人以上、人口密度不低于400人/平方千米的地区定义为城市区域；澳大利亚将城市定义为聚居人口在1000人以上，人口密度不低于200人/平方千米的地方；新西兰规定1000人以上的居民点为城市；伊朗规定城市为5000人以上的市、镇、村；墨西哥规定城市为至少2500人的居民点。

（3）美国划分城乡的标准。美国是世界上除中国、印度之外，人口最多的国家，经济发达，城市化程度很高。人们习惯于把很多经济社会指标与美国进行对照，所以，这里对美国城乡划分的标准进行单独介绍。

美国界定城市地区有人口总量及密度要求。2000年，美国重新核定了城市化地区，面积不超过2平方英里、人口密度不低于1000人/平方英里（386人/平方千米）的各统计街区为城市核心；距前项城市核心不超过2.5英里、满足人口密度要求的飞地，以及人口密度不低于500人/平方英里的相邻非居住城市用地，也统计为城市化地区，其中，城市总人口超过5万人的地区被称为城市化地区，2500人至5万人的地区被称为城镇组团。2010年，美国修订了城市化地区的统计标准，把确定城市核心区时使用的各统计分析单位，由统计街区扩大为面积不超过3平方英里的统计区，把飞地距城市核心的距离缩短为1.5英里。

美国以城市地区为核心，采用了独特的区域统计方式。现行标准是美国行政管理和预算办公室根据2000年的数据制定并于2003年施行的。该标准将基于核心的统计区，作为统计一定区域经济社会情况的基本地理单元。目前，美国有366个都市统计区、576个城镇统计区、125个联合统计区。但不能认为上述以城市为核心的统计区域就是城市化地区，以城市为核心、以县为单元划定的这种地理实体，只是统计区域，而不是城乡划分。包含在这些区域内的各个县，可能既有城市地区，又有农村地区。

总之，划分标准主要有四类：一是城乡区域的人口分布；二是居民点的人口数量或人口密度；三是基础设施的完善程度和建筑密度；四是人口的就业构成。

3. 中国的城市标准

（1）中国城市的等级序列。中国在发挥城市功能作用方面有着独特的做法和制度安排，除了直辖市、省会（首府）和地级、县级城市外，还在实践中推出了副省级城市、计划单列市的方案，形成了特定的城市层级。这些城市在资源配置、项目安排上有较大的优势度。

中国大陆的城市根据行政区划级别，主要划分为以下几个层次：直辖市、省会城市、计划单列市、副省级城市、地级市和县级市。需要说明的是，除了建制城市外，我国还有数量庞大的建制镇和小城镇。有统计显示，现在，镇区人口在10万人以上的镇有280个，镇区人口在5万人以上的镇有780个。[①]

行政级别最高的是直辖市，为正省级，行政地位与省相同，在全国政治、经济和文化等各方面具有重要地位，我国的直辖市共计4个——北京市、天津市、上海市和重庆市。它们与省的不同之处在于无下辖地级市，直接下辖区、县。我国还有两个特别行政区——香港和澳门，鉴于这两个特别行政区的特殊性，本书暂不说明。

副省级城市是中国行政建制内的省辖市，其行政级别正式施行于1994年2月25日，前身为计划单列市[②]，中国共计15座副省级城市，分别为哈尔滨、长春、沈阳、大连、济南、广州、深圳、西安、青岛、南京、杭州、宁波、厦门、武汉和成都。

省会城市（首府）共28个。

地级市和县级市是数量最多的两部分，截至2019年，中国大陆共有293个地级市、375个县级市。

（2）我国对城市规模等级的划分及其标准的演变。早在1955年，国家建委《关于当前城市建设工作的情况和几个问题的报告》中就首次提出了大、中、小城市的划分标准：50万人口以上的为大城市，50万人口以下、20万人口以上的为中等城市，20万人口以下的为小城市。1980年，由国家建委修订的《城市规划定额指标暂行规定》（以下简称《暂行规定》）按城市人口将城市规模分为四个等级：城市人口在100万以上的为特大城市，50万到100万的为大城市，20万到50万的为中等城市，20万和20万以下的为小城市，但《暂行规定》中没有对城市人口做出清晰界定。1984年1月5日，国务院颁布了《城市规划条例》（以下简称《条例》），《条例》的第一章第二条指出，本条例所称城市，是指国家行政区域划分设立的直辖市、市、镇，以及未设镇的县城。城市按照其市区和郊区的非农业人口总数，划分为三级：大城市，是指人口50万以上的城市。中等城市，是指人口20万以上不足50万的城市。小城市，是指人口不足20万的城市。

---

① 第一财经. 中国城市数量太少，"十三五"镇改市或加速［EB/OL］. 第一财经日报，http://money.163.com/16/0528/21/BO6EUPOT00252G50.html，2016－05－28.

② 计划单列市，是国家根据经济发展等需求，在行政建制不变的情况下，赋予一些城市拥有高一级的经济管理权限，即省辖市在国家计划中列入户头，并赋予这些城市相当于省一级的经济管理权限，包括大连（1984年7月）、青岛（1986年10月）、宁波（1987年2月）、厦门（1988年4月）和深圳（1988年10月）。

1989 年 12 月 26 日,《中华人民共和国城市规划法》(以下简称《城市规划法》)颁布,其中,第一章第三条指出,本法所称城市,是指国家按行政建制设立的直辖市、市、镇。第四条指出,大城市是指市区和近郊区非农业人口 50 万以上的城市。中等城市是指市区和近郊区非农业人口 20 万以上、不满 50 万的城市。小城市是指市区和近郊区非农业人口不满 20 万的城市。2008 年 1 月 1 日,《城市规划法》随着《中华人民共和国城乡规划法》(以下简称《城乡规划法》)的实施而被废止,但《城乡规划法》并没对城市规模进行规定,也没有对城市人口的口径做出界定。

2014 年 11 月,国务院印发《关于调整城市规模划分标准的通知》(以下简称《通知》),《通知》明确指出,新的城市规模划分标准以城区常住人口为统计口径,将城市划分为五类七档:城区常住人口在 50 万以下的城市为小城市,其中,20 万以上 50 万以下的城市为 I 型小城市,20 万以下的城市为 II 型小城市;城区常住人口在 50 万以上 100 万以下的城市为中等城市;城区常住人口在 100 万以上 500 万以下的城市为大城市,其中,300 万以上 500 万以下的城市为 I 型大城市,100 万以上 300 万以下的城市为 II 型大城市;城区常住人口在 500 万以上 1000 万以下的城市为特大城市;城区常住人口在 1000 万以上的城市为超大城市(以上包括本数,以下不包括本数)。

表 2 - 2　新、旧城市规模等级的划分标准比较

划分标准	共同点	不同点		
		空间口径	人口口径	分级标准
新标准(2014 年)	对城市的界定一致,包括设区城市和不设区城市(县级市)	城区,即城市行政范围内实际建成区所涉及的村级行政单元	城区(常住)人口,即居住在城区内半年以上的常住人口	>1000 万(超大城市) 500 万～1000 万(特大城市) 300 万～500 万(I 型大城市) 100 万～300 万(II 型大城市) 50 万～100 万(中等城市) 20 万～50 万(I 型小城市) <20 万(II 型小城市)
旧标准(1989 年)	—	市区,即全部城市行政范围	市区非农业(户籍)人口,即市区内具有非农业户籍的户籍人口	>100 万(特大城市) 50 万～100 万(大城市) 20 万～50 万(中等城市) <20 万(小城市)

资料来源:戚伟,刘盛和,金浩然. 中国城市规模划分新标准的适用性研究 [J]. 地理科学进展,2016,35(1):47 - 56.

表 2 - 3 基于新标准的 2010 年不同规模等级城市名单

城市规模等级	城市数量	城市举例
超大城市	3	上海市、北京市、深圳市
特大城市	9	广州市、天津市、重庆市等
Ⅰ型大城市	11	西安市、哈尔滨市、杭州市等
Ⅱ型大城市	47	厦门市、苏州市、长沙市等
中等城市	93	扬州市、淮南市、本溪市等
Ⅰ型小城市	238	安庆市、四平市、滕州市等
Ⅱ型小城市	255	化州市、雅安市、固原市、鄂尔多斯市等

注：名单按照 2010 年城区人口规模大小排序，具体城市名称见附表 C。

资料来源：戚伟，刘盛和，金浩然. 中国城市规模划分新标准的适用性研究 [J]. 地理科学进展，2016，35（1）：47 - 56.

自中华人民共和国成立以来，我国城市人口规模明显扩大。1949 年末，全国城市仅有 132 个；到了 2018 年末，城市数量达到 672 个。1949 年末，全国城市①人口共 3949 万人，其中，非农业人口 2741 万人。非农业人口超过 100 万的城市仅有 5 个，50 万 ~ 100 万人口的城市有 7 个，20 万 ~ 50 万人口的城市有 18 个，人口少于 20 万的城市多达 102 个。2018 年末，我国地级以上城市的户籍人口达到 48356 万人，户籍人口超过 500 万的城市有 15 个，300 万 ~ 500 万人口的城市有 17 个，50 万 ~ 300 万人口的城市达到 218 个。

表 2 - 4 2018 年中国城市经济总量（GDP）十强

序号	城市	GDP（亿元）	同比增长（%）	人口（万人）
1	上海市	32679.87	6.6	1462
2	北京市	30319.98	6.6	1376
3	深圳市	24221.98	7.6	455
4	广州市	22859.35	6.2	928
5	重庆市	20363.19	6	2465
6	天津市	18809.64	3.6	1082
7	苏州市	18597.47	6.8	364
8	成都市	15342.77	8	851
9	武汉市	14847.29	8	884
10	杭州市	13509.15	6.7	635

资料来源：2019 年《中国城市统计年鉴》，前 100 强城市信息详见附表 D。

---

① 城市为市辖区口径。

二、城市的功能与作用

(一) 城市功能与城市职能

城市功能泛指城市的能力和作用，也就是其对国家和地区经济社会发展产生重要影响的领域，增强和完善城市功能是城市发展的永恒主题。一般将城市职能等同于城市功能，但从更深层的定义来看，两者还是在一定程度上存在差异。城市职能多指城市的特质，具有统领地位；而城市功能为职能服务，为职能的更好发挥提供条件；在城市功能特别强的时候上升为职能，引领城市发展方向。

从类型上看，城市功能可分为一般功能和特殊功能；从作用上看，城市有两个基本功能，一个是经济功能，另一个则是生活功能；从功能之间的关系看，城市功能划分为主导功能（基本职能）和配套功能（辅助职能），如北京市承担着首都职能与非首都职能。综合各种城市功能划分的观点，城市功能可以归纳为：承载功能（指城市自然资源及基础设施等要素在支撑经济社会和人口发展方面的能力与作用）、管理功能（或政治中心，指城市行使领导、协调、管理作用）、经济功能（或经济中心，指城市是社会物质财富和精神财富的主要生产基地）、社会功能（即社会活动中心，体现了城市在保障市民正常社会活动方面的能力与作用）和集聚功能（以聚集人口为第一特征的能力，也称人口中心，与此相伴的有产业、资本、知识、信息和市场的集聚等）。

上述几个功能在城市发展中是交互渗透、相辅相成的，彼此难以割裂分离。从历史发展的角度看，城市功能也是在不断演变完善和丰富的。城市发展的过程也是城市功能不断变化、不断叠加并日益完善的过程（见表2-5）。

表2-5 不同历史时期城市的主要功能及要素特征

城市功能	农业社会	工业社会	信息社会/知识社会
承载功能	城市人口比重低	城市人口比重快速提升	城市人口占绝对比重
经济功能	手工业生产集中地、农产品集散地	机器大工业中心、商业贸易中心	创新发展中心、信息和知识中心
社会功能	统治	管理	服务
发展状况	规模较小、数量很少	规模扩张、数量激增	超级城市裂解、中小城市崛起
城市建设	基础设施简单、生活条件落后	基础设施完备、生活条件改善	基础设施智能化、生活环境宜人化
战略资源	土地	矿产、能源	知识、信息
主导产业	手工业	机器大工业	现代信息服务业
城乡关系	城乡分离、相对封闭	城乡分化、差距拉大	城乡融合、一体化发展

城市功能的性质、地位、大小、强弱及完善程度由城市内外的各种结构性因素所决定，在不同的历史发展阶段有不同的表现。随着信息网络等科学技术的迅猛进步，智慧城市应运而生，城市作为政治、经济、文化和科技活动的核心区域，引领作用越来越明显。在经济层面上，不仅反映在制造业、服务业等全社会生产力水平的量与质的迅速提升，而且还预示着一些新的超常变化趋势，新的业态、新的门类不断涌现。城市正在向着智能化、集约化、规模化、个性化、精细化的方向演变。城市功能是不断进化变异的，主要是由城市主导产业的变异引起的。从国际城市来看，德国鲁尔区和美国匹茨堡市的主导产业都经历了重大转型（矿业型—文创型），并获得了成功。

（二）城市的经济功能

城市的经济功能是城市功能的重要组成部分，是其他一切功能的前提和基础。城市无论大小，在一定地域经济中都发挥着经济中心的作用，以及由这种作用所产生的效能。经济功能可划分为主要经济功能和辅助经济功能。主要经济功能是指以为城市以外地区服务为主的功能；城市辅助经济功能是以为城市本身服务为主的功能。主要经济功能在各城市间的差别较大，这取决于城市的主导产业及其聚集程度和规模大小等。主导产业的性质和能级大小会强化城市的影响力。因此，各个城市十分注重自己的主要经济功能的打造，并据此确定城市的性质，如上海是中国最大的经济中心、国际金融、贸易中心城市和国际航运中心。

具体来说，城市经济功能主要包括以下内容：

（1）集散功能。指城市所具有的在一定空间范围内聚集和扩散各种经济要素的能力，它是中心城市对周边地区在能量交换上的吸引和辐射。聚集功能是城市最基础的经济功能，是城市形成和发展的先决条件；辐射扩散功能为思想、创意等的交流提供了平台和空间，提高了效率，降低了交易费用。

（2）生产功能。指城市及区域为不同市场服务的商品生产能力和作用，不仅包括物质产品（生活必需品、公共物品和财富创造），还包括精神产品（文化教育、信仰思想）。

（3）服务功能。指城市为国内外各种经济活动和各种经济要素自由流动提供全面、高效、便捷服务的能力，包括以各种交通工具为载体的交通运输服务，以通信信息网络为渠道的通信信息服务，以各种金融工具为手段的资金融通服务，以及中介咨询服务和娱乐休闲服务等。

（4）创新功能。指根据经济发展的基本规律和总趋势在各经济领域实行不断创新的能力。在创新功能的引领作用下，城市经济分工的专业化与组织化程度会越来越高，各种要素得到协调与整合，通过有效的配置，使城市取得其他城市所不具有的优势，并发挥独特的作用。

（5）管理功能。指通过汇集众多的企业总部或管理机构，发挥国内外生产经营决策和企业战略策划的功能，表现为进行投资决策和资源综合配置以及生产的大范围组织。

三、城市化与城乡关系

国际上没有统一的城乡划分标准。联合国认为，城市化是城市区域扩大和农村人口向城市迁移的过程，但由于各国在区分城市与农村地区的特点方面存有差异，城市与农村人口的单一定义无法适用于所有国家，因此，各国应当根据各自的情况，决定哪些地区列为城市，哪些地区列为农村。

（一）城市化——吸金与反哺

城市化是一个多种因素综合作用的复杂而长期的动态过程，是工业化发展导致部分农村地域转变为城市地域的质变过程，以及与此相伴的农业人口转为城市人口的质变过程。

1. 对城市化的理解

从本质上说，城市化是社会生产力的变革所引起的人类生产方式、生活方式和居住方式转变的过程，是传统的乡村社会向现代城市社会演变的自然历史过程，是一种从传统社会向现代文明社会全面转型和变迁的过程，是城市在空间数量上增多，逐渐实现城乡协调发展，最终实现消除城乡差别和工农差别的过程。具体而言，不同学科对这一过程的界定和理解有着明显的差异。

人口学所说的城市化是指人口城市化，即农村人口逐渐转变为城市人口的现象和过程。西蒙·库兹涅茨将城市化定义为城市和乡村之间的人口分布方式的变化。赫茨勒指出，城市化就是人口从乡村流入大城市，以及人口在城市的集中。

经济学认为，城市化是各种非农产业发展的经济要素向城市集聚的过程，是乡村经济向城市经济转变的过程。科林·克拉克认为，城市化是第一产业人口不断减少，第二、三产业人口逐渐增加的过程。沃纳·赫希认为，城市化是指以人口稀疏、空间分布均匀、劳动强度很大且个人分散为特征的农村经济，转变成为具有基本对立特征的城市经济的变化过程。

地理学认为，城市化是居民聚落和经济布局的空间区位的再分布，并呈现出日益集中化的过程。崔功豪认为，城市化是农村人口和非农业活动在不同规模的城市环境的地理集中过程和城市价值观、城市生活方式在农村的地理扩散过程。

社会学认为，城市化是一个城市性生活方式的发展过程。路易斯·沃斯（Louis Wirth）认为，城市化意味着从农村生活方式向城市生活方式发展、质变的全部过程。沃斯所说的城市生活方式，不仅指有别于农村的日常生活习俗、习惯等，还包含制度、规划和方法等结构方面的内容。在他看来，城市化不仅指农村人口向城市集中，还应包括城市生活方式的扩散，即人们在城市中居住或工作，城市是通过交通、信息等手段对居住在城市中的人们给予影响而出现的具有城市特色的生活方式变化的过程。

尽管不同学科对城市化的解释不同，但城市化作为一个社会经济的转化过程，包括人口流动、地域景观和社会文化等诸多方面的内涵，且随着经济社会的发展，城市化的内涵也在发生变化。如果大致进行归类的话，城市化定义呈现出"传统型—现代型—后现代型"的发展轨迹。传统型的城市化概念认为，城市化是指随着产业经济向城镇的集中而发生的农村人口向城镇转移的过程；现代型的城市化定义在强调人口转移、职业转移和产业集中的同时，突出了生活方式和都市文明的扩散过程；后现代型的城市化定义特别强调和突出了生活方式的转变和都市文明的渗透这些深层的内涵，甚至对传统型城市化定义中所强调的人口、地域、生产要素等集中的必要性提出了质疑。

实际上，上述关于城市化的界定都有其合理的方面，但由于历史的局限性和视角的差异，人们对城市化的理解还存在许多不全面的方面，尤其是进入现代社会后，无论是城市化的内涵，还是城市化的表现形式，都在不断增添新的内容。因此，对城市化含义的理解也同样应从社会经济发展的趋势角度去看待。

2. 城市化内在动力：工业化

城市化发展的动力机制是推动城市化发生和发展所必需的动力的产生机理，以及维持和改善这种作用机理的各种经济关系、组织制度等所构成的综合系统的总和。

在这个动力系统中，工业化居于核心地位。这不仅是因为它有助于其他动力要素，如经济增长、第三产业的发展，还因为工业的发展阶段与城市的发展阶段息息相关；工业化的发展速度决定了城市化的发展速度；工业化的发展模式决定了城市化的发展模式。工业化实质上是一个由工业革命逐渐向其他产业领域推进的过程。一方面，工业革命使人口分布发生根本变化，城市人口集聚，推动了基础设施的城市化；另一方面，工业革命使工业技术条件改善，当工业的分工和集聚达到一定程度后，将极大地促进第三产业的发展。这样，工业不仅能直接推动城市化的发展，还能通过产业连锁反应间接推动城市规模的扩大。

西方发达国家的历史经验表明，城市化与工业化之间存在着一致性与相关性。1850 年，全世界只有伦敦和巴黎两个大城市的人口达到了百万以上。1900 年，百万人口以上的大城市增加到 11 个；1955 年，达到了 69 个。1980 年，全世界百万人口以上的大城市已经发展到 226 个，并出现 26 个 500 万人口以上的特大城市。这时，世界上城市所占的土地面积虽然还不到陆地总面积的 1%，但城市人口却占到世界人口的 40% 。

3. 城市和区域（腹地）的关系

区域是一个客观存在，是一个特定的地域空间概念。地球表面上的任何部分，一个地区、一个国家，甚至几个国家均可称为一个区域。区域可以是经济区，也可以是行政区，或是自然区域、流域等，这是传统意义上对区域概念的理解。根据新兴古典经济学，区域又是一种经济组织，这种组织是市场选择的结果，而非人为安排的结果，它是随着城市（群、圈、带）的形成而出现的。区域科学家艾萨德（Isard）关于区域给出了一个经典的定义：区域是指包括无数形形色色的政治的、经济的、社会的和文化的行为单位在内的活生生的有机体，它们的相互依存行为受心理、风俗习惯及其他因素的制约。城市腹地是一个城市的吸引力和辐射力对城市周围地区的社会经济联系起主导作用的地域，它是区域内同级城市空间相互作用力量平衡的结果。

例如，区域与区域、区域与城市的关系。作为我国向北开放的重要桥头堡，近年来，内蒙古经济呈现迅速发展的态势：经济总量由 2001 年的全国第 24 位上升到 2018 年的第 21 位；人均 GDP 由第 16 位上升到了第 6 位；2018 年常住人口城镇化率达 62.7%，仅次于沿海各省份，居西部第一。但从另一方面讲，由于内蒙古的经济发展主要依靠资源开采和初级产品开发，附加值低，加之该地区的水资源瓶颈，经济发展的可持续性较弱，寻求区域合作与共同发展是内蒙古转变经济发展方式和实现共同繁荣的重要战略之一。其中，多伦成为这一战略的一个重要"棋子"。从区域关系和区位形势来看，多伦距离京津较近，是历史上农耕文明与草原文明、现代发达城市文明与塞上牧区文明的交接地区，易于成长为带动发展和开放窗口的新城市；从本区域内部来看，锡林郭勒盟约 20 万平方千米（超过许多沿海、中部地区的省份），但仅有锡林浩特市一个领头羊是远远不够的；从东北亚、环渤海角度看，这里是内蒙古自治区不断推进全方位对外开放新格局、构建对外开放通道建设的要点。由此，可以看到"京津—多伦—锡林浩特—内蒙古"之间的区域与城市关系。

城市和区域关系在我国经济发展中实际上是一种常见的、不断发生变化的关系。随着国际国内政治经济形势的变化、科学技术的发展和基础设施的完善，人口流动、产业转换升级、城市化和城市群演化等加剧，新的城市与区域发展关系不断出现。在不远的将来，我国将会出现一批世界级的城市、实力强大的超大型城市群、对外开放口岸和新兴经贸合作区（自由贸易区）等。

（二）新型城市化与城市群

1. 中国的新型城乡关系

中华人民共和国成立之初，重工业优先发展、统购统销、人民公社和户籍严管制度等使要素、产品按计划配置，形成城乡优先、城乡隔离下发展缓慢的城乡关系：第一，城市与乡村的经济分工较为明确，城市是第二、三产业的集中分布地，是区域最主要的生产中心、消费中心和就业中心；而乡村主要承担第一产业的发展，是区域经济要素的输出基地，同时为城市经济的发展提供劳动力保障、原料支撑、资金支持以及空间支持。第二，区域经济活动向城市集聚，城市经济在繁荣与扩张的同时，带来的是乡村经济的萧条与萎缩，城乡差距越来越大。第三，乡村的第二、三产业发展不足，导致农村剩余劳动力进城打工，而城市人口极少流向乡村，此时，城乡人口流向呈现出乡村人口单方面涌入城市的特点。

改革开放以后，伴随着市场经济体制的逐步完善，我国城市化进程呈现出快速发展的态势，资本和劳动力等生产要素不断由农村向城市集聚，城乡间的经济社会差距进一步拉大。同时，随着国家不断推进三产互动、城乡统筹发展、新农村建设和乡村振兴战略，城市与乡村的经济空间格局逐渐发生改变。一方面，乡村与现代农业相配套的非农产业日趋繁荣，成为三次产业的集合地。另一方面，城市非农产业服务于农业，依托农业基础并带动农业协同发展。区域经济活动呈现出由单一向城市集聚转为向乡村地区扩散的变化。随着现代农业的发展，乡村第二、三产业繁荣，推动着农民工返乡创业就业。同时，城市的非农产业服务乡村，引导城市人口到乡村就业，使城乡人口交融。

进入 21 世纪后，探索新型城市化成为潮流，即以城乡统筹、城乡一体、产业互动、节约集约、生态宜居及和谐发展为基本特征的城镇化。其核心在于不以牺牲农业和粮食、生态和环境为代价，着眼农民，涵盖农村，实现城乡基础设施一体化和公共服务均等化，促进经济社会发展，实现共同富裕。新型城市化与乡村振兴都是新时代攻坚克难的重要领域。

城市化不仅仅是城市人口的迅速增长和城乡人口比例关系的根本变化，也是人们的生活方式、教育和文化发展及公共服务现代化等多方面的变化过程。城市化水平是反映这些变化的程度指标，需要从静态和动态来全面反映。目前，这个指标通常用城市人口与总人口的比率来表示。但问题是总人口与城市人口数不容易确定。在我国统计口径、城区管理和户籍管理等方面，出现了户籍人口、常住人口、暂住人口、城市人口、非农业人口、建成区人口、市辖区人口等多种类型，造成了城市化水平的多样化现象。当然，一些新方法也在探讨，如选用基础产业、公共服务、基础设施或社会发展水平综合评价法等衡量城市化水平的方法和指标，使评估更加充实、丰富、精准。

2. 城市群的力量和魅力

城市群最早由英国学者盖德斯（Patrick Geddes）提出，后来由法国地理学家戈特曼（Jean Gottmann）用来描述美国东北部从波士顿、纽约到华盛顿等连绵数百千米的带状线性城市区域。城市群是城市之间的发展由竞争转为竞合的必然产物，是高度一体化的城市群体，是世界经济重心转移的重要承载地。

具体来说，城市群是指在特定地域范围内，以一个超大或特大城市为核心，由至少三个以上都市圈（区）或大城市为基本构成单元，依托发达的交通通信等基础设施网络，所形成的空间组织紧凑、经济联系紧密并最终实现同城化和高度一体化的城市群体。城市群是高度一体化和同城化的城市群体，城市群形成发育的过程是一个由竞争转为竞合的同城化过程和一体化过程，是一个开放的复杂巨系统和近远程要素交互作用的灰箱系统。

世界上著名的城市群有北美的城市群、西欧的城市群、日本太平洋沿岸的城市群以及中国的沿海城市群。美国区域规划协会在 2005 年启动了"美国 2050"项目，研究美国 2050 年前的城市与区域发展目标，正式提出了大城市区域或城市群的概念。该项目依据界定指标，于 2009 年 11 月确定了 11 个巨型都市区域，分别是：东北地区、五大湖地区、南加利福尼亚、南佛罗里达、北加利福尼亚、皮的蒙特地区、亚利桑那阳光走廊、卡斯卡底、落基山脉山前地带、沿海海湾地区和得克萨斯三角地带。西欧的城市群从英国的曼彻斯特、伦敦，比利时的布鲁塞尔，荷兰的阿姆斯特丹，法国的巴黎一直延伸到卢森堡的卢森堡市，德国的科隆、法兰克福、慕尼黑，最后到达意大利的米兰、威尼斯。日本太平洋沿岸城市群也是世界主要的城市群，主要包括日本首都东京以及日本重要的城市大阪、神户、名古屋等。该区域的面积约 3.5 平方千米，占日本全国总面积的 6%。

中国主要城市群有 21 个①，其中，实力强大的第一梯队是京津冀城市群、长江三角洲城市群和珠江三角洲城市群等。京津冀城市群的主要城市包括北京、天津、廊坊和唐山等；长江三角洲城市群的首位城市是上海，在上海的两翼是江苏的苏州、无锡、常州、南京、镇江和扬州，以及浙江的杭州、湖州、嘉兴及宁波等，2019 年，安徽省 16 个地级城市全部纳入长江三角洲城市群；珠江三角洲城市群主要分布在珠江三角洲，包括香港特别行政区、澳门特别行政区、广州、深圳、东莞和佛山等城市。"抱团"发展成为我国城市发展新潮流，城市群正在重构中国经济"新版图"。

---

① 2010 年，国务院印发的《全国主体功能区规划》设定了优化开发区域（环渤海地区、长江三角洲地区、珠江三角洲地区）和重点开发区域（冀中南地区、太原城市群、呼包鄂榆地区、哈长地区、东陇海地区、江淮地区、海峡西岸经济区、中原经济区、长江中游地区、北部湾地区、成渝地区、滇中地区、黔中城市群、藏中南地区、关中—天水地区、兰州—西宁地区、宁夏沿黄经济区、天山北坡地区），它们是城市群"3＋18"格局的根本来源，分别为环渤海城市群、长江三角洲城市群、珠江三角洲城市群、冀中南城市群、太原城市群、呼包鄂榆城市群、哈长城市群、东陇海城市群、江淮城市群、海峡西岸城市群、中原城市群、长江中游城市群、北部湾城市群、成渝城市群、滇中城市群、黔中城市群、藏中南城市群、关中—天水城市群、兰州—西宁城市群、宁夏沿黄城市群和天山北坡城市群。

此外，与城市概念紧密相连的其他概念有（大）都市区、都市圈和城市连绵区（带）等。大都市区一般是指一个大的人口核心以及与这个核心具有高度的社会经济一体化的邻接社区的组合，通常以县作为构造单元。加拿大的人口普查大都市区、英国的标准大都市劳动市场区、法国的集聚区、西德的都市区等均属同类概念。中国学者周一星认为，都市区是由中心市（城市实体地域内非农人口在20万人以上）和外围非农化水平较高、与中心市存在密切社会经济联系的邻接地区两部分组成。一般而言，大都市区指一个以大中城市为中心，由外围与其联系密切的工业化和城镇化水平较高的县、市共同组成的区域，内含众多的城镇和大片半城镇化或城乡一体化地域。如果其中心城市的人口规模大于100万，则可叫作大都市区。都市区不一定是一个完整的一级行政区，它可能大于市域范围，也可能小于市域范围，它强调的是与中心市有密切的日常社会经济联系，有较高的非农化和城市化水平，有协调内部建设的某种机制。

都市圈（或城市圈）这一概念最早由日本提出，1951年，日本学者木内信藏研究日本城市后，提出了"三地带学说"，即大城市的圈层由中心地域、周边地域和边缘广阔腹地三部分构成，这一思想后来发展成为"都市圈"概念[①]，并得到日本政府的认可。都市圈指在城市群中出现的以大城市为核心，周边城市共同参与分工、合作，一体化的圈域经济现象。它是城市群的一种空间表示形式，它是以一个或两三个中心城市为核心、与周边城镇联通所形成的社会经济联系密切、呈圈层状布局的空间组织形式。或者说，都市圈是由中心城市及周边大中小城市和地域共同组成的紧密的一体化区域[②]。总的而言，可将都市圈界定为以超大城市、特大城市或辐射带动功能强的大城市为核心，以核心城市的经济辐射距离为半径，形成的功能互补、分工合作、经济联系密切的区域[③]。

都市连绵区是由在地域上集中分布的若干大城市和特大城市集聚而成的多核心、多层次城市群体，是大都市区的空间联合体。都市连绵区是以都市区为基本组成单元，以若干大城市为核心，与周围地区保持强烈交互作用和密切社会经济联系，沿一条或多条交通走廊分布的巨型城乡一体化地区。随着城镇化的不断发展，原来彼此分离的若干都市区逐渐在更大范围内连成一片，形成巨型的城市功能区域。都市连绵区一般是国家的经济核心区，并不是任何经济相对发达的城镇密集的地方都可以称为都市连绵区。

①　刘庆林，白洁．日本都市圈理论及对我国的启示［J］．山东社会科学，2005（12）：72－74．

②　戴宾．城市群及其相关概念辨析［J］．财经科学，2004（6）：101－103．

③　肖金成，马燕坤，张雪领．都市圈科学界定与现代化都市圈规划研究［J］．经济纵横，2019（11）：2，32－41．

第二节 城市经济问题的复杂性与挑战性

城市经济问题林林总总，既有交通、人口、产业、环境和住房等由来已久的历史问题，又有宜居、特色、品位、形象、创新、后劲、开发、经营、竞争和活力等新时期遇到的新问题；涉及的内容和领域十分庞杂，有效率与公平的，有生产和消费的，有厂商和居民的，有公用和私权的，有结构和布局的，有设施和环境的，有自然和人文的，有硬件和软件的，有政府和政策的，有历史和现实的，有规划和发展的，等等；问题的成因同样是五花八门，错综复杂，甚至难以厘清。本章我们将围绕城市经济的健康可持续发展这一目标，从战略发展的角度，关注发展目标的确定、发展思路的选择、主导产业的塑造、空间布局的规划，针对目前存在的关键问题，进行剖析、思考，提出有关认识、见解和建议。

城市经济是区域经济的一个重要方面。城市经济成为国民经济的主体其实是由城市经济的五个特征决定的，它们分别是：

第一，强大的非农经济（工业制造＋服务经济）。城市里集聚和发展的产业为第二、三产业，即工业和服务业。

第二，强大的密度经济（规模＋能级）。第二、三产业及相应的就业和赡养人口，高密度地集聚在一个狭小的地理空间，这个空间就是城市。不但产业和人口的规模大，而且单位面积的经济密度和人口密度也很高。

第三，强大的虚拟经济（金融＋信息）。一般把金融和信息归为虚拟经济，基本都集中在城市。

第四，强大的创新经济（研发＋创造）。城市的主要功能有五个：集聚、辐射、人居、服务和创新。其中，最重要的是创新，城市是区域经济发展中创新的引擎、创新的高地。一个城市经济的发展，重要的是创造，或者创新带动的制造。

第五，强大的人才经济（科学家＋技术能手）。因为城市经济是跟虚拟经济和创新经济相联系的，高端人才集聚，是思想、创新的源泉与基地。

除了上述这些在工业化时代就已存在的城市经济特征以外，还要关注城市经济进入信息社会以后的一些新变化：第一，服务经济和数字经济成为主体经济形态；第二，国民经济和社会发展的全面深度信息化、数字化和智能化；第三，交通和信息网络基础设施的快速发展；第四，工业社会的城市化形态，趋向信息社会的城市化形态；第五，单个城市摊大饼式的发展，趋向城市群葡萄串式的发展；第六，分割型的城市化走向融合型的城市化；第七，城市区域化（城市空间扩张）和区域城市化（形成弥漫型的高水平城市化区域）互促共进，良性发展。

进入 21 世纪以后，城市转型发展的政策取向主要是以智能制造、智慧应用为引领，来促进城市经济转型的。但是单有经济转型还不够，还得以多元包容、以未来社区为引领，促进城市的社会转型。因此，要以科技创新为先导，创建智慧城市；要以低碳经济为标杆，创建生态城市；要以人文素质为底蕴，创建宜居城市。目前，我国新型城市化和城市经济的转型是同步发生的。要抓住这个现代化发展难得的战略机遇期，顺应 21 世纪以来数字化、生态化、人文化的发展新趋势，按照"三生融合（生活、生产、生态）、三化同步（数字化、生态化、人文化）"的理念，推进城市宜业、宜居、宜游、宜文的转型发展。

一、认识城市经济问题及其严重性

一提起城市问题，便大有话题可讨论。比如，在北京、上海、广州和深圳这样的特大城市，房价奇高、交通拥堵、生活成本高、环境污染、上学入托难、就医难、广场绿地缺乏等诸多问题已经严重影响到城市居民的日常生活。这些不尽如人意的表现有一个简单的名字：城市病。城市病是指人口在城市（特别是大城市、超大城市、巨型城市）集中而引发的一系列社会问题。这个词已经不再仅限于专业学者，而越来越广泛地被大众使用。有些人士认为，我国已经进入城市病集中暴发期。北京、上海、广州和深圳等大城市原本是中国经济最发达、优势资源最集中的地方，但城市居民的生活舒适度、满意度却似乎并没有与富裕度相匹配，城市病已经严重影响到居民的生活质量。

其实，城市的经济问题无时无刻不在我们身边，如一个城市是否就业难（一定时期能提供多少就业岗位或失业状况）；是否效率高（一定时期的财政收支情况、新建企业或投资数量、金融水平和企业盈利效果等）；生活质量水平是否提高（居民收入水平、消费水平、福利水平和物价水平）；是否协调安全（各种设施运行可靠、便利，部门配合、衔接得力）等反映的就是直接经济问题，但与此相关联的还有社会问题。例如，财政收入水平低会导致公共设施不健全，便捷程度不高，这会对企业经营的硬环境产生不利，不仅会给现有企业带来不便，还会影响新企业或新项目（原有企业扩展）的入驻。由此导致现有企业盈利水平不高、张力不够，加上新企业入驻少，就业岗位增加少，会直接引发就业难、收入水平下降、财政困难等问题。居民个人收入水平过低或者差距过大，反映了收入分配领域的不平等问题，容易引发社会问题。其实，每一个经济环节发生问题，都会引起连锁反应，成为一个广泛的城市问题。例如，就业难会引起收入下降、消费支出下降、购房购物欲望下降，导致人口移动、减少，或产生社会动荡。

以北京为例，来简要说明城市经济问题的严重性、关联性和复杂性。

1. 交通拥堵问题

北京自 1949 年起，城市发展进入快车道，城市人口、用地规模一再突破控制线。比如，1993 年的城市规划，预计到 2010 年城市总人口达 1500 万人，城镇用地达 900 平方千米，而实际到了 2002 年，北京常住人口已经达到 1423 万人，城镇用地已经突破 941 平方千米①。2010 年 7 月，北京市政协经过调查形成了一份《关于促进首都人口与资源环境协调发展的建议案》。这份建议案显示，截至 2009 年底，北京市实际常住人口已达 1972 万人，而"十一五"规划确定 2008 年常住人口总量要控制在 1625 万人。从历次城市规划与发展的实际来看，规划赶不上变化，且总被现实发展所超越。其实质是对城市发展的规律认识不足，没有完全把握，一直以约束管制为主，导致城市越来越大。

这样快速增长的人口给北京市带来了诸如就业、交通、用地、住房、环境（水）和治安等种种压力。北京市政协调研组测算的结果显示，北京市每增加 1 人，日交通出行量就要增加 2.64 次。尽管这几年北京市的公共交通发展很快，但新增交通供给能力很快被人口增量所抵消。

"首堵"一词被用来描述北京多年来愈演愈烈的交通拥堵困局，城市交通效率一再降低。2003 年 8 月，北京市机动车保有量突破 200 万辆；到 2007 年 5 月，这个数字改写为 300 万辆；到 2012 年 2 月，已经突破 500 万辆；到 2017 年底，达到 564 万辆，位居全国第一。随着车辆的快速增长，道路的拥堵现象愈加严重。不仅拥堵地点（路段）增多，拥堵时间也延长，平均时速小于 15 千米的道路在增多，公交等待时间也在延长，平均出行时间已经由半小时升至一个半小时。以北京市 2018 年公布的数据为例，北京城区每天通勤拥堵时长为 44.97 分钟，一年通勤拥堵时长为 174 小时。北京近些年来私家车持有数量的持续性增长使道路拥堵问题日益严峻。

机动车的增长量还没有停歇，每个国家都有一段机动车保有量迅速增加的阶段，但就其增长的迅猛程度和规模而言，中国是史无前例的。按照西方国家的机动车发展水平，我国的机动车保有量至少还得增加 1 倍。从机动车保有水平（千人机动车拥有率，即每一千人拥有多少辆车）来看，美国千人机动车拥有率为 700 左右，西方国家是 300 到 500，而在我国机动车保有水平最高的北京，千人机动车拥有率不足 200。如果按照西方国家的机动车发展水平，北京市车辆还要增加一倍，以北京 2000 万人计算，千人机动车拥有率达到 400，机动车保有量就会达到 800 万辆，如果没有政策干预，就会迅速向那个水平发展。按照现在的基

① 最新一版的《北京城市总体规划（2016—2035 年）》指出：常住人口到 2020 年控制在 2300 万人以内，并长期稳定在这一水平；城乡建设用地规模到 2020 年减到 2860 平方千米左右，到 2035 年减到 2760 平方千米左右。

础设施条件和人口密集程度，当机动车保有量达到 800 万辆时，城市功能就会受到巨大挑战，如果应对不力，将会陷入窘况。

2. 用地结构问题

北京地处华北平原的西北部，有燕山和太行山两山拱卫，平原朝东南方展开。山地多平原少（山地占 62%，平原占 38%），人多地少，耕地更少。北京市建设用地供给长期紧张。2018 年北京土地总面积 1640600 公顷，其中，城镇村及工矿用地 303247.34 公顷，交通运输用地 48526.72 公顷，耕地 212840.60 公顷，园地 132531.10 公顷，林地 746634.08 公顷，草地 84323.67 公顷，水域及水利设施用地 76291.41 公顷，其他土地 34557.11 公顷。

耕地在一直减少，北京市土地变更报告显示，1996~2004 年，耕地面积净减少 10.75 万公顷，平均每年减少 1.34 万公顷。耕地的减少反映了建设用地的扩展。从北京市统计局的数据（见表 2-6）可以看出近些年土地资源的变化情况，也可以看出用地紧张的状况更加严峻了。

表 2-6   2004~2017 年北京市建设用地与耕地变动情况　　　单位：亩

年份	年末耕地面积	年内减少面积	建设用地面积
2004	3546558	381469.5	115339.5
2005	3501014	82833	24280.5
2006	3488622	67342.5	23680.5
2007	3475323	45670.5	30984
2008	3482810	37254	26875.5
2009	3407556	44143.5	36225
2010	3356691	51031.5	45573
2011	3329343	35170.5	28755
2012	3312843	24681	19534.5
2013	3317360	2178	19659
2014	3299232	18931.5	13674
2015	3289898	11938.5	10302
2016	3245181	58416	22533
2017	3205960	45115.8	28265

资料来源：2005~2018 年《北京统计年鉴》。

北京也曾试图通过调整用地结构来缓解用地矛盾。北京市为了抢占新兴产业发展的战略期，在 20 世纪 90 年代中期开始实施"退二进三"战略（即二环以内的工业企业迁到三环以外地区，优势资源让位于新兴产业）。这种产业结构的调整使北京市区二环内的大批工厂被拆除，工业项目大量外迁，钢铁、化工、建材、纺织和煤炭等传统支柱产业处于压减萎缩状态，高新技术产业、房地产业和金融业等现代服务业迅速发展起来。调整带来了新一轮的城市空间扩张。人们把北京的这种空间转换、膨胀变大称为"摊大饼"式的扩张。

3. 资源环境问题

资源环境压力愈加突出。北京市政协的调研显示，目前，北京市98%的能源靠外地调入。全市年均可利用水资源仅为26亿立方米，实际年均用水约为36亿立方米，超出部分依靠消耗水库库容、超采地下水及应急水源常态化维持。如果人口持续膨胀，南水北调的水量将被快速增长的人口所吞噬。在人口依然向北京集聚的情况下，环境承受力受到挤压和挑战。

此外，雾霾问题也持续影响着北京居民的身心健康。在过去两年北京雾霾浓度大幅下降后，2019年前两个月出现了雾霾浓度上升的情况。其中，1、2月北京PM2.5浓度分别为52微克/立方米和53微克/立方米，高于2018年同期的34微克/立方米和50微克/立方米的数值，雾霾治理问题仍需持续关注。

4. 社会服务问题

除了资源环境问题外，北京在城市教育、就业上也是自顾不暇。北京市政协的调查显示，在京接受义务教育的来京务工人员的随迁子女已由2000年的9万人增长到2009年的41.8万人，占学生总数的40%，其中，66.9%在公办中小学就读，有些区县教育支出的一半用于来京务工人员随迁子女的教育。此外，就业形势不容乐观，北京市城镇新增就业人数达到每年42万人左右，城镇登记失业率一直在升高。

表 2-7　北京市城镇新增就业

年份	城镇新增就业人数（万人）	城镇登记失业率（%）
2013	42.87	1.21
2014	42.65	1.31
2015	42.62	1.39
2016	42.80	1.41
2017	42.2	1.43
2018	42.3	1.40

注：自2014年开始，年末登记失业率统计口径为全市口径，2014年以前为城镇口径。

资料来源：北京市统计局。

虽然城市经济在迅速增长，但市民的居住舒适度却没有得到相应的增长，甚至有降低的现象。这其中既有城市发展中过分追求GDP而忽略人的问题，又有对城市发展规律认识不足、产业布局和基础设施建设失衡的问题。由于我国行政权力层级的制度性特征因素，资源的配置与流动趋向于级别高的城市，城市化过程没有能够自然地走向城乡一体化，城乡之间没有能够实现高度融合，城乡的资源没有实现自由流动，导致城乡差距越来越大；中国的基础设施还不均衡，大城市基础设施完备，而中小城市欠账太多，人们不得不涌向大城市。大量外来人口进入大城市，城市原有的规划、设施以及原居民的生活必然受到影响。在这个过程中，社会保障没有能够及时跟进，不仅外来人口的生活舒适度不高，原居民的生活舒适度也在降低。

类似的城市经济引发的人口快速膨胀、生活质量进步不高的问题不仅发生在北京，其他城市基本也有相似的经历。上海市 2018 年底常住人口为 2423.78 万人①，广州市常住人口也已经超过 1490.44 万②。经济上发展取得的成果，已经在被快速增长的人口以及所产生的社会问题所蚕食，一些社会问题已经影响到了居民的日常生活。我国正处在城镇化的高峰，2012 年，我国的城镇化率已跨过50%，这个数字远低于发达国家水平。可以预想的是，在未来现代化进程中，我国将会有更多的城市步北京、上海和广州的后尘。在这个过程中，如果没有相应的措施，交通拥堵、水资源匮乏、环境污染和住房紧张等问题将不可避免地出现，还将加剧经济问题，使之复杂化。因此，如何进一步建设生态城市、幸福城市等问题是之后的章节需要着重考虑的问题。

二、城市经济问题的历史性和利益主体的多元性

据考证，城市出现在 5000 多年前。早期的城市与今日的城市在规模、产业、功能和水平方面存在差异。从历史的大视角看，城市发展经历了农业社会的古代城市、工业社会的近代城市和信息社会的现代城市。当今，由于人类文明和科技进步，城市的发展呈现多样化、特色化、专业化的趋势，许多城市更加突出便捷、绿色、宜居的功能。一些城市在努力建设智能城市（数字城市、信息城市、智慧城市）、生态城市、田园城市、海绵城市、创新城市（科技城市），一些城市正在向着更高的形态——世界城市发展。

其实，自从有了城市，各种问题就伴随着城市的成长和发展不断涌现。不同的历史时期，城市所面临的主要问题也不同。从某种意义上说，城市发展的历史也是一部解决城市问题、化解突出矛盾的历史，是一部追求更美城市和更完善城市的历史。有文学家指出，城市病是与生俱来的，是城市的特质，无法完全消灭，只能动态减缓。城市经济问题只是城市问题中的一个大类，当然，这类问题

---

① 数据来源于《2018 年上海市国民经济和社会发展统计公报》。
② 数据来源于《2018 年广州市国民经济和社会发展统计公报》。

不是孤立存在的，它与社会、文化、管理和科学技术等交织在一起，形成了问题的复合性、复杂性。

早期的古代城市由于产业结构单一、规模较小，城市经济问题并不突出。18世纪后期第一次工业革命兴起之后，随着大工业的崛起，城市化的进程加快，农村人口迅速向城市集中，尽管社会生产力极大提高，社会财富迅速增长，但是，随之而来的问题也十分突出，主要表现为住房紧张、交通拥挤、贫富差距大、失业率和犯罪率上升以及公共设施超负荷等。

第二次工业革命以电为核心技术推进，新兴产业不断涌现，城市化再次向前跃进，资源开发、产业集聚和人口集中的规模不断扩大，城市的数量与规模进一步增长。原有的城市问题还没有完全解决，使得一些问题更加突出，如环境污染、就业等。许多环境公害事件①在这一时期发生，第一次世界经济危机爆发也在此段时间。

第二次世界大战后，以核能、计算机为突出代表的科学技术迅猛发展，交通、通信、能源和空间发展日新月异，城市化水平大幅提高，城市群、特大城市（巨型城市、超大城市）及其延绵带形成并发展。另外，郊区化、空心化也相应成为一种趋势。特别是进入21世纪以后，以信息网络为代表的新技术正在改变着各主体的行为方式，推动了实体经济与虚拟经济的结合，并使城市空间活动格局出现了新的形式，如新兴产业、总部经济、新的物流方式、虚拟空间和创新资源等。新的大量的城市经济问题应运而生，新旧矛盾和问题纠结在一起，使问题的复杂性、艰巨性都达到空前水平。这从近些年城市的发展可以看到，房价飙升不减、贫富差距拉大、产业兴衰更替、空间转换腾挪、职场职位剧变、人员规模聚散、危机能级提升，社会群体事件频率，危害性增加，如"非典"事件、哈尔滨松花江污染事件、纽约大停电事件（1967年、1977年和2003年多次发生）、阿根廷布宜诺斯艾利斯垃圾清运事件以及2020年席卷全球的新冠肺炎疫情事件等，城市病发生的规模和破坏性比以往都要大。

就如此现代化的今天而言，以城市为主题的问题，其实相当多。我们平常说到的城市病只是城市问题的一个笼统称呼，它体现在许多方面。不同的主体，对城市的感受关注不同，其观察的视角也不同，对于城市问题的认识、划分也不同。一个普通市民可能会更关注与自身相关的问题，如出行、购物、看病、孩子上学、就业机会、收入及生活成本（物价房价）等；一个企业家可能会更多关

---

① 八大环境公害事件之首为马斯河谷事件（1930年12月），其他分别为：多诺拉镇烟雾事件（1948年10月）、伦敦烟雾事件（1952年12月）、洛杉矶光化学烟雾事件（1955年、1970年）、四日市气喘病事件（1961年、1964年、1967年、1970年）、米糠油事件（1968年3月）、水俣病事件（1953～1956年）、富山骨痛病事件（1955～1972年）。

注城市的经营环境、投资环境是否优良（注册登记是否歧视，有无鼓励、限制措施；投资回报率高低；行政管理是否效率低下等）；而一个管理者或学者除了关注前两个问题外，还关注一些宏观类、公共性的基本问题，如城市为谁而建；城市发展的本质是什么；城市是何时出现的；到底是城市先于农村，还是农村先于城市等。这些基本问题至今也不甚明了，还在争论不休。当然，还有许多复杂且需要面对的现实问题，如城市规模越大越好吗？北京的规模是大还是小？是否需要控制？区域发展必须要有龙头大城市（中心城市）吗？城市经济的内容和构成是什么样的？发达的城市经济应该是什么样的？如何认识并处理文化、社会、环境、资源、政府与经济发展的关系？一个城市的空间布局规划如何才是合理的，又怎样进行优化？城市产业如何配置、均衡与结构升级？城市人口、就业、福利如何与城市化进程相协调？一个城市的竞争力、城市形象从何而来，如何打造？

由此可见，城市经济问题涉及相当多的方面和内容，且随着时代进步还会不断产生新的问题。实际上，用具体数字来表达城市经济问题数量是一件很困难的事，也是徒劳的，需要做的是去发现、认识、解决城市经济问题。问题的解决意味着城市的进步和发展。

三、城市经济问题的多样性

城市经济问题涉及诸多方面，可以按照不同思路、不同需要、不同利益主体等进行划分。按照经济问题的类型不同，可以分为：城市产业部门问题（可分为都市农业和服务业；继续可分为金融、商业、旅游休闲、科研、教育、文化、艺术、日常生活、体育、医疗卫生、咨询等）、工业（可细分为制造业、高新技术产业）、建筑业（可细分为工业建筑、民用建筑、办公建筑、商业建筑、公用建筑、桥梁等）、城市基础设施问题（可分为交通、通信、水、能源等）、城市住宅问题、城市人口与就业问题、城市土地问题、城市环境问题、城市政府与城市管理问题等。

需要说明的是，城市问题与城市经济问题常常被混为一谈，其实它们之间是有区别的（见表2-8）。城市问题包含的内容十分广泛，有城市经济、城市管理（治理）、城市生活、城市文化、城市安全、城市环境、城市人口和城市交通等。城市经济问题是城市问题中的一个子问题，但是由于经济几乎无所不及，城市中的各个部门、各种活动无不与经济相关，这就形成了似乎城市问题与城市经济问题是一回事的现象。

表2-8　城市问题与城市经济问题分类

问题种类	特性	主要方面
城市问题	内容十分广泛,庞杂	城市经济、城市管理(治理)、城市生活、城市社会公平、城市文化、城市安全、城市环境、城市人口、城市基础设施(交通、电力、供排水、供气、供热)等
城市经济问题	只是城市问题的一个大类	城市产业(一、二、三产业;农业、制造业、建筑房地产业、旅游、交通运输等服务业;开发区、特区、出口加工区、保税区、自由贸易区等;各类企业)、城市财政(税收、支出)、城市金融(银行、保险、债券)、城市消费、城市居民收入、各类市场、城市物流、城市基础设施与服务(网络、电信、教育、医疗、养老、文化)以及科学研究、政府政策、行政效率等与经济活动相关联的内容

　　我们这里讨论的城市经济是指城市中的生产与消费活动,即各类产业活动,以及与此相关联的劳动力(人口)、资本、资金、资产和资源的运动,以创造价值和使用价值(满足社会物质和精神需要)为首要目标,可以用成本、盈利和收入衡量的活动(见表2-9)。直接影响城市经济活动的外部条件(城市规划、城市防灾)也是需要关注的内容。

表2-9　城市经济问题分类(以产业部门为例)

问题来源产业/部门	细分	再分
农业	农、林、牧、副、渔	都市农业、观光(采摘)农业、农副食品基地("米袋子""菜篮子"工程)
工业	制造业、高新技术产业	装备制造业
建筑业	工业建筑、民用建筑、商业建筑、公用建筑、水利设施、道路桥函等	办公建筑、公共建筑(会议厅、展览馆、博物馆、剧院等)、学校设施、医疗设施等)
服务业	生活性服务业、生产性服务业	金融、商业、旅游休闲、科研、教育、文化、艺术、日常生活、体育、医疗卫生、咨询等
配套服务	城市基础设施问题	交通、通信、网络、信息、水、能源(电力、热力、煤气等)
房屋	住宅、写字楼等问题	居民住宅、商业写字楼、其他建筑
人口与就业	城市人口与就业问题	外来人口、本地人口、城中村、贫困人口、失业人口
环境问题	绿化、绿色生产、生态保护	公园绿地、污水处理、大气、水、固体物质、自然系统维护

续表

问题来源产业/部门	细分	再分
城市政府与 城市管理问题	投资环境、经营环境等问题	财政、税收；城市土地问题；许可审批与管理；城市竞争与合作；竞争力问题
城市形象问题 （显性、表现）	软件、硬件；服务、管理；城市主体、客体	景观、行为、窗口

从世界范围来看，各国在各阶段都不可避免地会遇到不妥的城市经济问题，如美国在第二次世界大战后，在城市经济发展过程中遇到了一系列问题，其中一些问题至今仍相当尖锐：①贫困化和高失业率问题，大都市区中心城市的失业率达9.1%；②地价昂贵和住宅问题，地价贵引起房价和房租较快上涨，购房贷款还本付息负担重；③交通拥堵、环境问题；④财政困难和城市更新问题，像底特律破产事件，直接影响了基础设施和生活水平；⑤城市危机事件频发，如北美大停电事件（2003年）导致纽约、底特律、克利夫兰和波士顿等城市以及使用同一个供电网络的加拿大渥太华和多伦多持续了近30个小时的停电，交通顿时瘫痪，地铁、电梯、火车、电车都停止了运行，35万多人被困于电梯和地铁内达19个小时。

四、解决城市经济问题的探索之路

目前，我国的城市经济在发展中出现了一些问题，如产业项目盲目追求新（填补空白）、大（规模投资）、高（科技含量），贪大求洋，忽视了产业发展阶段性、地方适应性、配套性等要求，导致产业发展虚高，经济波动频现，难以可持续发展，给城市经济转型设置了障碍，增加了调整难度。其实，城市经济问题在国外也频繁出现，也是困扰城市发展的重大问题，一些国家已经出现了一些空城、死城。2013年初，美国著名的城市底特律出现了财政问题，长期负债高达140亿美元，陷入财政紧急状态，很可能成为美国历史上最大的破产城市，闻名世界的"汽车城"底特律如今风光不再。这也提出了一个严峻的问题，城市依托的产业即使是普遍认可的具有竞争力的制造业，一旦出现闪失，也会给城市发展带来灭顶之灾。

底特律的例子，实在值得深思。一个象征现代工业繁荣的美国第五大城市，几乎荣耀了一个世纪，为何会陷入困境？早期的一些衰退城市，如德国鲁尔，英国伯明翰，美国的匹兹堡、休斯敦等，均因初级产业过重而步履艰难。只要及时进行产业转型，将会渡过难关，走出困境。那么，什么产业才能够使城市立于不败之地？怎样的经济才是可持续发展的？这也是城市经济所要回答的根本问题。

也许我们可以从另一个城市，底特律附近的安娜堡市的持续发展中找到答案。安娜堡，距离底特律40多英里（70千米），最初（1824年）由两个开荒者购地置业起步。除了地价低廉（一英亩1.25美元）外，这里森林密布，河溪纵横，景色气候宜人，又距底特律不远，有相当的吸引力。随着伊利运河的开通，新的运输通道使货物运输更加便捷，成本下降，这里随之成为向西移民的通道（见表2-10）。

表2-10 安娜堡市主要年份的总人口统计 单位：人

年份	总人口	年份	总人口
1825	50	1920	27088
1830	300	1930	35275
1840	3507	1940	39676
1850	4651	1950	48251
1860	5737	1960	67340
1870	8418	1970	99797
1880	9518	1980	107966
1890	11730	1990	109592
1900	17317	2000	114024
1910	18830	2010	114076

随着投资环境的有利变化，区域经济也得到了相应的发展。安娜堡所在的瓦希特诺到1840年已经是密歇根州最大的大麦、燕麦生产基地，畜牧业发展迅速。此时，安娜堡只是立足于农产品初级加工的一个小镇，依赖于周边繁荣的农业。这些企业所使用的动力来源于自然的休伦河及其支流的水力。稳定、充足、流动的水力为厂商提供了廉价的动力。随着人口的增加，作为一个市镇，生活服务的需求不断发展，当时的安娜堡地产公司推动了城市的扩展。

其中，知识与人才的引入为安娜堡市的持续发展提供了动力。1837年3月，安娜堡提供了40英亩的免费土地，一举击败其他竞争者，使密歇根大学落户于此。这一重大举措，使小城开始享誉世界。这个小城的发展并没有追求大和强，只是围绕大学的成长不断完善服务。从小城的使命表达中可以看到，安娜堡市致力于为所有的市民、员工和社区提供优质的市政服务，不断提高生活质量，通过智能开发资源，培育一个公平、便捷和尊重的开放环境。城市理念的朴实无华决定了城市发展的健康轨迹。小城一直顽强发展，已经形成了以大学为核心的城市结构。

由于密歇根大学教学、科研的扩展，截至2011年（作者访学前），城市人口达到 11.49 万人，仅大学教职员工就有 3 万余人，其中，医学院教职员工约 1.2 万人。密歇根大学出色的医学、工程学、机械制造学科、法律、商学和社会学等学科专业为城市的产业塑造提供了有力的支持。密歇根大学的科学研究及发展经费在全美所有的公立大学排名中，仅次于约翰霍普金斯大学，位居全美第二。根据美国国家科学基金会的数据，2011 年总经费达到 12.8 亿美元，比 2010 年增长了 8%。安娜堡市依托大学雄厚的实力，现已形成高科技（数据、信息、网络、软件、云服务等）、健康医疗（医药、医院、健康）、生物技术三大支柱产业。大量的医疗机构、实验室、研究中心和相关公司云集于此。

由此可以看出，城市经济发展需要遵循一条既适合自身特点又适应外界发展趋势的发展道路，做到这点十分不易，需要高瞻远瞩、历史机遇（外部）和长期的不懈努力。一旦偏离这一道路，城市经济和社会就会出现波动和问题，陷入困境。

第三章 改革发展问题

自中华人民共和国成立 70 多年来，中国城市经济发展赶上了难得的历史机遇期：有利的国际政治经济形势，飞速进步的科学技术，扑面而来的新型经济（数字经济、知识经济、网络经济、虚拟经济、循环经济），席卷全球的城市化、工业化、市场化、现代化浪潮，国家改革开放大政方针的正确指引，中国城市经济正在以一股不断向前、不断与世界交融的态势演绎着一种盛大变革。

第一节 中国城市经济发展成就

一、中国城市经济的总体评述

70 多年来，中国城市经济不仅在速度、总量规模等"量"上跳跃发展与迅速扩张，还在经济体制和机制上获得了强劲的"质"的飞跃和提升。随着改革开放的浪潮一浪高过一浪的向前推进，城市经济的各项功能不断完善和提升，各类经济要素得到释放，资源配置效率大为提高，使中国这个古老、文明而又新生、蓬勃的国度从 70 多年前经济几近崩溃的边缘一跃成为世界第二大经济体，跨入崭新的世界行列。

（一）城市经济质量空前提高，综合实力大幅提升

城市经济的规模与速度迅速扩张。70 多年来，特别是改革开放后，城市的活力得以再现、焕发，改变了中华人民共和国成立初期城市经济基础非常薄弱的状况。1988 年，全部城市地区的生产总值只有 7025 亿元，占全国的一半左右。2017 年，仅地级以上城市地区的生产总值就达到 52.1 万亿元，占全国的 63.0%；各类所有制工业企业蓬勃发展，私营企业发展迅猛。2018 年，有 28 个城市的 GDP 超过了 7000 亿元大关，有 16 个城市超过了万亿元大关，5 个城市超过了 2 万亿元大关，16 座城市的 GDP 之和占到了全国的 31%①。2017 年，城镇

---

① 16 座城市包括四大直辖市及广州、深圳、武汉、成都、杭州、南京、青岛、宁波 8 座副省级城市，长沙和郑州 2 座省会城市，以及苏州和无锡。

固定资产投资 63.2 万亿元，比 1995 年增加了 61.6 万亿元，占全国的 98.5%。

中华人民共和国成立后，城市的产业结构不断优化和提升，从一个贫穷落后的农业国起步，逐步完成国家工业化，以及对农业、手工业和资本主义工商业的社会主义改造，城市工业快速发展，逐渐成为国民经济的主要支柱。近年来，新产业、新业态、新商业模式不断涌现，数字经济和共享经济高速发展，生态环境服务业迅速兴起，文化、旅游和康养等产业快速崛起，我国正在由制造大国向制造强国迈进。

70 多年来，城市基础设施建设以及市政公用事业规模和质量明显改善。大量新型基础设施，如高铁、轻轨、机场、数字网络和智能城市建设，极大地方便了城市居民。"绿色城市""美丽中国"和"公园城市"建设，改善了居民居住环境和幸福指数。进入 21 世纪后，经营城市、基础设施市场化开始兴起，中国的基础设施建设进入多元化、多层次的资金筹集渠道阶段。

（二）城市经济功能日渐完善，引领能力得到加强

作为先进生产方式的传播者，城市已日渐成为区域经济的增长极或增长的主要源泉。城市经济快速发展，城市在国民经济中的主体作用日益突出，各级各类城市在一定地域范围内起着核心推动力的作用。随着城市建设范围的不断扩大和行政区划的调整，城市规模显著扩大，人口集聚效应更加明显，如北京市城区从二环扩大到了六环，甚至更大；深圳市由一个边陲小渔镇发展成欣欣向荣的现代化大都市。2018 年末，500 万人口以上的城市达到 15 个，而 1978 年末只有上海市一个；300 万~500 万人口的城市达到 17 个，而 1978 年末只有 3 个；50 万~300 万人口的城市达到 218 个，而 1978 年末仅有 60 个。开发区、工业园、新城和新区等不断设立，城市建设快速突破老城区的界线，建成区面积显著扩张。2017 年末，全国城市建成区面积 5.6 万平方千米，比 1981 年的 7438 平方千米增长了 7.5 倍，经济实力大大增强。据统计，2017 年，地级以上城市的地方一般公共预算收入达 55714 亿元，占全国的 60.9%；上海、北京、深圳和天津等城市的地方一般公共预算收入超过千亿元，而 1978 年全部城市的公共财政收入只有 584 亿元。

作为现代化的先驱，城市对周边地区具有极强烈的辐射带动作用，不仅有力地推动着区域技术进步和产业升级，还促进着商品、技术、劳务、资本及信息的流动，推动着周边地区市场体系的培育和发展。尤其是东部沿海地区的城市，通过大量利用外资和国外市场，工业化、城镇化发展很快，形成了以上海、京津、港深穗为中心城市的长三角、京津冀和珠三角三大城市密集地区，成为加速国家现代化进程，缩小我国与发达国家经济技术水平差距的重点区域。以长三角城市群为例，过去那种以行政区划决定地域特征和发展方式的模式已经弱化，以上海

为中心的城市经济功能及由此产生的辐射力、凝聚力在配置市场资源与要素方面的功能愈加强化，呈现出以此为核心的打破行政区划限制、重新整合经济要素的强大势能。据统计，2016 年，长三角城市群、京津冀城市群、粤港澳大湾区的GDP 分别为 14.9 万亿元、7.6 万亿元和 9.3 万亿元，占全国 GDP 总量的比重分别为 20%、10% 和 13%，人均 GDP 分别为 9.0 万元、6.3 万元和 12.8 万元。2019 年上半年，国内生产总值 450933 亿元，长三角城市群贡献了 20.3%，力压京津冀和珠三角城市群，成为中国经济规模最大的城市群。

随着国际化程度的不断提升，城市贡献不断增加。70 多年来，城市面貌有了突飞猛进的变化。城市建设投资社会化、市场化程度不断提高，城市能源、道路、交通、通信等基础设施的质和量有所飞跃，公共生活的空间得到了前所未有的改善，与国际接轨，与世界同步。1961 ~ 1978 年，中国对世界经济增长的年均贡献率为 1.1%；1979 ~ 2012 年，中国对世界经济增长的年均贡献率为15.9%，仅次于美国，居世界第 2 位；2013 ~ 2018 年，中国对世界经济增长的年均贡献率为 28.1%，居世界第 1 位。自 2006 年以来，中国对世界经济增长的贡献率稳居世界第 1 位，是世界经济增长的第一引擎。2018 年，中国对世界经济增长的贡献率为 27.5%，比 1978 年提高了 24.4 个百分点。

转型升级加快，现代化在提升。中国的城市经济增长由过去一直占据主导地位的高能耗工业向科技化、创意化、循环经济转变。进入 21 世纪，中国城市的第三产业，尤其现代服务业取得了较快的发展。中心城市不断提升完善城市功能，现代服务业（包括金融、商贸、物流、交通、休闲、旅游、文化、体育、教育、医疗等）健康发展。企业技术创新蓬勃展开，大大提升了传统的产业劳动生产率，实现了城市的现代化价值。市场主体多元化，活力四射。中国城市经济增长的动力主体不断地催生、培育、壮大，生产力、资本、创造力不断解放。改革开放前，公有资本一统天下，随着改革开放的推进，多种形式的非公有资本逐渐出现，并在经济发展中扮演着越来越重要的角色。中华人民共和国成立 70 多年来，我国吸引的外商直接投资经历了从无到有、由小到大的发展历程。改革开放后，我国投资环境不断改善，吸引外商直接投资快速增长，世界排名大幅提升。1979 ~ 2018 年，我国吸引的非金融类外商直接投资年均增长了 44.4%。1979 年，我国吸引的非金融类外商直接投资额居世界第 122 位；2012 年，上升至世界第 3位；2013 年，进入世界第 2 位。2018 年，我国吸引非金融类外商直接投资达1350 亿美元，比 1979 年提高了 120 位。另外，随着政策环境的完善，个体私营经济在我国蓬勃发展。从登记注册类型来看，1996 年，全国共有私营企业 44.3万个，2017 年增加到 1436.9 万个，增长了 31.4 倍，私营企业占全部企业数量的比重从 16.9% 增加至 79.4%。从控股情况来看，2017 年，私人控股企业 1620.4

万个，占全部企业的 89.5%；2017 年，全国私营企业法人单位数 14368860 个，占内资企业的 80.6%。

新型生产力、生活方式的引导功能不断加强，城市的经济引导功能主要体现在 70 多年来城市新兴产业的孵化和研发上。20 世纪 90 年代，我国确定实施科教兴国战略，许多城市相应地确定了科教（技）兴市战略，大力建设数字型城市和学习型城市，依靠科技和教育，促进经济和社会的可持续发展。这种战略的实践导致了近年来城市涌现出大批新兴产业与园区，生产要素加快向城市优势产业集聚，城市高新技术产业、创意产业以及现代服务业发展日新月异。特别表现在高新区已成为高新技术产业发展的重要基地和培育高新技术企业、科技企业家和管理家的摇篮。

城市引导功能也体现在对人民生活方式的影响上。70 多年来，城市居民的生活水平明显改善，城镇居民的经济收入大幅度增加。2017 年，城镇居民家庭人均可支配收入为 36396.2 元，保持了持续增长的势头。住房是城市居民生活水平的重要标识，城镇人均住房建筑面积由 1949 年的 8.3 平方米提高到 2018 年的 39 平方米，农村人均住房建筑面积提高到 47.3 平方米，居民居住条件和生活环境明显改善。城镇居民的恩格尔系数逐年下降，从 1978 年的 57.5% 下降到 2018 年的 28.4%。随着生活水平的提高，居民的吃、穿、用等需求基本得到满足，消费重点开始向行、住和保健方面转移，居民的消费结构不断升级。

（三）城市化深层发力，城市魅力逐步绽放

中国正在由农业社会迈向城市社会，城市化速度世界罕见。城市化水平由 1950 年的 11.2% 上升到 2019 年的 60.60%，城镇人口超过 84843 万人①。截至 2018 年末，我国拥有建制市 673 个，地级市 302 个，县级市 371 个；其中，百万人口以上的特大城市 161 个，超大城市（总人口超过 400 万）20 个②。城市社会的到来，意味着中国每年有大量的人口从欠发达地区迁移到发达地区，从农村迁移到城市，从低消费水平进入到相对较高的消费水平行列，从低效率生产转向高效率创造财富的行列，从农业文明走向工业文明和信息文明的行列。2011 年，中国历史上第一次城市人口超过乡村人口，城市化水平超过 50%，标志着中国数千年来以农村人口为主的城乡人口结构发生了转折。由此，中国人的生活方式、生产方式、职业结构、消费行为及价值观念都发生了本质变化。换句话说，城市化将成为继我国工业化之后经济社会发展的巨大引擎。我国城镇化经历了快速发展和提质发展的过程，几十年走完了国外数百年的历程。

探索发展阶段（1949～1978 年）。中华人民共和国建立初期，经济恢复和城

---

① 数据来源于《中华人民共和国 2018 年国民经济和社会发展统计公报》。

② 参见国家统计局官网：http://www.stats.gov.cn/。

市建设增加了对劳动力的需求，农村劳动力大量进入城市。1949 年，城镇化率为 10.64%，到 1960 年城镇化率提升到 19.75%。随后，国民经济全面调整，一大批新设置的市退回县建制，一部分地级市降为县级市，人口流动受到户籍政策的严格控制，城镇化进程有所波动。1964 年，"三线"建设开始启动，中西部地区的城市数和城镇人口有所增加，至 1978 年，城镇化率基本保持在17% ~ 18%。

快速发展阶段（1979 ~ 2011 年）。1978 年实行改革开放，城镇化进程开始加速，设立经济特区、沿海城市、长江三角洲、珠江三角洲、闽南三角洲①、海南岛和上海浦东陆续开放，户籍管理制度开始放松，农村人口快速向城镇流动，乡镇企业兴起，城市和小城镇数量迅速增加。1992 年，邓小平"南方谈话"推动改革开放进入新阶段，大批农村剩余劳动力加速向第二、三产业转移。1993 年，设市标准的放宽进一步促进了城镇化发展。20 世纪 90 年代后期，市场经济活力持续增强，珠三角、长三角等城市群逐步成形，城市集聚效应更加明显。2001年，中国加入世界贸易组织，产业接通国际，市场更加繁荣。2002 年，党的十六大提出科学发展观，要求坚持大中小城市和小城镇协调发展，走中国特色的城镇化道路，实施西部大开发、东北振兴和中部崛起等一系列发展战略，改革开放逐渐扩展至沿边、沿江和沿主要交通干线城市，城市发展的区域协调性进一步增强。2011 年末，常住人口城镇化率达到 51.27%，比 1978 年末提高了 33.35 个百分点，年均提高了 1.01 个百分点。

提质发展阶段（2012 年至今）。2012 年，党的十八大提出走中国特色新型城镇化道路，我国城镇化开始进入以人为本、规模和质量并重的新阶段；2013 年，党中央、国务院召开了第一次中央城镇化工作会议；2014 年，印发了《国家新型城镇化规划（2014—2020 年）》；2015 年，召开了中央城市工作会议。为了推动新型城镇化建设，户籍、土地、财政、教育、就业、医保和住房等领域的配套改革相继出台，农业转移人口的市民化速度明显加快，大城市管理更加精细，中小城市和特色小城镇加速发展，城市功能全面提升，城市群建设持续推进，城市区域分布更加均衡。2018 年末，常住人口城镇化率比 2011 年提高了 8.31 个百分点，年均提高了 1.19 个百分点。

从空间来看，中国三大区域的城市化发展水平各有千秋。改革开放后，劳动力大规模流向东部，"孔雀东南飞"和"民工潮"涌现，东部地区的城市迅速扩张。2018 年末，上海、北京和天津常住人口的城镇化水平最高，均在 80% 以上；广东、江苏、浙江和辽宁等东部地区的城镇化率在 70% 左右；云南、甘肃、贵

---

① 即长江三角洲、珠江三角洲和闽南三角地区。

州和西藏的城镇人口比重低于 50%（见图 3-1）。

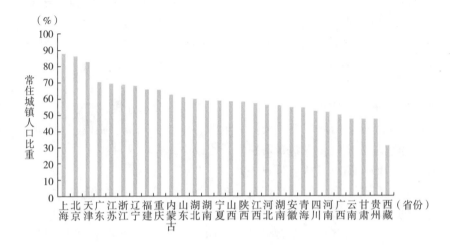

图 3-1　2018 年各省市常住人口城镇化率

资料来源：各省市统计年鉴。

中国城市分布、城市体系趋于合理。2017 年末，我国东部地区有城市 212 个，比 1978 年末增加了 160 个，增长了 3.1 倍；中部地区有城市 170 个，增加了 114 个，增长了 2 倍；西部地区有城市 190 个，增加了 135 个，增长了 2.5 倍；东北地区有城市 89 个，增加了 59 个，增长了 2 倍。自 2000 年以来，西部大开发、振兴东北地区等老工业基地、中部地区崛起等战略的实施和区域经济发展规划的发布，提高了我国城市区域发展的协调性，城市的空间布局不断优化。1997 年，重庆成为直辖市，自 2011 年以来增加的 11 个地级市中，有 9 个位于西部地区。

自改革开放以来，我国城市体制改革不断深化，"地改市，市辖县"的新体制的优越性日益凸显，城市数量迅猛提升。改革开放前，我国城市的发展过程整体比较曲折，小城市和小城镇发展迟缓。1978 年末，全国城市共有 193 个，其中，地级以上城市 101 个，县级市 92 个，建制镇 2176 个。改革开放后，我国城镇化建设进入快速通道。2018 年末，城市个数达到 672 个，其中，地级以上城市 297 个，县级市 375 个，建制镇 21297 个。

城市发展进入新阶段，创新、协调、绿色、开放、共享的新发展理念逐渐深入人心，城市生态文明建设和绿色发展有序推进，文明城市、特色城市、绿色城市、智慧城市、海绵城市和人文城市等新型城市建设热点纷呈。截至 2018 年底，全国特色小（城）镇共有 403 个，全国运动休闲特色小（城）镇有 62 个，国家森林小（城）镇有 50 个。

我国城市发展体系逐渐走向成熟，城市群不断发展壮大。随着市场经济的不断发展，城市发展的行政壁垒逐渐被打破，传统的行政区经济逐步向城市群经济过渡。20 世纪 80 年代，区域中心城市的作用开始突破所在省、市的行政界线，初步形成横向经济协作群。90 年代，以市场为纽带，在东部沿海经济发达地区和中部一些省区的发达区域，一批城市群初步形成。进入 21 世纪，长江三角洲、珠江三角洲和京津冀城市群作为区域经济的增长极，发展速度快，引领作用强，集聚效应明显，逐渐发展为世界级的城市群。在新型城镇化背景下，举国上下正在奋力打造 20 个城市群①，具体包括：五个国家级城市群（长三角城市群、珠三角城市群、京津冀城市群、长江中游城市群和成渝城市群）、九个区域性城市群（哈长城市群、山东半岛城市群、辽中南城市群、海峡西岸城市群、关中城市群、中原城市群、江淮城市群、北部湾城市群和天山北坡城市群），以及六个地区性城市群（呼包鄂榆城市群、晋中城市群、宁夏沿黄城市群、兰西城市群、滇中城市群和黔中城市群）。"十三五"规划纲要明确提出，优化提升东部地区城市群，建设京津冀、长三角、珠三角世界级城市群，提升山东半岛、海峡西岸城市群的开放竞争水平。培育中西部地区城市群，发展壮大东北地区、中原地区、长江中游、成渝地区、关中平原城市群，规划引导北部湾、山西中部、呼包鄂榆、黔中、滇中、兰州—西宁、宁夏沿黄、天山北坡城市群发展，形成更多支撑区域发展的增长极。2018 年 11 月 18 日，中共中央、国务院发布的《关于建立更加有效的区域协调发展新机制的意见》明确指出，以京津冀城市群、长三角城市群、粤港澳大湾区、成渝城市群、长江中游城市群、中原城市群、关中平原城市群等城市群推动国家重大区域战略融合发展，建立以中心城市引领城市群发展、以城市群带动区域发展的新模式，推动区域板块之间融合互动发展（见表 3 - 1）。

表 3 - 1　国家级城市群相关内容

城市群	范围	战略定位和发展方向
长江三角洲城市群	以上海为中心，覆盖苏、浙、皖、沪三省一市全部区域	最具经济活力的资源配置中心，具有全球影响力的科技创新高地，全球重要的现代服务业和先进制造业中心，亚太地区重要的国际门户，全国新一轮改革开放排头兵，美丽中国建设示范区

① 由于发展形势和认识的渐趋统一，原来的 21 个城市群中冀中南、东陇海和藏中南 3 个城市群淡出，加入了山东半岛、辽中南 2 个城市群，形成 20 个城市群面貌。

城市群	范围	战略定位和发展方向
珠江三角洲城市群	"广佛肇+韶清云"（广州、佛山、肇庆、韶关、清远、云浮）、"深莞惠+汕尾、河源"（深圳、东莞、惠州、汕尾、河源）、"珠中江+阳江"（珠海、中山、江门、阳江）三个新型都市区	是有全球影响力的先进制造业基地和现代服务业基地，南方地区对外开放的门户，中国参与经济全球化的主体区域，全国科技创新与技术研发基地，全国经济发展的重要引擎，辐射带动华南、华中和西南发展的龙头（注：2019年2月18日，国务院发布《粤港澳大湾区发展规划纲要》，范围包括香港特别行政区、澳门特别行政区和广东省广州市、深圳市、珠海市、佛山市、惠州市、东莞市、中山市、江门市、肇庆市）
京津冀城市群	包括北京、天津两大直辖市，河北省的张家口、承德、秦皇岛、唐山、沧州、衡水、廊坊、保定、石家庄、邢台、邯郸11个地级市和定州、辛集2个省直管市以及河南省的安阳市	整体定位是以首都为核心的世界级城市群、区域整体协同发展改革引领区、全国创新驱动经济增长新引擎、生态修复环境改善示范区
长江中游城市群	以武汉为中心，是以武汉城市圈、环长株潭城市群、环鄱阳湖城市群为主体形成的特大型国家级城市群	中国经济新增长极，中西部新型城镇化先行区，内陆开放合作示范区，两型社会建设引领区
成渝城市群	以重庆、成都为中心城市，另包含了四川的泸州、德阳、绵阳、宜宾等15个城市	全国重要的现代产业基地，西部创新驱动先导区，内陆开放型经济战略高地，统筹城乡发展示范区，美丽中国的先行区
哈长城市群	哈尔滨、大庆、齐齐哈尔、绥化、牡丹江、长春、吉林、四平、辽源、松原、延边朝鲜族自治州	东北老工业基地振兴发展重要增长极，北方开放重要门户，老工业基地体制机制创新先行区，绿色生态城市群
关中平原城市群	西安、宝鸡、咸阳、铜川、渭南及商洛、运城、临汾、天水、平凉、庆阳部分地区	向西开放的战略支点，引领西北地区发展的重要增长极，以军民融合为特色的国家创新高地，传承中华文化的世界级旅游目的地，内陆生态文明建设先行区
中原城市群	郑州、洛阳、开封、南阳、安阳、商丘、新乡、平顶山、许昌、焦作、周口、信阳、驻马店、鹤壁、濮阳、漯河、三门峡、济源、长治、晋城、运城、邢台、邯郸、聊城、菏泽、宿州、淮北、蚌埠、阜阳、亳州	中国经济发展新增长极，全国重要的先进制造业和现代服务业基地，中西部地区创新创业先行区，内陆地区双向开放新高地，绿色生态发展示范区

续表

城市群	范围	战略定位和发展方向
北部湾城市群	南宁、北海、钦州、防城港、玉林、崇左、湛江、茂名、阳江、海口、儋州、东方、澄迈、临高、昌江	面向东盟国际大通道的重要枢纽，"三南"开放发展新的战略支点，21世纪海上丝绸之路与丝绸之路经济带有机衔接的重要门户，全国重要绿色产业基地，陆海统筹发展示范区
呼包鄂榆城市群	呼和浩特、包头、鄂尔多斯、榆林	全国高端能源化工基地，向北向西开放战略支点，西北地区生态文明合作共建区，民族地区城乡融合发展先行区
兰西城市群	兰州、西宁、海东及白银、定西、临夏回族自治州、海北藏族自治州、海南藏族自治州、黄南藏族自治州部分地区	维护国家生态安全的战略支撑，优化国土开发格局的重要平台，促进我国向西开放的重要支点，支撑西北地区发展的重要增长极，沟通西北西南、连接欧亚大陆的重要枢纽

资料来源：国务院关于各城市群发展规划的批复文件。

二、改革开放进程中的中国城市经济

党的十一届三中全会开启了中国改革开放的历史新时期。经过一轮又一轮的改革，经济体制改革由局部的、单项的领域朝着全方位、多层次、宽领域的全面建设社会主义市场经济体制方向展开，空间上由沿海、沿江、沿边城市向全方位的开放转变，逐步实现了由计划经济体制向社会主义市场经济体制的根本性转变，城市经济实现了跨越式发展，综合实力得到了极大的增强。在这40多年中，城市经济、城市产业结构、基础设施等方面都发生了明显变化，城市的发展方向日趋合理化，城市的职能作用日益强大。城市经济体制改革的每一次深入推进，都是一次经济活力的巨大释放。

（一）改革开放初期（1978～1992年）

国家重点实施了沿海开放战略，从14个沿海城市开放，到特区设立，继而海南开放，浦东开发；又在农村联产承包责任制改革的基础上，开始推行部分城市改革试点，如1981年，国务院确定湖北沙市为改革试点市。一些城市改革试点涌现出好经验，如武汉市的"两通起飞"，石家庄市的"撞击反射"、简政放权、搞活企业。1984年10月，在全国层面上迅速推进城市经济体制改革，其主要内容是缩小指令性计划，扩大国有企业经营自主权，改革经营方式，使企业更多地与市场直接联系，把计划机制与市场机制结合起来；进行投资、金融、流通等宏观管理体制改革，使宏观管理逐步适应市场的发展；实行价格、工资改革，初步为企业竞争创造平等的市场环境。改革开放推动了城市经济的不断发展。

1992 年，中国主要城市的工业生产总值增长幅度获得了极大提升，达到 21475.3 亿元，城市经济增长率由 1984 年的 13.3% 提升到 1992 年的 35.01%。在此期间，我国经济运行和城市居民生活发生了巨大的变化，国家"放权让利"，地方（城市）和企业获得了经济发展的自主权，国家放开了过去计划管制的许多产品与领域，下放了一批国营企业，统购统销的模式被打破，取消了实行多年的凭票定量供应粮油，证券市场初步形成。

（二）市场经济初期（1992～2001 年）

中国的城市经济以比改革开放初期更高的幅度持续增长，此阶段，年均增长速度约为 11.03%。2001 年底，全国地级及以上城市市区（不包括辖县）的国内生产总值已达 55056.98 亿元。这一时期是以建立市场经济为主体的阶段，1992 年邓小平"南方谈话"和党的十四大的召开，统一了全党关于经济发展和改革开放方面的认识，制定了建立社会主义市场经济的改革目标，全国人民的积极性和创造性再次喷涌，新一轮城市改革试点在推进，先后有 50 多个城市列为试点。1997～2001 年是建立社会主义市场经济体制的攻坚阶段，本阶段的探索基本形成了 20 世纪 90 年代城市经济体制改革的行动纲领。其主要内容为：一是建立适应市场经济要求、产权清晰、权责明确、政企分开、管理科学的现代企业制度。二是培育和发展市场体系。统一、开放、竞争、有序的市场体系是市场运行的基础，重点是发展生产要素市场。三是建立和健全宏观调控体系。转变政府职能，建立以间接手段为主的宏观经济调控体系。四是建立合理的收入分配制度。建立以按劳分配为主体、效率优先、兼顾公平的收入分配制度，鼓励一部分地区和一部分人先富起来，走共同富裕的道路。五是建立社会保障制度。建立社会保险、社会救济、社会福利、社会互助以及医疗保险等多层次的社会保障制度，从而促进经济发展和社会稳定。

（三）市场经济发展期（2001～2011 年）

2001 年 12 月，中国正式成为世贸组织成员之一，WTO 加速了中国城市的全球化进程。在这种进程中，全球资源及其要素的流动性增强，尤其是人才流、物流、资金流、技术流和信息流。这种要素的流动性给城市资源的重新整合和市场化配置创造了条件。2002 年，党的十六大提出全面建设小康社会的目标，标志着中国城市经济体制改革进入了以调整经济关系为中心的新阶段。2005 年 6 月，国务院批准上海浦东新区为国家综合配套改革试验区，启动了第三轮城市综合配套改革试点。中央针对片面追求增长速度、增长方式粗放、民生社会矛盾凸显等问题，提出科学发展观和构建社会主义和谐社会的战略思想。试点的主要任务是紧扣科学发展和社会和谐这两个主题，以制约试点地区经济社会发展的体制机制障碍为突破口，既大胆创新、率先突破，又综合协调、整体配套，不断完善改革推进方式。试点地区不仅要在重点领域和关键环节率先突破，还要推动经济体制改革与政治、文化、社会体制改革相协调，为新时期完善改革提供示范带动作用。这一时期，宏观经济调控手段和效用再次成为改革关注的焦点，政府职能转变、金融改革、证券市场监管、城市土地开发、公共产品和社会保障体系的建设等改革措施先后出台。在微观经济领域，改革主要是消除企业发展的制度性障碍和外部的负效应，保护劳动者的合法权益，如将生产型增值税转变为消费型增值税，对国有商业银行进行股份制改造，加强对上市公司和房地产行业的监管，反对垄断、扩大民营经济进入领域，整顿市场秩序，规范劳动合同等。

（四）市场经济完善期（2012 年至今）

党的十八大以来，我国稳步推进贸易强国建设，着力优化营商环境，加快实施自由贸易区战略，积极促进"一带一路"国际合作，我国正以更加开放的心态、更加自信的步伐融入世界经济，改革开放进一步深化。2013 年，习近平总书记提出共建"一带一路"倡议，倡议旨在聚焦互联互通，深化务实合作，坚持共商共建共享，实现互利共赢、共同发展。"一带一路"根植于历史厚土，正在成为人类共同体的重要实践平台。2002 ~ 2018 年，我国年均对外直接投资额750 亿美元，为 1982 ~ 2001 年年均投资额的 43.3 倍，其中，2003 ~ 2016 年，对外直接投资额连续 14 年保持增长。联合国贸发会议《世界投资报告》显示，我国对外直接投资存量由 2002 年的全球第 25 位跃升至 2018 年的第 3 位，流量由第 26 位跃升至第 2 位，在全球外国直接投资中的地位和作用日益凸显。

第二节 中国城市经济的重大突破

一、城市发展理念与方针的演变和突破

改革开放以来是城市经济高速发展的时期，也是城市发展方针不断进步的时期，是城市发展理念逐步提升的时期。

自中华人民共和国成立以来，我国对城市采取严格控制，甚至依靠"下放"城市人口到农村去的办法来维持城乡二元结构，以实施重工业优先发展战略。受此惯性的影响，到了改革开放以后，我国对城市发展的控制依然在持续。1978年，全国第三次城市工作会议便把"控制大城市规模，多搞小城镇"作为国家的城市建设方针。1980 年，官方政策表明了三点内容：①严格限制大城市规模；②适度发展中等城市；③鼓励小城镇的发展建设。1990 年 4 月 1 日开始实施的《中华人民共和国城市规划法》指出，严格控制大城市规模，合理发展中等城市

和小城市。在这一阶段，以小城市发展为主体的城市化进程是其标志与主要成果，中小城市成为中国 20 世纪八九十年代的城市发展主流。

20 世纪 90 年代末，随着东南亚金融危机和中国经济软着陆，中国进入到了一个前所未有的商品过剩的"买方市场"时代。中国的城市化政策相应地由控制转向发展，对大城市的发展控制开始出现松动。

尤其进入 21 世纪以来，在经济全球化的大背景下，特别是在中国加入世界贸易组织以后，以大都市与城市群为核心的都市化进程构成了中国城市发展的主旋律。这对中国艰难而曲折的城市化进程来说，无疑是一种巨大的进步。作为新型城镇化的主体形态，城市群建设被认为是促进区域发展的重要抓手，除了在政策层面把推进城市群发展和培育现代化都市圈作为新型城镇化的重点任务外，近年来，国家陆续推出的京津冀协同发展战略、粤港澳大湾区战略、长三角一体化战略等，无一不是致力于打造世界级城市群、大湾区和都市圈，以此带动城镇化高质量发展，并在更高层面参与国际竞合。

二、城市经济要素的开发与效率

在 70 多年的经济发展历程中，城市采取以要素为代价换取投资增长的方式，提供可置换的要素资源，包括压低本城市辖区的要素成本，无论是土地成本，还是劳动力成本，抑或是环境成本等。粗放型的发展模式不仅导致了资源的闲置，而且还造成了后期维护成本的大幅度提高，政府用于城市建设支出的资金来源问题仍然难以得到解决，甚至很难对被征地农民进行补偿。伴随着城市经济体制的改革以及市场化的推动，城市经济要素获得了逐步深入的解放，资源配置效率日渐提高。正是由于这些朝气蓬勃的驱动因素，城市的经济实力和竞争力得以不断壮大。

（一）土地、劳动力和资本要素得到解放

土地是城市发展不可多得的再生资源，科学管理与合理利用城市土地是城市获得可持续发展的保证，是关乎城市经济发展的核心问题之一。经济体制由计划经济向市场经济的转轨使土地的地位和经济属性得以确认，城市土地有偿使用制度和经营管理模式也相应地取代了按计划无偿划拨的土地制度和行政管理模式。

城市土地使用权实行有偿出让制度后，城市土地的商品性越发明显，以获得国有土地使用权为目的的出让和转让交易活动越来越普遍，土地市场应运而生，成为市场经济的重要组成部分。土地资源配置主要由市场价值规律调节，更好地实现了土地效益最大化，摆脱了计划经济体制下城市土地资本只有投入而没有产出的状况。近年来，伴随着城市土地有偿使用制度的深化改革，越来越多的城市采取了经营城市土地的创新措施，既可带来丰厚的财政收入，又为改造城市基本设施与城市面貌提供了资金，增强了城市竞争力；还可提高经济社会的整体效率和便利性，提升对区域空间布局和规划的重视，防止高地价导致的城市运行成本过高的问题。

人才已成为实现工业化、现代化、国际化的关键因素。劳动制度改革和市场引导破除了束缚人的创造活力的体制弊端，制定了一系列能够激发人的活力的制度，在全社会逐步形成了人们干事创业的社会氛围，极大地解放了人的创造性，发挥了市场配置人才的决定性作用，促进了人才的合理流动。例如，打破了人才"统包统配"和"单位、部门所有"的传统管理体制，完善了"单位自主用人"和"人才自主择业"的双向选择机制，使人才市场的供求、价格、竞争等机制在人才资源配置中发挥作用；形成了"能上能下、能进能出、充满活力"的用人机制，实现"能者上、庸者下"，打破"铁饭碗"观念，激活公务员及事业单位人员的创造活力。另外，各级各类城市要把人才引进开发工作当作和城市发展息息相关的重要工作来开展，加快各种人才队伍建设，筑就人才新高地。人才交流网络平台实现了网上无障碍人才交流，作为无形的补充市场，极大地扩展了有形市场的服务范围，更好地实现了人才资源配置的职能。

此外，中华人民共和国成立以来，尤其是改革开放之后，中国资本市场实现了重要突破，在经济社会发展中发挥着日益突出的作用。改革开放前，公有资本一统天下，几乎不存在非公有资本，更别说资本市场。1978年后，资本市场逐步形成，为企业融资开创了愈加便利的渠道。1978～1992年，中国资本市场开始萌芽，标志性的事件有：80年代初，一些小型国有和集体企业开始进行股份制尝试；1987年，深圳特区证券公司成立；1990年12月，上海证券交易所、深圳证券交易所先后营业；1990年，郑州粮食批发市场引入期货交易机制；1992年，深圳有色金属交易所成立。1992～1998年，中国资本市场从早期的区域性市场迅速走向全国性统一市场，并得到了较为快速的发展。同时，对外开放进一步扩大，推出了人民币特种股票（B股），境内企业逐渐开始在纽约、伦敦和新加坡等海外市场上市，期货市场得到了初步发展。1998年至今，中国资本市场进行了一系列的改革，完善了各项基础性制度，主要包括实施股权分置改革、提高上市公司质量、对证券公司综合治理、大力发展机构投资者、改革发行制度等。经过这些改革，投资者的信心得到恢复，资本市场出现转折性变化。

截至2019年6月30日，A股共有上市公司3632家，随着市场规模的不断扩大，资本市场不仅是极其重要的融资平台，还逐渐成为全社会重要的财富创造平台。中国金融体系，包括央行及国有商业银行的管理体制、经营战略和业务品种均发生了一系列重要变革，成为多元化资本市场中的主力军。截至2018年底，银行业金融机构的本外币资产规模为268.2万亿元，同比增长了6.27%。商业银行的各项贷款为 142 万亿元，同比增长了 12.85%，高于同期资产增速 6.58 个百分点。

外资的进入同样为资本市场注入了活力，20 世纪五六十年代，我国利用的外资主要来源于苏联等国家。随着改革开放的不断深入和投资环境的不断改善，我国利用外资的规模和领域持续扩大，特别是 2001 年加入世界贸易组织以后，我国积极放宽市场准入，优化投资环境，利用外资进入高速发展期。改革开放初期，我国确立了以利用外资和建立涉外企业为主要内容的对外开放方针，先后建立了深圳、珠海、厦门和汕头四个经济特区，在引进和利用外资方面迈出了实质性的一步。1983~1991 年，我国实际使用外资由 22.6 亿美元增长至 116 亿美元，主要以对外借款为主，外商直接投资从 9.2 亿美元增长至 43.7 亿美元。1992 年，我国逐步发展社会主义市场经济，当年新设立外商投资企业 48764 家，超过了改革开放初期的总和，实际使用外资金额开始稳居发展中国家首位，对外开放和利用外资的实践进入快速发展轨道。1992~1997 年，我国实际使用的外商直接投资由 110 亿美元增长至 453 亿美元，年均增速达 32.7%。加入世界贸易组织后，我国实施互利共赢的开放战略，加快与国际市场接轨。

党的十八大以来，我国积极营造更加公平透明、更具吸引力的投资环境，优化区域开放布局，利用外资进入高速发展时期。2018 年，我国实际使用的外商直接投资 1383 亿美元，规模为 1983 年的 151 倍，年均增长率为 15.4%。我国已连续两年成为全球第二大外资流入国，连续 27 年成为外资流入最多的发展中经济体。"一带一路"正在成为我国参与全球开放合作、改善全球经济治理体系、促进全球共同发展繁荣、推动构建人类命运共同体的中国方案。2018 年，我国与"一带一路"沿线国家的货物贸易进出口额为 8.4 万亿元，同比增长了 13.3%，占比达 27.4%；沿线国家对华直接投资 60.8 亿美元，增长了 11.9%；对沿线国家直接投资 156 亿美元，增长了 8.9%，占比为 13.0%；在沿线国家对外承包工程中完成营业额 893 亿美元，增长了 4.4%，占比为 52.8%。

（二）管理、科技要素得到解放

一个具有强大竞争力的城市是和一个负责任的、高效率的政府管理紧密联系的。

改革开放之初，受计划经济"先生产后生活"指导思想的影响，城市管理将主要精力集中于对千家万户企业的物资供给、资金拨付、人员配备、产品生产和销售等方面严密、直接的协调组织，忽视了对城市社会经济发展的公共社会环境和物质条件的建设和管理，形成了"经济主导型"的城市管理模式。这种城市管理行为的偏移，造成了城市经济和社会系统运行的失衡，以及城市社会效率、经济效率的低下，延缓了城市现代化的进程。

70 多年来，城市管理的模式和体制不断完善，改革的方向是精简管理机构，减少管理层次，建立管理通道机制和市场调节机制，实现市民公众参与管理，提高城市管理的现代化水平。这种社会主导型城市管理体制意味着除了侧重城市规划、基础设施建设之外，还特别强调环境营造与保护、科技文化与教育，以及加强对社会治安、市容环卫和社会保障等方面的建设和管理。近年来，我国加快推进体制机制创新，出现了政府经营城市的城市管理新模式。这种新型的城市管理模式打破了传统城市管理体制模式，在城市政府的统一领导下，按照"行业管、社会办"的原则，逐步实行市政管理企业化，使政企、政事、政社、社企分开。同时，建立了事业单位企业化运作的新机制，将市场机制引入城市资源、资产管理，如市政工程、道桥、垃圾、污水处理等。政府调控市场、市场引导企业、企业参与竞争的运行机制逐步形成，高效的企业化经营城市的管理体制由此建立。

科学技术是第一生产力，是最先进的生产力。70 多年来，从中华人民共和国成立初期吹响向科学进军的号角，到改革开放提出科学技术是第一生产力的论断，再到确立创新是引领发展的第一动力，许多城市都在探讨一条科技自主创新的城市发展道路，以实现知识资本和货币资本的结合。这些探索有力地提高了城市原始创新能力、集成创新能力和引进消化吸收再创新能力，进一步增强了国家科技创新能力和竞争力。

科技投入大幅增加，科技产出量质齐升。研发人员总量稳居世界首位，人才是科技创新的第一资源。2018 年，按折合全时工作量计算的全国研发人员总量是 1991 年的 6.2 倍，我国研发人员总量在 2013 年超过美国，已连续 6 年稳居世界第一位，研发经费规模和强度实现历史性突破。随着经济实力的跃升和创新驱动发展战略的全面推进，我国研发经费投入持续快速增长，已成为仅次于美国的世界第二大研发经费投入国家，为科技事业发展提供了强大的资金保证。政府扶持力度不断加大。2017 年，国家财政科技拨款为 8383.6 亿元，是 1980 年的 130倍，1981~2017 年的年均增长率为 14.1%。一系列引导和鼓励企业加大研发投入的政策实施效果凸显，科学论文成果丰硕。根据基本科学指标数据库（ESI）的论文被引用情况，2018 年，我国科学论文被引用次数排名世界第二位。专利发明量大幅提升。2018 年，我国专利申请数和授权数分别为 432.3 万件和 244.8万件，分别是 1991 年的 86 倍和 98 倍，知识产权产出取得长足进步。截至 2018年底，我国发明专利的申请量已连续 8 年居世界首位。最新的科技转化为生产力，最主要的成果是形成了两大产业，一是以互联网为代表的信息产业，信息产业在丰富和提升了传统制造业、服务业的同时，本身也已经形成了从硬件制造到软件服务的巨大产业群。二是创意产业，信息技术产业已成为我国的支柱产业。2018 年，全国电信业务收入累计完成 13010 亿元，其中，移动通信业务收入完成了 9134 亿元。

（三）资源、环境和生态要素得到解放

中华人民共和国成立的 70 多年是不断解放生产力、发展生产力的过程，同时也是解放资源、环境和生态要素的过程。发达国家城市经济的发展历程以及我国城市经济的发展轨迹都证实了城市经济的发展必须坚持走以科学发展观为指导思想的全面协调可持续发展道路。

70 多年来，经过曲折的发展历程，在城市区域不断扩张和规模不断增大的同时，中国各级城市政府和部门共同努力，坚持以人为本的发展理念，走全面协调可持续的城市发展路子。在经济发展的同时，加大投资力度，对各种污染源进行综合治理，大力发展环保产业，倡导清洁消费；减少资源消耗，大力发展循环经济；重视生态环境保护，促进人与自然和谐相处，为城市居民创造了高质量的生活。随着积极的生态环保节能建设，各级各类城市的生态环境水平明显提高，有限的资源得到了日益合理的利用。

（四）数字要素脱颖而出

传统的城市发展思路强调经济发展导向，经验依赖式管理，随着城镇化进程的不断推进，交通拥堵、环境污染、资源浪费以及贫富差距扩大等一系列问题涌现，加之移动互联网的便利放大了信息传播的效应和公众的情绪，城市问题在社会现实层面和社会心理层面都变得越发严重。我国社会矛盾的转化意味着城市的发展需要牢牢谨记创新、协调、绿色、开放、共享的新发展理念。现今，我国城市的发展正在经历一场重大变革，从千城一面式走向高质量、个性化、有特点的新型道路。互联网、云计算、物联网、人工智能等技术与城市发展相结合，有利于利用数字时代的大数据等工具精准挖掘、塑造、展示城市的个性化特征，让智慧城市、智慧社会触手可及。

在经济新常态的背景之下，我国经济已经开始从要素驱动、投资驱动转向创新驱动。随着大数据、互联网和物联网的深度渗入，智慧城市已经成为城市现代化发展的首要任务和目标，即将大数据、云计算等数字技术融入城市生活和管理的各个方面，使城市的各项数据均能得到整合利用，令政府管理、城市治理、产业发展、社区规划和市民生活更加方便、快捷、有序地进行[①]。智慧城市发展的依赖要素包括第三方平台开发、分布式计算、高速和低延迟网络、先进的"防灾"能源、安全隐私、传感器与数据、硬件维护及可升级性、用户界面和优化设计。智慧城市的发展可以通过连接大数据与智慧政府，实现对城市运营的监测预警、应急指挥、多网格化管理、智能决策、事件管理、城市仪表盘、协同联动等

---

① 前瞻研究院. 智慧城市发展的九大要素及五大创新点［EB/OL］. https：//www. sohu. com/a/294151499_ 470071, 2019 - 02 - 11.

综合服务，并通过"共建、共治、共享"的城市管理模式为新时代智慧社会的可持续发展提供有力保障。将物联网和城市治理相结合，实现空气治理、水务管理、园区安全生产等监测。将大视频与公共安全相结合，通过对城市视频监控数据的融合、分析和应用，集中管理县（市）、乡（区）、村（街道）三级社会综合治理中心，将治安防范措施延伸到民众身边，让民众共同参与治安防范，从而真正实现治安防控全域覆盖、全网共享、全时可用、全程可控。将云计算与产业发展相结合，打造诸如文化旅游云、工业云、农业云、中小企业云等产业云服务平台。将互联网与数字生活相结合，利用互联网高速互通的技术手段为城市管理和民生服务，如现今的政务 APP，让市民足不出户就可以办理业务。

三、经营城市的"利弊"

经营城市就是城市政府通过市场运作城市内的土地、房产、市政设施及其延伸的无形资产等各种资源，使城市获得迅速发展，加速城市化、现代化进程。这些市场运作包括城市发展的各种谋划、规划、开发、建设及管理等。

经营城市的产生有着市场经济发展的内在原因，市场经济要求进行经营城市，城市经济的发展要求经营城市为其提供源源不断的动力。因为经营城市对促进城市经济发展至少有以下四个方面的意义：

第一，经营城市有利于政府转变职能。政府转变职能、政企分开一直是制约城市经济焕发活力的桎梏，然而，经营城市这一方式却给这个问题的解决带来了新的、具体的、可操作的途径。经营城市要求政府必须从过去对企事业直接插手的微观管理转向对城市整体资源的开发、利用、经营，对城市设施和生态环境进行整体化经营管理，从而真正实现政企分开，实现城市整体资源的可持续发展。

第二，经营城市有利于建立市场经济体制。经营城市不仅仅是资金、实物等要素的单方面经营，还是物质资本与知识、信息、人才、文化、生态相结合的多方面、多角度、全方位的经营；不仅仅是城市内部生产要素的经营，还是城市所处地区、全国乃至全世界寻求生产要素的优化组合。由此可见，经营城市是建立市场经济的催化剂，是孕育城市新的动力机制和竞争力的快速而有效的方式。

第三，经营城市有利于城市各种资产资源的开发。在市场经济条件下，城市中的各种有形与无形资产都散发出新的价值光芒。通过对这些资产进行聚集、重组与运营，以城建城，以城兴城，发展城市，来实现城市的自我滚动、自我积累、自我增值、自我发展，不失为城市经济创新发展的一个良策。

第四，经营城市有利于城市摆脱建设资金的困境。城市建设由于投资大、周期长、公益性强的特点，长期以来都是政府的一大包袱。随着人们对城市品位和城市功能要求的提高，城市建设所需资金更加庞大，而单纯依靠城市财政的老路子搞城市建设已越来越难以适应发展的需要。走经营城市的新路子，改"一方投资"为"多方聚资"，改政府"一方包建"为"全民共建"，进行多元化开发建设，开辟了城市建设资金的来源。实践已证明，只要是依据经济规律和有关规定进行运作的城市经营，就可产生良好的、巨大的效益，为城市发展带来急需的资金和财力支持，加速城市经济的发展。

目前，我国在经营城市过程中遇到了许多问题与误区。第一是急功近利式的城市经营。一些地方政府部门片面追求任期内的虚假政绩，经营城市的监管和约束机制不健全，为了改善城市环境，过度负债，大搞面子工程、形象工程，为了短期规划，任意修改规划。过度重视经营可能导致过度趋利现象，致使城市的历史文化和独特的自然景观为利益让位，破坏了城市原有的风貌。第二是政府与市场的定位不明确。在很多城市经营中，政府直接进入市场，参与城市的建设与发展，利用政府权力强行拆迁，人为干涉市场交易，导致权力寻租和腐败。一些城市出现的银行经营不善、不良资产增多的情况，实质是由政府主导信贷经营、盲目扩大城市建设规模导致的。政府在经营城市过程中，要以保护和促进公共利益为出发点，不能以行政手段代替市场规律。第三是对城市经营客体的认识不全面。一些政府认为，经营城市就是经营城市的土地，低价征地、高价卖地已成为不少地方创造政绩、增加政府财政收入的捷径，这种行为忽略了生态环境和社会的可持续发展。城市资产权属不清也会影响经营城市手段的发挥。第四是经营城市的法律法规和监督机制不健全。在经营城市的过程中，现有的政策法规不完善，利益相关者的行为难以得到有效约束，必然会导致频发的社会矛盾。第五是社会参与不足。经营城市强调多方参与，事前的舆情通知、民意调研，事中的政策执行、民众监督，事后的社会公告、公众反馈，都需要社会主体的积极参与。但是在实际操作中，公众参与度不足，兴趣不高。

经营城市的目的是为了最大限度地实现资源的合理利用，推动城市集约节约可持续发展，把有限的资源用于人民利益以及城市未来发展；要注意处理好长期利益和短期利益的关系，处理好收入和支出之间的关系，增强城市包容性，打造城市高品质，转变城市发展理念，从制度和体制的源头约束地方政府的短视行为，让经营城市受到社会公众的参与与监督。

第三节　中国城市经济发展的特征与模式

中国城市经济创造了世人瞩目的具有中国特色的发展模式。随着现代化进程的加快以及全球政治、经济、科技、文化的整合，中国的城市经济在模式、道路、动力等诸多方面都进入了一个总体转型的历史阶段。70 多年来，国际经济社会发展最明显的特征包括以下三个方面：一是经济全球化加速发展，城市化、工业化、市场化、现代化浪潮席卷全球；二是新科技革命的深化以及生态环保理念的重视造就了新型经济（网络经济、知识经济、虚拟经济、循环经济）时代的崛起；三是发达国家的产业结构面临更高层次的转型，世界制造业东移趋势显著。在这种潮流下，过去那种以国家、民族等方式划分的经济体正在以市场经济的方式重新整合和配置。特别是中国在加入 WTO 以后，市场已经超出一国的范围，成为世界市场的一部分，资源在全球范围内进行重新分工、交流、合作与竞争。在国家改革开放大政方针的正确指引下，社会主义市场经济体制和原则得到确立与遵循，市场对资源配置的基础性作用越来越突出，并渗入到了社会各个层面。这一切，都为中国城市经济开创崭新的发展模式提供了有力的驱动。

一、模式转换：计划到市场

70 多年来，中国城市经济和城市发展已经由计划经济特征转向市场经济体系。中国城市经济的动力机制产生了根本性变化，其中，计划手段的作用范围缩小、力度减弱，市场手段的作用范围扩张、力度增强，市场力量逐渐显示出来。

第一，传统的城市条块分割体制被打破，城市经济开始融入全社会大经济中，城市辐射功能大大增强，城市真正地成为一定区域内经济发展的龙头和主导因素。行政区划的限制之所以被突破，是因为在市场体制下，过去以行政为主的计划发展模式已不再适应市场竞争的需要。

第二，城市经济发展中的资源优化配置基本以市场为导向。由于社会生产和建设中资本关系的重新恢复，劳动力、土地、技术、房产等生产要素和经济条件都进入市场，使投资获得了正常的回报，并形成了资本的不断再生，从而使城市经济的发展进入良性循环，城市由此具备了较强的自我扩张能力。进入经济全球化时代以后，中国城市经济发展的动力机制之一就是通过全球生产要素的自由流动和全球市场来促进中国生产要素市场的建设，通过价格机制、供求机制、竞争机制，以及更基本的市场风险运行机制和利益机制等市场运行的基本机制，发挥市场的真实价格产生功能、资源配置功能、供求关系的平衡功能、利益刺激功能、经济利益实现功能和经济效益评价功能，实现劳动力、资金、土地、技术等的合理配置和资金、劳动力、信息等的自由流动，从而推动城市经济发展。

第三，传统计划经济存在的重要依据和特征的短缺现象已基本消失，作为市场经济体制的重要运作基础的买方市场格局已初见端倪。中国经济开始由供给约束型向市场约束型转变。短缺现象的消失既是市场经济体制存在和作用的前提与基础条件，又是市场体制因素的成长和作用已达到相当程度的标志。消费转为生产的制约因素，城市规模的扩大，集中消费能力的提升，反过来成为城市经济发展的新力量。

第四，经营城市这种市场化发展理念与实践蓬勃发展，它是城市经济由僵化的计划经济转向市场经济的具体表现。城市的土地、公共设施等资源，开始从非经营性资产逐步转化为可经营性资产，市场配置资源的范围不断扩大，程度不断提高，政府从过去对企事业直接插手的微观管理转向对城市整体资源的开发、利用、经营，对城市设施和生态环境的整体化经营管理。

总之，城市经济的运行模式与机制已实现了由传统的计划经济模式向市场经济模式的转变。

二、城市发展由平面转向立体、由单体转向群体

改革开放之前，我国城市的平面式扩张格局造成非极化发展，各城市孤立发展，导致经济发展的扩散效应不能发挥作用，"点"与"面"之间的差距拉大，区域增长后继乏力。随着经济全球化的推进和改革的不断深化，中国的城市从过去的单重性转入多重性，从过去点状式的发展转变为组团式的发展，由分散状态向聚集状态发展，它正朝着当今世界城市发展的最高形态——城市群和都市带一路前行。

一个城市不能独善其身，各种资源、要素等问题仅仅依靠城市自身或单个城市无法解决，只有在更大的区域尺度上考虑产业、人口与资源的配置，才能为问题和矛盾的解决提供出路。另外，随着全球化的不断深入，城市间的竞争更多地表现为城市群和都市带的竞争。城市间竞争优势的表现不再是单纯的行政权力之间的抗衡，而是对最有价值的生产要素的共享。这种背景下的城市竞争，形成了以特大城市为龙头，以城市群/带为单元，以企业集群为主体，以产业升级或产业扩充为重点，以现代化、市场化、国际化为核心内容，以提升城市价值和城市竞争力为目标的区域性国际化的竞争态势。

在中国，率先发展起来的几个大型和特大型城市正在以前所未有的吸引力和凝聚力孕育着中国未来城市集团的雏形。近年来，城市间的联系日益紧密，以城市群为主体的城镇化格局不断优化，京津冀、长三角和粤港澳大湾区三大城市群建设加快推进，跨省区域城市群规划全部出台，省域内城市群规划全部编制完成，"19 + 2"① 的城市群格局基本形成，并稳步发展。随着中心城市辐射带动作用的不断增强，城市群内核心城市与周边城市共同参与分工合作、同城化趋势日

---

① "19 + 2" 即京津冀、长三角、珠三角、山东半岛、海峡西岸、哈长、辽中南、中原地区、长江中游、成渝地区、关中平原、北部湾、晋中、呼包鄂榆、黔中、滇中、兰州—西宁、宁夏沿黄和天山北坡 19 个城市群，以及以拉萨、喀什为中心的两个城市圈。

益明显的都市圈不断涌现。此外，粤港澳大湾区已成为全球知名的先进制造业和现代服务业基地，环杭州湾大湾区的互联网经济和会展经济活力十足。新时代湾区化区域的出现，开启了我国湾区城市群经济的快速增长之路。

三、城市发展由单纯注重经济产出转向全面提升城市价值

70多年来，中国城市发展的指导思想经历了一个由不成熟到成熟，由原来主要追求城市经济的增长和城市化数量的增加转向建立以人为本的和谐社会。中国加入WTO以及全面建成小康社会的提出加速了城市的全面转型，中国城市从建设城市向管理城市和经营城市转型。

过去，人们判断城市发展水平主要看城市国内生产总值、城市财政收入等简单的总量经济指标，在这些经济指标中又一味地以经济发展速度来衡量得失。随着社会的进步，城市发展水平的判断既要看经济指标（包括总量和人均指标），又要看社会指标、人文指标和环境指标，指标的衡量不仅注重速度，还注重结构、质量和效益。

观之发达国家的城市经济发展史，大多数国家最初的经济发展都追求"以物为本"的模式，也就是说，在经济发展的初期，总是倾向于高投入、高消耗、高增长率和大规模生产的模式。这种经济发展模式单纯追求产出的增长，产出的增长主要依靠生产要素投入量的增加或扩大再生产规模来实现，忽视了人的全面发展，不注重改善经营管理和推动技术进步。由此造成的城市产业结构老化、生态环境污染等一系列严重城市病及经济衰退的事实一再证明，这种模式绝不是人类追求的最佳发展方式。

中国的城市及时发现了这种单纯经济发展模式的缺陷，大胆摒弃了这种发展模式，开创了以人为本的现代新型经济发展模式。我们已经知道，城市发展追求的目标不仅是单纯的生产经济化，而且还包括全社会降低交易成本、居民物质生活水平和精神境界全面提高等方面的内容。城市不再是一般意义上的生产中心、工作中心和居住中心，它更加注重以人为中心，以服务人为最高准则，强调人与自然和谐共生。

这种趋势随着知识经济时代的来临而愈加强化，城市发展水平越来越强调城市发展的内涵和质量，更加注重人文与文化的建设、城市格调和品位的提高，以及经济和社会的全面协调发展和可持续发展。

第四节　中国城市经济理论研究的发展脉络

城市是经济发展的据点，也是经济发展的焦点。城市演绎着现代文明与传统

文化的碰撞融合，交织着人类各种活动（经济、政治、宗教、文化等）的盛衰沉浮，是学者们关注和研究的重要领域。理论源于实践，又是指导实践的方向标。改革开放以后，中国学者在城市经济理论领域开展了精彩而深刻的探索，取得了大量的成果，主要涉及城市化、城市群、大都市、城市产业（产业集聚、结构类型、转型优化）、竞争力、生态保护、开发区、住宅与土地经济、城市经营与管理等方面。

一、城市经济理论研究纵览

从世界范围看，城市经济发展由来已久，它是伴随着城市产生而产生的，但是城市经济理论研究的时间并不长。第一次产业革命开启了具有近现代意义的城市发展。此后，城市与城市经济迅速扩张，产业活动与产业结构不断变迁、升级的，城市面貌和城市空间结构经历了巨大变化。"二战"以后，随着农村人口的增长、农业机械化的逐渐普及和农民劳动生产率的提高，大量剩余劳动力涌向城市，导致城市人口急剧膨胀，出现了所谓的"人口爆炸"，于是，一系列日益严重的城市病症状相继发作：地价昂贵、能源短缺、住房紧张、交通拥挤、供水不足、环境恶化、失业上升、犯罪猖獗、贫富悬殊、阶级矛盾尖锐，等等。最先涉及城市经济问题的研究是 20 世纪 20 年代对城市土地经济和土地区位的研究。但这些研究稀少、零散，且不成体系地散落在经济研究的各个角落。

城市经济理论研究诞生于 20 世纪 60 年代，是与经济理论从微观经济学到宏观经济学再到中观经济学这一发展历程一脉相承的。随着 1965 年美国经济学家威尔帕·汤普森编写的《城市经济学导论》的问世，城市经济学从广义的经济学科中分离了出来，这标志着城市经济的新时代来临。70 年代，英国、美国、日本、苏联等多国纷纷成立城市经济学研究团体。20 世纪 80 年代，城市经济学在我国兴起和传播，经过 30 多个年头的风雨历程，城市经济学在我国取得了长足发展，不论在理论上，还是在实践上，都取得了突破性的进展。

与大多数西方国家不同，中国城市经济学理论脱胎于马克思主义经济学。中国经济发展的道路有别于一般资本主义国家，自中华人民共和国建立以来，经济建设一直是边摸索边发展、边发展边总结，尽管遇到了很多困难，但经济发展的脚步却始终没有完全停滞过，尤其是改革开放以后，城市经济获得了前所未有的解放和发展。理论的发展和总结开始从单一的遵循马克思主义经济学基本理论和引进苏联经济模式转向吸收、借鉴西方经济学各个流派的科学成分，结合发展中的经验，不断提炼和实证，逐步形成了中国城市经济理论体系的轮廓，并且伴随着经济的发展，这个理论体系还在不断完善、不断创新，经过几代学者的努力，基本建立起了中国特色市场经济下的城市经济理论框架，在城市经济理论领域开展了精彩而深刻的探索。

城市经济理论研究的飞速发展来源于城市问题的需要。中华人民共和国成立初期，随着党的工作重心由农村转移到城市，党和国家领导人及各级政府开始重视城市经济问题和经济管理的研究。党开始制定了一些关于城市建设和城市经济发展的方针和政策，在恢复时期和我国发展进程中发挥了重要指导作用。但有关城市问题的研究主要从实际工作出发，并未对城市经济理论进行细致、深入的研究，也未建立起系统的城市经济学。我国城市经济问题研究的高潮出现在党的十一届三中全会以后。党的十一届三中全会确定将党的工作重心转移到经济建设上来，发挥大城市的经济中心作用，建立以城市为依托的经济区，成为党和国家重要的建设方针。党的十二届三中全会进一步提出了以城市为重点的整个经济体制改革的历史任务。这极大地推动了实际工作者和理论工作者对城市经济问题的研究，发挥了大中城市的经济中心作用，加速小城镇建设，合理发展中等城市等。城市经济的本质特征、客观规律以及城市经济体制改革的基础、理论依据等成为当时城市经济理论探讨的热点。改革开放以来，中国城市迅速发展，城市经济占国民经济的比率越来越高。进入改革开放以后，城市经济学的研究在我国学术界进一步得到重视和发展。城市经济学研究机构的增加和城市经济学学术研讨会的不断举办，极大地推动了城市经济学在我国的发展，理论工作者也纷纷著书立说。

二、中国城市经济理论的发展演进

中国城市经济理论的发展进程大致可以分为两个大阶段、四个小时期，两个大阶段是：第一阶段是中华人民共和国成立至改革开放前，以马克思主义经济学为研究主导；第二阶段是改革开放以后，学习多种经济理论，去芜存菁，逐步在经验总结上进入自主创新阶段。

中国城市经济理论研究具有强烈的时代特征，它是伴随着中国国民经济发展和城市建设进程展开的，始终没有脱离经济建设的主战场。围绕不同时期全国经济建设的主要任务和特征（背景），开展了不同性质、不同类型、不同地域、不同发展任务的城市研究。详细可划分为下面四个时期：

（一）萌芽酝酿期（1949~1978年）

中国共产党走的是"农村包围城市"的道路，城市的多种资源集中度高，能产生出巨大的发展爆发力，成为带动整个社会经济的发动机。

在中华人民共和国成立初期，防御外来侵略这一政治因素和国民经济恢复这一时代特征主导了这一阶段的经济发展。国家工业化理论（重工业优先发展）上升为指导方针，主张中国必须实现工业化，才能彻底摆脱对发达国家的依赖，实现独立自主的发展目标。以苏联为代表的国家取得的赶超世界先进水平的经验，增强了中国政治家和中国人民对以重工业发展拉动全国工业化的信心。面对"一穷二白"、百废待兴的城市建设，对城市发展实行了两大战略措施：第一就是转变城市的性质，明确提出变消费城市为生产城市的要求；第二就是在全国推广工业化造城运动，重点是建立和扩建电力工业、煤矿工业和石油工业，建立和扩建现代化钢铁工业、有色金属工业和基本化学工业，建立制造大型金属切削机床、发电设备、冶金设备、采矿设备和汽车、拖拉机、飞机的机器制造工业。这一时期的特点是计划特色突出，国民经济有计划、按比例发展，大项目拉动，重化工引导，影响深远。

对城市类型的认识和划分标准的设置，成为国家政策的实施依据。在1955年6月和11月，国务院两次颁布设置市、镇以及城乡划分的标准，可以看出，城市研究在城市化与城市建设的规制方面做了有益的探索。当时，城市被分为四类：第一类是有重要工业建设的新工业城市，即重点工业建设项目安排较多的城市；第二类是扩建城市；第三类是可以局部扩建的城市；第四类是一般中小城市。随着经济建设的发展，一批新的城市和新的工业区如雨后春笋般出现，旧的城市也在不断扩大郊区的范围。

此外，区域均衡发展观点得到了中央的采用，中西部城市、工业基地获得了新生。156项苏联援建项目主要布置在中西部的大中城市，当时划分的内地安排了118项，约占全部项目的79%，沿海地区只占约21%。"一五"计划的694项建设项目中有65%的项目分布在京广铁路以西的45个城市和61个工人镇；35%的项目分布在京广铁路以东及东北地区的46个城市和55个工人镇。这种项目布置不仅从根本上调整了工业建设的空间布局，同时也为中国城市特别是内地城市的建设和发展奠定了基础，我国以工业为主导的城市建设重点转移到了内地。先后形成了以沈阳、鞍山为中心的东北工业基地，以京、津、唐为中心的华北工业区，以太原为中心的山西工业区，以武汉为中心的湖北工业区，以郑州为中心的郑洛汴工业区，以西安为中心的陕西工业区，以兰州为中心的甘肃工业区，以重庆为中心的川南工业区等内地工业体系。这种空间布局，一方面改变了过去工业集中在东南沿海开放通商口岸，内地极度不发达的情况，在内地建立起了以重工业为主体的城市工业经济体系；另一方面中央大量的资金项目投入建设也为内地城市经济的启动打开了局面。随着项目的建设，一批新兴城市拔地而起，已有城市进行了大刀阔斧的社会主义工商业化改造，重生产轻消费，城市经济发展导向由消费型城市转为生产型城市。

"文化大革命"时期是我国城市经济基本停滞的时期。"三线"建设的实施，虽然也推进了一些偏远地方、山区的城市建设，但在国防安全第一的原则下，总体上降低了经济效率，延缓了城市的发展和城市经济的成长。一些山区城市至今仍面临着用地狭窄、项目难以落脚（甚至原有项目外迁）、市场狭小、成本费用大等难题。

中华人民共和国成立后的近 30 年是重工业带动的城市经济发展时代，城市体系在项目建设的推动下，城市规模不断扩大，城市经济由初期的极其低下到初具规模。尽管期间受到了政治斗争的影响，中国城市经济发展一度低迷，但仍比同期世界上各发达国家的发展速度高出了许多。资料显示，当时 GDP 的年均增长速度为 6.62%。

这一时期的城市经济研究十分薄弱，主要集中在大型项目（156 个项目的论证、实施）和生产力布局的原则、原理以及布局思想（均衡、非均衡等）等方面。除了自创的理论以外，一些大中院校在为项目建设献计献策的同时开始小范围的翻译，引进国外理论。1951 年，中国人民大学率先在全国建立了经济地理学教研室。新中国第一部经济地理教科书——《经济地理学》，以及《中国经济地理》《世界经济地理》和《自然地理》等，均被教育部指定为全国高等学校经济地理专业教学参考书。中华人民共和国成立初期，经济地理教研室先后举办了7 期经济地理专业研究生班，培养出了 150 多名研究生，这些人直接参与了当时的生产力布局（重大项目论证）工作，后来也都成为各高等学校或研究单位城市与区域经济学专业方向的骨干。社会上也出现了多种介绍城市经济的读本，如1957 年，由北京城市建设出版社出版的苏联科学家 B. 魏谢洛夫斯基的《市政经济教程》等。

随着城市经济的发展，越来越多的人意识到城市的经济发展是需要理论来指导的，在以往的发展中，被动的摸索经验已经不再适应城市经济的发展速度，城市经济的发展要求对城市经济理论进行更深入的研究。

（二）破冰初创期（1979～1992 年）

真正的中国城市经济学研究是从改革开放以后起步的。日本学者越泽明（1978）在《中国的城市建设——非城市化的工业化道路》的前言中写道：“中国 25 年来的经济建设，也是实现快速工业化的过程，在近代社会中，城市化现象是工业化的必然结果。关于这一点中国的情况如何，几乎完全没有研究。”这从一个视角反映出我国在改革开放前对城市经济的研究，尤其是理论化、体系化方面的研究是相当薄弱的。

1976 年后，农村率先改革取得成效，改革的重心迅速转向城市，城市工作日显重要。当时，城市经济学在国内非常单薄，面临三大主要任务：

一是总结教训。我国经济学界开始反思改革开放前 30 年的历程，主要观点有：我国的经济体制以中央高度集权、计划行政管理、排斥市场机制为特征；生产建设的思想方法以"生产关系决定论"为特征，忽视生产力的作用，片面强调生产关系的决定性作用；盲目模仿苏联的经济理论和方法；对经典原理采取教条主义的态度（不切实际地推行均衡布局，否定商品生产）。另外，我国城市建设者也认真总结了城市建设发展中的教训，如城市要有城市规划，要按规划建设；基础设施要先行；坚持配套建设；城市政府要把工作重心转移到城市规划、建设、管理上来。

二是开展城市经济研究，创建国内城市经济学研究体系。当时，赵紫阳提出了城市经济的重要性，要求在中国社会科学院开展城市经济研究。1986年，我国以企业为核心，建立了商品经济体制，开展了企业体制改革。城市经济学不可能全力研究企业改革问题，但企业改革和发展是城市经济的主要内容。要充分认识城市作为交流、消费中心的功能规律，必须深入研究企业。在这样的背景下，中国社科院财贸物资经济研究所的杨重光等人编写了《城市流通中心论》（中国财政经济出版社，1988年）和《社会主义城市经济学》（中国财政经济出版社，1986年）等有影响力的书稿。

三是发挥城市经济应用研究的作用，为国家建设建言献策。在此期间，城市经济学（者）积极参与中国的城市经济体制改革，如著名学者蒋一苇先生探讨了中心城市的作用，提出了将重庆作为计划单列市的方案。国内各种研究机构纷纷根据宏观发展形势调整力量，中国社会科学院财贸经济研究所率先成立了城市经济研究室，各省的社会科学院也相继成立了城市经济研究所和研究室，推进了中国城市经济研究的发展。此时，有关高校也开始进行城市经济理论研究，并设立城市经济学（硕士、博士）专业①，为我国城市经济学理论研究和城市经济学人才储备做出了巨大的贡献。1986年，中国社科院财贸物资经济所还组织筹建了中国城市经济学会。

进入改革开放阶段，城市经济理论研究的春天到来了，思想得到解放，西方城市经济理论和实践经验被引进到国内。研究内容迅速拓展，从国有企业到个体工商户，从财政税收到金融外资，从产业发展到城市经营，从物价到生产资料（基础设施），从工业到服务业，从加工制造业到房地产、旅游休闲、文化创意（技术、研发）产业，从开发区、特区到保税区、出口加工区和自由贸易区，从中心城市到计划单列城市，从整齐划一的城市建设到城市差异化发展（从千城一面到特色形象各异）等，各种思潮和理论层出不穷。

城市经济研究逐步受到重视，涌现出了一批重要成果（包括引入国外的理论）：1984年，上海社会科学院翻译了英国经济学家巴顿的经典著作《城市经济

---

① 南开大学、中国人民大学、兰州大学等在全国较早设立了城市经济学硕士点和博士点。

学理论和政策》；1987 年，刘世庆等翻译了沃纳·赫希《城市经济学》；以这两部著作为开端，大批国外城市经济学著作，如伊文思的《城市经济学》，美国 Werner Z. Hirsh 的《城市经济分析》《城市经济学》，Edwin S. Mills 的《城市经济学》；日本山田浩之的《城市经济学》等被翻译引进。1992 年，北京大学城市与环境学系的孟晓晨博士出版了《西方城市经济学——理论与方法》，这是国内第一部系统地介绍西方城市经济学的专著。

一批城市经济学教材也随之产生，尤其是一些强调社会主义特色的城市经济学教材得到了很大发展，如朱林兴的《中国社会主义城市经济学》（上海社会科学院出版社，1986 年），高秉坤等编写的《城镇经济学》（武汉大学出版社，1988 年），蔡孝箴和郭鸿懋的《社会主义城市经济学》（南开大学出版社，1990 年）等，不胜枚举，开创了城市经济学研究的新一步。

在此期间，还有邓小平阐释经济发展规律和城市经济发展重要实践的总结性理论指导，中国的学者们也开始尝试运用统计学、数学等工具测算城市经济发展。这些研究人员有土生土长的，有海外学成归来的，也有外国学者。

（三）深化发展期（1993～2000 年）

1992～2000 年是中国市场经济体制确立和急速发展的时期，城市经济研究不断向纵深方向迈进，目标上以城市发展为中心，方式上以经济要素为内容展开研究。城市化研究、产业结构升级、开发区创新发展等成为主流。

以城市化研究为例，其内容极为丰富。城市化是传统落后的农业社会向现代文明的城市社会转变的一次深刻革命，其过程中会遇到制度、文化、经济各个层面的难点问题。其研究主要表现在如下几个方面：城市化水平与结构、城市化阶段及演进特征、中国城市化进程缓慢的制度性障碍（户籍制度、用工制度、住房制度等）、中国城市化道路的选择（大城市化、乡村城市化）、城市化大系统内部结构的协调性研究、我国城市化制度支持系统的创新与宏观调控问题、中国城市化动力机制评价指标体系的构建、逆城市化现象、城市化发展对经济发展的作用等。

城市化研究的不同结论会导致不同的实践模式。在选择我国城市化道路和推进城市化的政策上，明显存在着两种不同的观点：大城市观点主张我国经济社会发展的战略重点应在大城市和特大城市，认为大城市有规模优势、中心职能作用、带动性强，不赞成控制大城市规模的方针。中小城市观点主张积极发展小城市，靠小城镇转移和吸纳从农村分离出来的剩余劳动力，走"离土不离乡、进厂不进城""就地转化"的农村城市化道路。一些地方走农村就地城市化道路，通过增加建制镇、建制县，大力发展乡镇企业，大幅提高城市化率。一些地方选择大城市化模式，积极开展国有企业改制，壮大非国有经济，进入计划单列城市或副省级城市。在社会主义市场经济体制目标确立之后，开发区建设与研究成为又一个热点。在这一时期，城市经济研究迅猛发展，仅教材就有20多本。但城市经济学研究尚有较大分歧，如是否把城市中各部门的经济学研究放在一起就是城市经济？是否应该把城市经济中的共性问题提出来进行研究？

（四）提升创新期（2001年至今）

2001年可谓是发展的重要转折，城市经济理论的主要问题是对信息化时代城市现代化问题的研究。城市是创新源泉，在知识经济时代，既要研究工业化时期的城市经济问题，又要对后工业化、知识经济时代的城市经济问题进行研究。

随着多年的西方知识学习和多年的本土经济运行实践的积累，城市经济理论研究进入了厚积薄发的创新提升阶段，对各种城市经济问题的认识和研究达到了空前的繁荣。对此前忽略的问题进行一一增补，使城市经济理论研究更加丰富、更加枝繁叶茂。尤其是在城市功能特征、城市运行优化、城市产业结构、城市集聚扩散以及城市经济的部门深化等方面，学者们投入了无穷的热情和精力，也获得了很多的成果。例如，大国大城、智慧城市、数字城市的研究越来越得到学界的重视。

至此，城市经济理论的研究已经发生了巨大变化，无论是从发展的主题、探讨的对象还是研究的方法上都获得了大量的突破和创新，是中国经济发展经验和实践的总结，也是未来中国经济发展创新的指导基石。

三、中国城市经济理论研究重点的变化

70多年来，中国城市经济由弱小、单纯、无序到强大、复杂、有序，走上了健康、可持续的道路。我们知道，理论研究离不开对城市经济进程的客观把握，总结研究的趋势变化主要表现在以下几个方面：

第一，从发展的主题上看，从单纯追求经济增长转变为经济社会和谐发展（科学发展观），即从越快越好到越好越快。

理论研究的一个重要内容是认识城市本质，城市不仅是一个物质经济实体，一个人工的物化环境，还是一个能满足人类生存发展需要的社会场所，也是能够为人类社会创造出丰富物质和精神财富的高效率聚居地/空间。因此，研究城市首先要研究人，仅对物的研究是远远不够的，更不能本末倒置，以物的研究取代人的研究。我国对于城市本质和特征的最权威的提法已经写入1984年十二届三中全会上通过的《中共中央关于经济体制改革的决定》之中："城市是我国经济、政治、科学技术文化教育的中心，是现代工业和工人阶级集中的地方，在社会主义现代化建设中起着主导作用。"对城市的基本认识不再停留在政治中心、经济中心、文化中心这样的表面上，凝练出了城市的目的是方便于人、服务于

人、造福于人，城市的基本功能应该为养育功能、教育功能、生产功能、娱乐功能、记忆功能和管理功能等。这些认识为城市经济的研究和发展指明了方向。

第二，从探讨的对象上看，已经由单个城市（小城镇）逐步过渡到城市群、城市圈（带）以及城市体系和空间结构，这预示着我国城市发展的内在动力和活力在不断增强。

城市群是一种城市空间形态，它既是城市和区域经济演进的必然产物，又是实现区域与城市间分工合作的重要手段。这方面的研究成果主要体现在如下几个方面：城市群的形成与发展机制研究、城镇化到都市化的战略提升、郊区化与逆城市化、中国都市群发展的重要模式以及一些具体城市群（长株潭城市群、武汉城市圈、环鄱阳湖城市群、京津冀都市圈）研究。

城市群是被高速交通轴缩短了时空距离的大城市空间，是由多个大城市圈聚合而成的一个高密度、关联紧密的城市空间。城市群是由一个中心城市及其周围与中心城市保持高度社会、经济、文化联系的中小城市及小城镇共同组成的城市体系。几个在空间上相互连接的城市群组成了一个城市带。

学者们注意到，随着经济社会的发展，大城市的地域空间组织开始从单体型城市的简单形态向以中心城市为核心的诸多城市和地区相互交融的都市圈的复杂形态转变。在中国经济版图上，已经形成了三大都市圈：以粤港为中心的珠三角都市圈、以上海为龙头的长三角都市圈和由京津领衔的环渤海都市圈。

第三，从研究方法上看，从单一的理论推演到多种方法复合研究。城市经济的研究是古老的，从城市诞生之初就和城市的发展血脉相连；这个学科的研究也是年轻的，真正从经济学体系中剥离出来，不过区区几十年，但却充满了活力。

中国城市经济研究经历了从参与现实经济建设、引进学习，到理论实证检验，再到实践提炼创新理论的过程。中国城市经济学研究承袭了马克思主义经济学的科学方法论，并以此为基础，将计量经济学、统计学、西方经济学等学科杂糅其中，取其精华，去其糟粕，同时辅以现代科学技术。

中国城市经济学的主流方法经过了多次演进，从经验的摸索发展，到引入西方的理论；从按照理论进行实证分析，到运用逻辑推演进行新观点的提炼创新。中国经济体制改革的不断深化以及中国经济的快速发展，为城市经济理论的研究创造了巨大的空间和无限的可能，中国城市经济理论的研究逐步进入了自主创新的新时期。这表现为两个方面，一是以中国实践经验检验西方城市经济经典理论，拓宽经典理论的适用范围，修正经典理论的限制因子，突破理论的时空局限性，发展经典理论的实践性，在经典理论中加入中国元素，成为推动中国城市经济发展的指导；二是从中国城市经济发展实践中找到新规律、新理论。中国城市经济的发展，尤其是改革开放以后，城市经济的迅速发展和中国城市经济的特殊性已经成为理论研究的沃土，中国城市经济的研究者们开始逐步尝试从研究中国城市经济的纵向对比和中外城市经济的横向对比等多方面、多维度的思考开始，进行理论的提炼和创新。

此外，由于科学技术方法的进步，更多新颖的研究方式被运用到中国城市经济的研究上，如 C－BOT 系统论、非线性动力学模型等。

四、城市经济理论探索的主要领域

（一）城市经济功能与特征的探索

马克思和恩格斯在《德意志意识形态》中曾经指出，城市本身表明了人口、生产、工具、资本、享乐和需求的集中，而在乡村则会看到完全相反的情况，孤立、分散。列宁曾指出，城市是经济、政治和人民精神生活的中心，是前进的主要动力。城市的经济作为发展的基础，主导着政治、文化、教育等上层建筑的形态，城市经济不仅影响着人民，还从各个方面影响着城市本身的发展、区域的发展甚至国家发展的未来。

城市的特征主要有密集性（包括人的密集、物质和资产的密集、文化的密集等）、高效性（高效率和高效益）、中心性（吸引力和辐射力）、多元性（多功能和多类型）以及系统性（复合宏观大系统和动态开放大系统）。城市作为一个经济实体，城市内部的经济活动必然具备生产、分配、交换和消费四个功能环节。由于受地理位置、气候条件、人文历史和行政区划等因素的多方面作用，以及其内部多种机制的互相运作影响，各个城市的经济功能呈现出不同的发展强度，城市经济也呈现出不同的特色。

美国经济学家哈里斯在《美国城市的职能分类》中提出，美国的城市可以分为 7 大类：工业城市、混合城市、批发商业城市、运输业城市、矿业城市、大学城市和游览疗养城市。日本经济学家矶村英一更进一步细分，在他的《城市问题百科全书》中将日本城市细分为 12 类：综合城市（普通城市）、政治城市（首都、地方行政中心）、文化城市、学园城市、观光城市、住宅城市（卧城）、渔业城市、卫星城市、产业城市（工业、矿业）、疗养城市、军事城市和港湾城市。

在充分研究中国城市特色的基础上，中国学者运用多种测度方法对城市功能进行划分，更侧重于对城市未来发展方向的指导，较早的有 Nelson 方法，其后有聚类多变量分析和统计分析相结合的方法，这一方法被我国学者广泛使用。近年来，随着计算机软件开发技术的发展，人工神经网络、聚类分析和纳尔逊统计分析相结合以及 Morre 回归方法、多变量聚类分析和 Nelson 统计分析相结合等方法相继被应用到城市职能分类研究中。当然，城市的类型是个历史概念，并非固定的模式。城市的发展沿着全面提高综合竞争力且专业化（优势）、特色化的道路前进的总趋势是不会变的。

（二）城市经济增长、运行与优化的探索

关于经济增长理论。有学者提出，俱乐部趋同是城市与区域经济增长趋同的一种重要类型，自20世纪90年代后期以来，该研究已经成为国外城市与区域经济增长研究的热点。目前，该领域的研究主要集中在俱乐部趋同的概念、假说的实证检验以及对趋同机制的分析等方面，但同时，在俱乐部趋同的概念界定、类型划分、趋同机制和有关检验框架等方面，还存在一些疑问和有待深入探讨的课题。还有学者提出增长极的漂移与叠加两种成长模式，认为增长极的区位变化，带动不同城市经济的增长，形成增长极的漂移；增长极在原来的区位继续成长，并结合环境的变化带动城市经济的进一步发展，形成增长极的叠加。因此，促进经济增长必须创造适合增长极进一步成长的基本条件。

关于市场主体塑造研究。针对市场经济的要求，探讨如何建立企业、政府、中介机构等市场活动的主体，发挥它们各自在市场中重要的不可替代的作用。初期的改革首先要解决城市经济中最具活力的主体——企业的问题，使其逐步建立起来，主要塑造途径包括：国营企业下放、承包；"无上级、无级别"企业的建立或引进；发展民营与个体私营企业；引入外资企业等。此后，股份制企业、上市企业和大型跨国公司等逐步发展起来，还探讨了现代企业制度的建立，责权分离与结合、企业分配与股权激励制度等。政府是十分重要的市场主体，这方面主要是探讨各级政府的职能与改革，建立高效、廉洁的政府决策、执行机制与形象，建立政企分开、党政分开、科学民主的管理体制。中介机构是市场经济中不可缺失的一类主体，学者们探讨的是如何建立、运行和管理（自律），使市场经济体系更加完善、效率更加明显。

关于城市经营与管理研究。城市经营与管理是城市形象的重要标志，核心是其效率与文明的体现，城市经营或者说经营城市是20世纪90年代末至今的热门话题。学者们在概念辨析上就经营资产、经营资本、经营公共物品和公共资源等从不同角度阐释了他们对城市经营的认识。经营城市是城市政府遵循、运用市场规律，把无力完成或者不该做的一些投资和经营，交由市场去配置、完成。基于对概念的认知，深入探讨城市经营的主体、客体，经营方式以及经营中存在的注意点等。城市经营的实践很多，主要有财政投入、政策性收费和集资、银行贷款和负债经营、土地使用权的拍卖出让、城市建设项目经营特许权的经营、BOT融资和ABS融资等；城市经营的研究包括：城市经营发展历程、研究进展、城市建设与城市管理体制及机制研究、我国城市化管理的市场化运行、中国大都市区管治研究、基于健康城市视角的城市管治路径选择、城市治理研究的最新进展及一般分析框架、论城市基础设施市场化改革中的政府监管等。其中，市场化的管理理念值得引起我们的关注。

关于城市竞争力方面的研究。竞争力是一个城市内在素质的综合反映。因此，竞争力的要素判别、竞争内容、竞争层次和领域仍然是学者们的研究主题。例如，城市竞争力关键要素的识别方法、城市整体交易效率与中国城市间的竞争分析、基于城市竞争力的城市资产经营、新形势下城市核心竞争力探析、城市尺度的网络竞争力研究、中国城市竞争力评价量化模型研究等。

（三）城市产业结构的提升与主导产业塑造的探索

城市产业发展方面的研究。在我国，对产业结构的认知由来已久。中华人民共和国成立初期，毛泽东把农、轻、重生产部门提升到了十分重要的地位，并指出，中国工业化道路的问题主要是重工业、轻工业和农业的发展关系问题，提出了以农、轻、重为序安排国民经济计划的著名思想。改革开放之前的研究都是基于马克思的再生产理论，关注的对象是两大部类关系或农轻重关系；改革开放之后，产业结构的研究多以西方产业结构理论为方法基点，研究对象一般是三次产业或产业结构与经济发展阶段、经济周期、政府行为之间的关系。

进入 21 世纪以后，我国学者在这一领域开展了较为广泛的探索，主要包括产业集群理论（集群的类型、特征、形成机制、竞争优势、集群战略与政策等）、新型区域产业分工理论（产品内分工、模块化生产，部门内分工和产业链分工，新型分工的影响因素）、城市竞争力理论（竞争力内涵、理论基础、决定因素、评价指标体系以及作用）和产业转移理论（转移动因、转移模式、转移效应、转移战略）等。研究涉及不同的转移模式，包括扩张性转移和衰退性转移、整体转移与部分转移、技术转移和资本流动、企业协作性转移与并购性转移等。特别是近些年，数字经济（虚拟经济、网络经济、信息经济）、绿色经济、智能经济等新形式、新业态对城市的转型升级产生了重大革命性影响，形成了城市发展的新动能和新需求，已经引起了学者们的普遍关注。

资源性城市如何培育接续产业，摆脱"萧条病"，是城市产业结构升级的研究重点。先发展的沿海城市如何在新一轮的产业升级中调整自身的产业结构，转向创新发展、提升产业质量的主题。在产业研究中，对于浙江产业集群"块状经济"的研究可谓是一个新亮点，从表面上看，有温州的鞋类、服装、眼镜、打火机、义乌的小商品市场、绍兴的轻纺、永康的五金、海宁的皮革、鄞县的服装、永嘉的纽扣、嵊州的领带、金乡的标牌、大唐的袜业、乐清的低压电器等。理论上分为：①空间集聚集群发展模式；②专业化生产区域；③民营企业的群落式发展模式；④以家庭关系和共同的文化背景为基础而形成的中小企业集群模式。浙江产业集群形成的主要资本基础是本土资本，而不是国外资本，集群延续的主要途径是国际市场，而不是国内市场。

随着时代的发展，产业集群各个方面的研究都受到了越来越多的关注，学者们从形成机制、动力机制、技术扩散方式、竞争力提升、全球产业链、金融融资、可持续发展等方面展开讨论。例如，探讨企业家的影响，地方企业家联盟亦是重要的网络关系，可能会导致竞争实力的强弱交替，并引发地区市场结构的改变。内外企业家联盟（尤其是与海外投资商的联盟）是推动集群纵深演进的另一重要网络关系，他们共同推动集群技术水平提升，增强集群品牌效益，并引发浙江集群系统效应。

（四）城市经济的集聚与扩散、城市规模经济方面的探索

关注城市集聚经济理论的学者在梳理和研究国内外前人研究成果（包括知识外溢、劳动力蓄水池、投入品共享、国内市场效应、消费经济性和寻租等）的基础上，提出了城市集聚经济多样化的微观基础，较全面地阐述了城市集聚经济产生的原因和趋势。

关于经济要素传导机制的研究，要素的合理流动是财富生发、经济协调发展的重要条件，是解放与发展生产力的基本要求。区域要素传导机制成为解释区域经济发展内涵的重要工具，这方面的探索，包括区域要素传导机制的概念与构成（主客体、媒介体、目标、工具等）、流动与市场机制及其机制实现方式。

关于城市经济规模效益、社会规模效益、环境规模效益和建设规模效益的研究，学者们认为，城市的成长和它的规模是受城市生长机制和调节机制制约的，其中，经济机制是它的基础，是决定性的，因而，城市发展的合理规模存在着客观标准，但是不存在固定不变的和只存在于一定范围的合理规模。任何规模的城市都有它存在的一定合理性以及它发展的规律性，如城市化与工业化同步发展规律、大城市化或集中型城市化规律、城市发展过程中的不平衡规律。

（五）城市经济部门深化研究的探索

城市是一个巨型的复杂系统，在经济系统内包含诸多内容，产业部门众多，发达城市尤以第三产业为重要内容，如住宅、基础设施/交通、物流、安全、市场、福利、环境、旅游等。

（1）关于城市土地与住宅经济研究。这一领域一直是城市经济中的难点和热点，如中国住房保障制度改革与模式创新、廉租房制度改革及其方向、中等收入人群住房供应体系与限价房政策、房价与中国居民福利效应分析等。这里的两个重大问题是土地体制改革和住房体制改革。中国从计划经济向市场经济过渡，城市土地也从无偿、无限期使用向有偿、有限期使用转变，使土地使用权成为商品，可以买卖和转让。取消住房福利分配制度，实行货币化分配制度，推行居民住宅的社会化、商品化、市场化，是城市经济体制改革的重要内容。学者们围绕

土地使用制度与城镇住房改革在理论上展开了深入和系统的研究及讨论。有关问题主要集中在城市土地的属性和土地价格形成理论方面，随着经济的进一步发展，房产经济成为最重要的探讨部分。

（2）关于开发区研究。开发区一直是城市的窗口和改革的前沿，它们往往是城市建设和城市经济最为活跃的地方，不仅涉及宏观的管理体制、规划决策、土地管理体制机制，还包括微观的城市基础设施融资投资、市场竞争机制和信息管理平台建立等。中国的开发区已经步入"后开发区时代"和"自由贸易区阶段"，对制度创新和营商环境更加重视。探索以企业型管理模式代替行政区管理模式，即从政府主导向市场主导过渡，开发区管理者成为独立的市场利益主体，开发区成为以土地开发经营、产业投资、管理服务等为主业的经济实体，并以实现企业的内在价值为其经营目标。探讨有效避免各级政府从自身利益出发而导致的滥设开发区、恶性竞争等现象的措施，可实现开发区资源的市场化配置。

（3）关于资源型城市转型发展研究。诸多学者纷纷关注和探讨资源枯竭型城市产业转移的定位与实践、资源型城市的集群创新与战略取向、资源型城市衰退症结与经济转型的中外比较、中国资源型城市经济转型问题与战略等亟待解决的问题。有学者在整理国内外学者对于资源型城市产业结构调整相关问题研究成果的基础上，通过分析中国资源型城市的现状，对中国的资源型城市进行了综合分类，如无依托型和有依托型资源型城市；产业链延伸策略、产业转型策略和"边延边转"策略。

（4）关于创意城市的研究。近年来，创意城市的理念日益受到重视，主要观点有：中国创意城市发展理论需要反思，中国城市创意创新发展战略应进行根本性调整；推动创意创新发展的主力往往不是政府，而是一些非主流、边缘化、体制外的力量。创意产业概念自1998年提出以来，尤以创意城市指标体系的研究最为普遍。例如，于2006年率先提出的上海城市创意指数是一套较为完整的创意城市指标体系，该指数包括产业规模、科技研发、文化环境、人力资源和社会环境五个方面，共33个指标。随后，北京等城市也纷纷提出自己的创意产业划分体系。还有学者提出，创意城市评价主要包括三个方面：创意能力、创意活力和创意环境。但该研究总体滞后于创意城市建设的实践。所以，创意城市的研究在未来城市发展中还会有更大的空间。

（5）关于城市文化与经济发展方面的研究。影响城市经济发展的因素有很多，近些年，文化因素的重要作用凸显出来，一些学者认为，城市、地域文化的差异导致了城市或区域间经济的差距。有的研究着重探讨了城市文化的产生和形成、内容及内涵、功能与作用，指出了弘扬先进文化对促进经济发展的重要意义。这方面的研究触及了经济社会的深层驱动问题，需要进一步深入探索。城市文脉是一个城市独有的魅力和价值，一旦断裂，城市原有的文化积淀和传承将消失殆尽，城市也将失去底蕴深厚的文化内涵及灵气。城市文脉延续的关键在于处理好城市历史文化的保护与开发。文化创意产业正是这种对旧城进行科学更新的动力，是城市健康发展的新的激励因素。

（6）关于城市安全体系的研究。城市是人口、产业、财富高度聚集的地方，是现代经济社会活动最集中、最活跃的中心场所，也是防灾减灾的重点区域。这方面的研究表现在城市灾害的类型、发生的原因机理，灾害的应对、防范与控制，灾后的应对与处置，应急系统的建设与预案等方面。

（7）关于城市生态方面的研究。当前，在中国城市化的各种问题中，生态环境恶化与人居环境脆弱尤为突出，成为制约城市可持续发展的主要桎梏。强调与自然生态融合的生态导向的城市空间结构研究成为城市可持续发展研究的热点。其中，有学者将城市空间研究历史划分为生态自发、生态失落、生态回归和生态革命四个阶段，为该领域的研究奠定了基础；也有学者力图解决自然生态环境与经济发展的冲突，对生态城市建设提出了构想。生态城市的概念日益受到关注，尤其是在循环经济提出以后，人地和谐、生态优美的城市建设受到了市民的认同，许多学者开始探究生态城市建设理论。

（8）关于数字经济方面的研究。进入新时代以后，以信息网络技术为代表的科学技术突飞猛进的发展，创造了大量的新产品、新业态、新产业，也产生了发展的新模式、生活生产的新方式，引发了城市经济、城市发展上的重大变化。城市经济学者及其有识之士早已开始进行研究，关注新兴产业的发展轨迹，传统产业的融合或冲击，要素的流动、置换、渠道与新组合，城市的改造、空间格局与新动能建设等，试图揭示其内在的规律与机理。

与国外研究相比，国内的生态城市研究更多地强调继承中国的传统文化特征，注重整体性，理论更加系统，但已有的实践和理论对当前城市规划的影响还相当有限。中国是发展中国家，综合国力、科技水平、人口素质、意识观念等与发达国家相比还有很大差距，这些因素都将影响各地生态城市的建设。生态城市从理念、理论形成到建设和发展，需要经历一个长期、渐进的过程，绝非一蹴而就。

第五节　城市经济理论的研究方向展望

在千变万化的市场环境中，如何把握未来研究的方向和重点，是我们不可回避的问题。下面笔者斗胆提出个人意见。

一、城市经济研究的关注方向和重点

城市是一个开放的大系统，和周围不断进行着物资、人员、文化、技术、资金、信息的交流，各种因素的此消彼长与分化组合构成了城市经济的丰富多彩和日新月异。在千变万化的市场环境中，应当很好地把握未来研究的方向和重点。

基于当前的科技和社会发展态势，可以对未来城市经济研究的重点领域进行粗浅的预测，大致有下述十个方面：

（1）城市经济理论体系的完善。中国进入现代化发展的快车道，需要进一步探讨经济全球化、网络化背景下中国城市发展的新理论、新方式、新模式。探讨科技革命带来的城市发展新方式和城市新形态。

（2）工业化、城市化、现代化的深化及智慧城市研究。作为世界上人口最多的发展中国家，东部、中部、西部的自然条件和经济社会发展水平差距较大，在经济全球化与数字网络化背景下，应关注城市之间如何相互依赖和补充、城市分工的细化，以及如何根据不同的基础条件和未来趋势建立合理的城市体系等问题。特别是城市密集地区资源环境支撑条件的分析，为城市可持续发展规划提供了科学依据。

（3）城市特色和功能定位研究。这一领域涉及城市的总体发展战略和主导产业的确立与转换，即如何根据所在地域的环境条件确立在城市网络中的功能。如何将资源优势转化成经济优势，并制定基于比较优势与竞争优势的发展战略；如何根据地区特色确定具有比较优势的主导产业；如何适应市场变化，及时促进产业结构升级转换，并处理好主导产业、辅助产业和基础产业的相互关系，保持城市持续、稳定发展。

（4）数字经济的颠覆性影响研究。全球科技已经进入新的时代，教育、旅游、体育、文化、信息产业等新型产业迅猛崛起，成为城市经济研究的新领域，城市质量和结构功能的发展、产业结构的升级与优化（调整）是这方面的主题。新的技术革命所带来的交通、通信的便捷，使可流动要素得到全球配置及合理利用。研究数字信息化对城市经济要素聚散的作用与效益影响，创新中国现代化世界城市和城市（群）网络体系是不可回避的重大命题，也将成为城市经济理论研究的新突破口。比如：数字经济正在形成"人人都是创造者、发动机"的新局面，对城市经济、区域经济的塑造，对产业的智能化、财富的倍增效应，对城市和城市群功能的辐聚将会有深刻的影响。

（5）城市文化建设与城市形象塑造研究。城市社会文化、历史文脉、人的价值与人力资源开发等对城市经济具有巨大的推动作用，应加强城市文化传承和城市文明熏陶，加强城市文化基础设施、城市形象的建设和管理。

（6）城市与地区协调发展研究。随着城市的发展，城市群、城市带等发展起来，随之出现了各地城市群的联系、能级构架和发展等问题；还有国家中心城市的布局、功能与建设；东、中、西、东北四大区域/城市间的互动互补问题；统筹城乡发展与消除二元经济结构问题；城市/群的合作与竞争的研究。

（7）城市基础设施建设、生态环境治理和可持续发展研究。城市的发展、投资环境的改善与城市基础设施建设息息相关，城市建设与发展又与生态协调、人地和谐分不开，应关注如何充分实现城市经济发展与环境协调，城市公共事业与基础设施怎样建设等问题。在城市可持续发展方面，许多城市面临着各种挑战，有资源的限制，有制度的制约。资源型城市所面临的资源枯竭的压力更大，应关注如何发展循环经济、如何集约发展等问题。

（8）城市经济发展的能力和竞争力评价研究。城市发展能力是国家发展能力的集中体现，如何增强城市竞争力、加强城市之间的竞争与合作、如何客观评价城市的发展能力，如何找出城市发展的限制因素并加以改进，是每个城市都将面对且必须努力解决的问题。

（9）城市经营与管理/治理研究。中国城市经济基本上为政府主导型，对于市场作用的发挥，目前的理论前提和理论基础尚未成熟，需要考虑经营主体和对象（土地），这涉及市场—政府二元结构调整、市场经济条件下政府职能的转换等问题。在城市土地开发收益分配上，土地是城市发展的平台，是城市政府最大的资产，需要研究经营配置稀缺的土地资源、确立合理的城市功能空间布局与土地开发模式，以及协调土地矛盾等问题。

（10）世界上先进国家和地区的城市发展经验教训与理论总结。一方面需要研究发达国家城市不同历史时期出现的各种特征在中国城市的不同表现；另一方面需要研究新的历史条件下中国城市特有的现象。对比不同的进程，归纳和创造新的理论和原理。

近些年来，我国城市经济理论层出不穷。在探讨城市经济问题时，基本延续了相似的框架，又有不同的侧重，更多更新的内容，如城市环境学、城市生态学等，也随着经济的发展补充到了整个框架中去，这标志着经过多位研究学者的努力，中国城市经济理论已经从零散的、不成体系的个别理论发展成基本研究框架和理论体系。随着经济的发展和社会的进步，这个理论体系还将更加丰富和完善。

二、中国城市经济理论研究的路线和特色

中国城市经济理论研究的路线和特色从一元化的学习发展为多元化的理论自主创新（路径、方式）。我们简要梳理一下整个世界的城市经济研究历程，就不难看出中国城市经济研究的大背景和特殊性。

从世界范围看，城市经济发展固然是伴随着城市的产生而产生的，但是真正关注到城市经济问题的时间很短，城市经济理论研究活动较早分布在有关学科/学者中（地租理论、区位理论、增长极理论、产业集聚理论、规模效益和外部效益理论等）。

第一次产业革命开启了具有近现代意义的城市发展，城市与城市经济迅速扩张，产业活动与产业结构不断升级变迁，城市面貌和城市空间结构也经历了巨大的变化。

"二战"以后，西方国家随着农村人口的增长，农业机械化的逐渐普及和农民劳动生产率的提高，大量剩余劳动力涌向城市，导致城市人口急剧膨胀，出现了所谓的"城市爆炸"（Population Explosion）。于是，一系列日益严重的城市病症状相继发作，如地价昂贵、能源短缺、住房紧张、交通拥挤、供水不足、环境恶化、失业上升、犯罪猖獗、贫富悬殊、阶级矛盾尖锐等。最先涉及城市经济问题的研究是20世纪20年代对城市土地经济和土地区位的研究。

随着1965年美国经济学家威尔帕·汤普森编写的《城市经济学导论》的问世，城市经济学从广义的经济学科中分离了出来，这标志着城市经济新时代的来临。20世纪70年代，英国、美国、日本、苏联等多国纷纷成立了城市经济学研究团体。

与大多数西方国家不同，中国经济学理论脱胎于马克思主义经济学，这是中国经济学的本质属性。在社会性质上，我国属于社会主义国家，经济发展的道路有别于一般资本主义国家，中华人民共和国成立以来的经济建设一直是边摸索边发展，边发展边总结。在此期间，尽管遇到了很多困难，但经济发展的脚步却始终没有完全停滞过，尤其是在改革开放以后，城市经济获得了前所未有的解放和发展，经济理论的发展和总结开始从单一的研究马克思主义经济学基本理论，引进苏联经济模式，转向以马克思主义的开放胸怀吸收借鉴其他西方经济学流派的科学成分，并结合发展中的经验，不断提炼实证结果，丰富、完善自主理论。

第四章 发展目标问题

从世界范围看，许多城市的发展目标已经不仅仅是增加财富（追求 GDP），还包括更高层次的目标，有的表述为可持续发展的绿色城市、田园城市；有的表述为有竞争力的城市，就业和福利不断提升的城市；有的表述为高质量发展的城市。其实，最奢侈、最高尚的目标是建设健康、愉悦的城市。

第一节 功能城市

城市功能也称为城市职能，是指一座城市在国家或地区的政治、经济、社会、文化活动中所担负的任务和作用，以及由于这些作用的发挥而产生的效能。

城市一般都具有其基本功能和特殊功能。城市的基本功能是指任何城市都具有的功能，包括城市的载体功能、经济功能和社会功能。比如，城市为人类活动提供了最佳场所，城市具有生产、消费、分配、运输、信息、金融、科技、商业、运输等功能；城市还是人们进行政治、文化、宗教、创新活动的主要场所。此外，一些功能是某一城市所特有的，其形成主要与城市的地理位置、自然资源和历史条件密切相关。例如，海滨城市、边防城市主要是由地理位置决定的；石油城市、煤炭城市、钢铁城市是由其自然资源决定的；旅游城市、历史名城等主要是由自然环境、历史条件决定的。

在功能分类研究中，英国、美国和日本等国家的学者早在 20 世纪三四十年代就开始了探索，并取得了一些代表性成果。西班牙、加拿大、中国等国家的学者也开始了本国的职能分类研究（见表 4 - 1）。

表 4 - 1 不同国家关于城市职能的分类

国别	方法	类别
英国（1921）	一般性描述	行政城市、防御城市、文化城市、生产城市、交通运输城市、游览疗养城市
美国（1943）	统计描述	加工工业城市、零售商业城市、综合性城市、批发零售城市、交通运输城市、矿业城市、大学城市、风景休养城市和政治中心城市

国别	方法	类别
日本（1964）	统计分析	农业城市、矿业城市、工业城市、商业城市、行政性质的城市、交通运输城市
加拿大（1965）	经济基础分析	根据各职能活动部门就业人数占比将城市各职能分成四个等级
中国（1990）	多变量分析	工业城市、交通运输城市、商业城市、教育科技城市、行政管理城市、国际性旅游城市、综合专门化职能城市、非综合专门化职能城市和无专门化职能一般城市
西班牙（2016）	统计描述	一级水平的城市：由 24 个大城市区组成；二级水平的城市：由 211 个城市群组成；三级水平的城市：由 40 个功能城区组成

资料来源：向雪琴，高莉洁，祝薇，等.城市分类研究进展综述［J］.科技标准，2018（4）：54－62.

第二节　城市品质

今天，我们迈入新时代，寻求新的发展模式，追求高质量发展。城市是人们生存与生活的依托，如何把城市变成一个有温度的城市、人性化的城市、幸福的城市、信用的城市、方便的城市、舒适的城市，就是我们今天探讨的问题——提升城市品质。

一、城市品质的内涵与构成

从根植性原理看，一个城市的品质包括自然品质、人文品质、管理品质、普世品质。

自然品质。名山大川、优美的生态环境、优越的地理位置，会大大提升一个城市的品质。但并不排斥一个地方没有知名山水、良好区位就失去塑造品质的自然禀赋。一方水土养一方人，只要深入挖掘，因地施策，不论是沿海还是内陆、平原还是山地、热带还是寒带，都是大自然馈赠人类、塑造品质的第一基因。

社会品质。这属于"人迹"，人类活动的印记，包括文化、观念习惯、经济、生产力、基础设施、服务水平、城市韧性等，是在自然品质的基础上叠加了人的行为后的城市品质，与自然品质共同构成了初级的城市面貌，表现为城市形象。

管理品质。这是城市品质形成的重要方面，包含城市的制度建设、完备性，政府的执行力和社会组织的有效性，直接关系着城市的效率、活力、凝聚力、美誉度、幸福指数。

普世品质。一个城市的品质，不是孤芳自赏，它应当是符合社会发展方向的，代表进步、先进和美好的，会得到外部的认可、承认，甚至崇拜、崇尚。城市品质自然会传递文明，对接外部文明，这个过程形成了辐射影响和知名度。知名度高，说明品质高尚！

城市品质还可以分出许多类型，如软品质，诚信、信誉，体制制度；温暖的服务，温馨的服务与气氛等；硬品质，基础设施、公共设施、生产体系、应急体系等；城市主体，居民、机构单位与企业、政府等。按照城市品质发展进步的时序，也可以划分为初级阶段、中级阶段、高级阶段等。

城市品质有许多的特性，包括包容性，城市品质与个人品质不同，是一个地域群体集合性的特征反映（不等同于个体加和），它是常年在一个地域生产、生活的人民所形成的素质内涵的总体表现。价值性：优良品质难以用金钱价值衡量，但却有人类精神的高尚基因，是人类文明（包括物质文明）的载体。指向性：优秀品质往往是发展的期望和奋斗的方向，具有引领功能。随着时代的进步，人们的追求目标与时俱进，品质的内涵也在相应地提升和丰富。可改造性、动态性：品质不是一成不变的，是可以通过人为努力不断提升的。当然，也会因为某种原因而衰退，不论是自然品质，还是社会品质，城市可以运用人的创造力、社会整合力，改山换水（水利工程），产业提质（转型升级），改革创新（制度模式更新），提升素质（精神文明工程），大幅提高城市品质。美国纽约在提升城市品质方面，曾经实施了一项具有划时代意义的重大项目——伊利运河修建（当然也颇费周折），大大提升了自然品质和经济区位优势，破解了束缚纽约发展的空间阻碍，一跃超过了当时全美最强大的城市费城，成为雄踞世界的超级都市。

二、新时代城市品质上升为城市发展的重要目标

城市品质是城市高质量发展的体现。以往，我国依靠的资源、劳动力要素等低成本的投入和粗放式的增长模式虽然带来了经济的高速增长，但也带来了严重的生态污染、环境破坏，发展的持续性明显减弱。目前，我国大部分城市缺水，饮用水源污染严重，垃圾无害化处理率很低，城市基础设施建设与当地资源环境的匹配度差，尤其是都市区等人口产业密集的地区，受到了环境与生态条件的严重制约。很多城市的发展往往因为路径依赖而陷入"低端锁定"陷阱。比如，山西、东北三省等资源型城市，长期严重依赖重工业与资源初级产业；珠三角地区主要承担价值链中游的加工、装配、制造等环节的活动，高附加值环节不占据优势。由于长期以来过分依赖低生产要素成本优势，缺少战略眼光与可持续发展的思维，因而处于价值链低端，且对全球价值链的治理者产生了强烈的依赖，形成了低端锁定效应。

我国经济已由高速增长阶段转向高质量发展阶段。新时代到来，中国城市经济发展的增长动力、需求特征、供给条件、风险状况、竞争环境以及政府与市场的关系等，都发生了不同于以往的深刻变化，中国将进入发展方式转变、经济结构调整、长期保持中高速发展的经济新常态。追求经济发展高质量，要改变以往注重经济增长速度与数量的惯性思维，更关注经济、社会、生态的协调发展，将人民的幸福感与安全感放在更加重要的位置。高质量发展的内涵应该包括更依靠创新驱动、更高的生产效率、更高的经济效益、更合理的资源配置、更优化的经济结构、更加注重消费对经济发展的基础性作用、更小的贫富差距、更注重幸福导向、更加注重防范金融风险、更绿色环保的发展方式，等等。

在经历了改革开放后40多年的高速发展，建设品质城市已成为当前城市的工作重点。例如，北京、上海、深圳和杭州等城市提出了"国际一流的和谐宜居之都""城市，让生活更美好""民生幸福城市""东方品质之城"等城市发展定位。武汉把打造"经济、城市、民生"三个升级版作为未来五年城市发展的方向；重庆和成都也分别提出"提高城市发展质量和效益，建设城乡统筹发展的国家中心城市"和"西部核心增长极，国际性区域中心城市，美丽中国典范城市"的城市新目标（见表4-2）。围绕"质量引领、品质提升、包容发展"的理念，各项民生福祉、城市美化等工程得到加速推进，在新的时代背景下，提升城市品质正日益成为城市建设和发展的主导方向。通过对我国重要城市的品质建设工作进行梳理，可以发现城市品质提升建设主要体现在经济转型升级、保障民生、宜居城市建设、改善生态环境和提升城市治理能力等多个维度。

表4-2 "十三五"时期主要城市的发展目标

区域	城市	"十三五"时期发展目标
东部地区	北京	国际一流的和谐宜居之都
	上海	具有全球影响力的科技创新中心，社会主义现代化国际大都市
	杭州	历史文化名城、创新活力之城、东方品质之城，美丽中国样本
	深圳	现代化国际创新型城市，更高质量的民生幸福城市
	南京	现代化国际性人文绿都
中部地区	武汉	打造"经济、城市、民生"三个升级版
	长沙	建设能量更大、实力更强、城乡更美、民生更爽的长沙
西部地区	重庆	提高发展质量和效益，建设城乡统筹发展的国家中心城市
	成都	西部核心增长极，国际性区域中心城市，美丽中国典范城市，先进城市，幸福城市
	西安	创新高地和内陆型改革开放新高地，历史文化特色的国际化大都市

三、影响城市品质的因素

（一）尊重自然禀赋纹脉，坚持绿色发展

提升城市品质，首先要尊重自然规律，任何经济发展和社会进步都脱离不了自然基础的支撑，需要奉行"绿水青山就是金山银山"的理念，切实做到遵循自然规律。特别是对于准备依赖自然禀赋打造特色模式的那些城市，首要的就是保护生态环境，利用技术提高资源利用率，提高产品附加值，实现绿色发展。发展城市特色经济的重要方式还包括梳理自然纹脉和开发自然资源，地方政府可以从自然资源入手，结合市场需求和新兴技术，形成较为完整的产业链，要避免完全依靠消耗自然资源获得短期发展的"资源诅咒"，沦为产业链低端环节或单纯的资源开采地，等到资源消耗殆尽，地方特色也就成了"无米之炊"。绿色发展的理念不仅仅局限于依靠自然禀赋发展的小城市，在现代化的城镇发展进程中，环境污染已经成为大中小城市亟待解决的难题，产业发展不仅要强调特色，还要注重节能减排，提高资源利用率，追求产业发展与生态保护之间的平衡。小城市的规划要摆脱单纯追求 GDP 或产业规模的传统思维，将产业、旅游、文化、生态和社区功能融合在一起。

（二）挖掘社会历史文化内涵，创新赋值

目前，城市发展更多的是将经济发展放在首要位置，对文化、社会方面的发掘、探索和建设重视不够，这可以从建筑风格以及城镇规划方面显现出来，如盲目追求大城市式的现代化（高楼、大马路、大广场、大商场、大产业）。这种情况在很多小城市基本都存在，城镇设计规划与历史脱节、与现实需求相左，甚至出现"面子工程""形象工程"等，这在一定程度上造成了社会功能的不足或缺失。众所周知，特色发展路径不可以生搬硬套，需要紧密围绕社会历史文化内涵来进行。不管是历史遗迹，还是人文精神，都是一个城市长期积淀的重要财富，社会历史文化内涵是一座城市、一个地方不可缺失的重要文化底蕴，它所具有的根植性对其他资本而言更加强烈，将这种内涵因素有机融入城市建设发展过程当中，能够更加彰显出特色小城市的独特魅力，并且还可以形成多元化的产业园区，加快小城市文化、社会、旅游等一些产业的融合发展。

受到多种因素的影响，社会历史文化资本这种根植性的开发利用难以有效支撑城市持续发展。一些城市在挖掘、利用本地社会历史文化内涵根植性的基础上做出了有益的探索，他们把地域文化作为核心要素，不仅融入文旅产业、文创产业，还融入到高新产业、虚拟经济等新兴产业中，从而形成文化与产业共同发展的新模式。英国的库姆堡小镇是目前英国保存最好的古镇，这座小镇拥有 13 世纪的教堂、14 世纪的市场遗址以及众多历史建筑，斑驳的石板、颇有格调的

英式小屋以及迷人的自然风光，古老与自然相结合，形成了独具英国特色的乡村景观，这个小镇也因此被称为英国最美村庄。在我国，将社会历史文化资本根植性功能发挥到极致的城市是浙江乌镇，其围绕特色历史街区与内河，融入现代化园林风格，科学规划布局，打造出了一个极具传统历史与现代文化特色的江南水乡小城镇。更为重要的是，乌镇借助历史文化资本，把新兴产业纳入其发展目标，成为世界互联网大会永久会址。乌镇成功的关键在于注重营造文化氛围，建造景区时保留了原始居民，这些本地居民将千年文化的魅力真实生动地展现了出来，并不失时机地引入了现代最具活力的产业。

（三）特色产业选择，新动能机理创设

产业是城市发展过程中最重要的一个环节，提升城市品质，就要求产业发展具有特色。自然禀赋、社会历史文化积累、市场需求状况是形成特色产业的依据。独有的自然地理条件、对技术的传承与改进、政策导向等都会影响产业发展的路径，以根植性特点确定城市的特色产业，有利于打造本地特色产业品牌，形成规模化。像英国伦敦附近的温布尔登小镇，充分发挥区位与人文优势，依靠网球起家，建设成了体育健身名城；像西湖龙坞茶镇，利用其独特的气候土壤资源和传统的制茶技艺，大力发展茶文化，形成了茶业种植、制作、销售和旅游的产业链，加快了这一地区的经济发展，也形成了该地区的地方品质。

值得一提的是，新时代是数字经济时代，数字技术对实体经济的"破坏性创新"引领着产业的转型升级。对于城市品质而言，一个地方对技术的传承、改进和创新（或引进）是产业发展的前提，也是城市竞争力的重要来源。技术，不论是传统技术，还是现代技术，都是地方特色的灵魂。在新的历史背景下，根植性的挖掘与时代潮流息息相关，如云栖小镇作为我国云计算的重要聚集地，经过几年的发展已经形成规模，目前，所涉及领域主要集中在互联网游戏、互联网金融、移动互联网等方面，已经拥有各类互联网企业400多家。2013年，阿里云、中软国际、短趣等30多家企业在小镇成立了云栖小镇联盟。此后的三年，云栖小镇发展迅速，富士康、Intel、中航工业、洛可可等大企业纷纷入驻。阿里云在很大程度上促进了云栖小镇的发展，阿里云平台的建立为云栖小镇提供了坚实的产业支撑，在阿里云品牌效应的作用下，更多云计算企业进驻云栖小镇，同时，在社会资本的大力支持下，云栖小镇在短时间内发展成为我国技术和规模遥遥领先的云计算产业基地。云栖小镇之所以能够取得如此成功，得益于时代发展趋势，信息化时代的来临促进了信息化经济产业的发展，与此同时，也形成了城市特色发展的重要组成部分。

（四）避免固化衰退，始终与时俱进

提升城市品质不是一劳永逸的事，城市品质受到经济环境、导向政策、技术进步的影响，但这些要素总是在不断变化的，所以，在提升城市品质的过程中，要敢于创新、因势利导，及时调整、优化产业结构，注重其与外界的交流和产业升级，避免故步自封、老态僵化、走向衰退。要打破发展中的瓶颈，才能实现可持续发展。提升城市品质的要领不是固守一成不变的路径，而是找到长远发展的路径。

四、提升城市品质的建设

（一）建立以人为本的评价体系，助力城市品质提升

我国现有的城市评价体系虽然种类繁多，但对于城市品质评价体系的专项研究和建构却很缺乏。而目前各类城市评价体系呈现出重物质与经济层面的硬性指标评价、轻基于人本角度的软性指标评价的状态。通过对西方城市品质的动态研究可以看出，城市品质的评价体系应该从人的生活需求角度出发，以城市中主要活动人群为研究对象，从自下而上的需求角度去探索更接地气的精简化、生活化的城市品质评价体系，并结合信息化时代企业与媒体的力量，使城市评价走入大众生活，形成良性互动。

（二）以对立统一的视角，聚焦城市品质提升

城市品质的提升要从需求的角度与供给的角度进行综合考虑，同时，应具有小空间与大项目的双重城市设计视角，包括从市民生活出发的小空间微更新与从城市营销出发的大项目宏运作，还要将文化发展、制度创新、居民素质培育等软实力提升与经济发展、基础设施建设等硬实力提升相结合。城市品质提升应从人与物、小与大、软与硬等对立统一的概念出发共同谋求可持续的发展道路。

（三）技术与内涵并重，探索城市品质提升之路

城市双修、城市更新、城市品质提升的概念既有区别，又有联系。城市双修是城市更新在我国面临转型的重要时期的重要举措，其意义是转变过去城市更新中大拆大建的行为和重物质、缺内涵的工作方式。城市品质提升既包含物质的提升属性的一面，又强调人的提升属性的一面。城市品质提升重培育，城市双修与城市更新重技术参与，通过城市双修与城市更新在实践过程中的不断摸索，总结和研究城市品质的提升之路。

第三节　特色城市

一、特色是城市之魂

城市的特色是城市在其发展过程中逐渐形成的、区别于其他城市的自然与人

文特点，既包括有形的城市直观形象与景观特色，又包括无形的城市心理和文化氛围。优质的城市特色能增强城市的识别性和记忆性，提高城市知名度；能增强市民的认同感和自豪感，强化城市的凝聚力；能突出城市的魅力，促进城市旅游，吸引投资，推动城市经济发展。城市特色蕴于多种多样的内容与形式中，有历史的、传统的特色，有民族的、地方的特色，有新兴的、时代的特色，有景观的、环境的特色，也有产业的、功能的特色，等等。

城市特色表现在以下几个方面：一是差异性。任何一座城市都是在特定文化背景下产生的，城市特色的形成与城市文化的关系密不可分，其关键在于如何认识自身文化背景与其他文化背景的差异性。伟大之城之所以伟大，是因为其特色鲜明、与众不同的个性形象。巴黎的旧城、塞纳河、罗马的古迹、威尼斯的水城、佛罗伦萨的桥、阿姆斯特丹的运河，这些因地制宜的城市布局和鲜明特色，以及独特巧妙、多样统一的建筑风格，造就了它们今日的辉煌。二是传承性。特色在凝固的历史中形成，也将在历史的延续中酝酿。由于自然条件、经济技术、社会文化习俗的不同，环境中总会有一些特有的符号和排列方式，形成这个城市所特有的地域文化和建筑风格，以及其独有的城市形象。雅典、罗马、巴黎等世界历史文化名城之所以令人神往，之所以经久不衰且没有湮没在历史的风尘之中，就在于它们创造了具有鲜明个性的、代表着民族传统文化的城市特色。三是艺术性。城市是一座景观环境艺术的宝库，优质的城市特色是和城市景观环境艺术的高境界联系在一起的，它能够给人以美的陶冶和享受，提升居民的文化艺术品位。城市景观环境艺术如同城市的明眸，最能反映城市的神采。城市景观艺术的发展程度已成为一个城市社会文明程度和社会发达程度的标志之一。罗马、佛罗伦萨、威尼斯以及当今国际大都市巴黎、布鲁塞尔、阿姆斯特丹，堪称建筑博物馆、艺术的殿堂，走进这些城市，就仿佛进入了欧洲的昨天、今天和明天的临界点，古典主义、后现代主义、哥特式、巴洛克式、拜占庭式、文艺复兴式等各个时期及各种流派的建筑交相辉映。

中国的城市历史悠久、形态各异、风格不同，涌现出了独具特色的历史文化（风貌）城市、旅游城市、工矿业城市、创意城市、科技城市、新兴智慧城市以及边贸城市等。

在我国，单一的职能城市不多，大多数城市都具有多种职能，不同的城市特征造就了不同的特色城市（见表4-3）。

表4-3　特色城市的分类

类型	依据	类别
资源型城市	资源型城市的优势职能	典型期资源型城市和变异期资源型城市

续表

类型	依据	类别
工业城市	产生和发展、工业部门、特色物质	综合性工业基地、特大及大中型加工工业城市、中小型加工工业城市和工矿业城市
旅游城市	主体吸引物不同、主要功能差异	风景旅游城市、商务旅游城市和会议旅游城市
港口城市	港口吞吐量	港口和城市之间严重不平衡、基本上处于平衡、向平衡靠近
创新型城市	城市特色	技术创新型城市、知识创新型城市、制度创新型城市、服务创新型城市、文化创新型城市、环境创新型城市
智慧型城市	管理、数据和技术、物质性特色和非物质性特色	超大城市、特大城市、大城市、中等城市、小城市
世界城市	重要金融机构的数量、跨国公司总部的数量	全球中心、洲际中心和区域中心 核心城市、边缘世界城市、次级核心世界城市和次级核心城市
新城市	城市的自足性	发展据点城市、独立自足型新城市、卫星城市、郊外住宅城市、在现成的城市内建设的新城镇

资料来源：向雪琴，高莉洁，祝薇，等. 城市分类研究进展综述［J］. 科技标准，2018（4）：54－62.

二、特色源泉——根植性

根植性是指经济活动长期积累的历史属性，是资源、文化、知识、制度、地理区位等要素的本地化，本地根植性一经形成，就有难以复制的特性。

根植性在区域经济方面的表现主要体现在产业集聚（或排斥）上，它实际上解释了产业在特定地区集聚（或者不落地）的原因，产业集聚以具体的地域空间为基础，并且能够根植于社会经济环境中，也就是当地的文化基础、社会关系、制度结构等。特色小镇实质上是在较小的地域范围内形成的具有当地特色、可持续发展的产业集聚。特色产业的探索是一个复杂、漫长的过程，在不断的尝试和探寻过程中，最为关键的是发掘根植性，它是特色的源泉、根脉、本底，是产业的依托、城镇功能的出发点，是持续发展的基础性动力。不同于传统经济理论中的物质资源，根植性是一种取之不尽用之不竭的当地资源（包括人文、制度等非物质性资源），且随着时代的变化不断发展、增强。

（一）根植性分类与地方特色

根植性对地方特色形成的作用是多方面的，涉及自然资源、地理因素、历史要素、文化传统、社会制度、社会结构等。一个地区的特色不是单一、孤立的，需要经过漫长的发展演变，该地区可能会形成多样的、相互融合的特色，既有秀美的自然景观、独特的文化内涵，又有敢为人先的创业精神，而这些都是根植性的产物，总的来说，根植性分为这三个方面：自然资源禀赋、社会资本基础和市场需求偏好。

自然资源禀赋是地域特色最原始的部分，是最易被探寻的部分，具有不可移动的特性，天然地与当地的其他要素融为一体，对一个地区的发展有深远影响。社会资本基础是指社会主体间紧密联系的状态及其特征，表现形式有社会网络、规范、信任、权威、行动的共识以及社会道德等。厄普霍夫（Uphoff，1996）将社会资本分为两类，一类是结构社会资本，主要指社会组织和网络等客观存在的社会结构；另一类是文化社会资本或者认知社会资本，主要指规范、价值、态度、信仰、信任、互惠等心理过程。在打造特色小镇的过程中，我们将社会资本划分为技术社会资本和文化社会资本，技术社会资本包含地区的传统技艺、产业基础；文化社会资本主要指历史文化积淀，这一要素是经历了长久的演化变迁最终形成的，包括历史遗迹、民俗风情、人文精神等。文化社会资本是一个地区区别于其他地方的最大特征，它具有巨大的发展潜力和极强的生命力，通过对它的弘扬和创新，地方可以获得源源不断的发展动力。社会资本是地区发展的内生性因素，地区特色的开拓必须考虑到当地的社会背景，悠久的文化传承、相互信任的氛围、企业家精神以及稳固的产业基础是区域经济中不可忽视的因素。市场需求是建设特色产业的重要一环，经济活动成功的前提是市场需求。这一因素往往被认为是外生性因素，没有被纳入到根植性的范围当中，但其实，市场需求也是因地区而异的，如贫困地区很难出现对奢侈品的大量需求，四季如春的地区往往不售卖羽绒服。每个地区都有不同的需求偏好，因此，将市场需求纳入到根植性中很有必要。市场需求可以是对某种产品的需求，也可以是对服务行业的需求，探讨这一因素的意义在于筛选出更符合时代意义和大众需求的可持续发展产业，形成更为稳固的地方特色。

当然，这三个因素的划分并不是绝对的，各因素之间可以相互融合，某地区的特色也可能兼具两种要素或者更多。除了上述根植性的三个方面，宏观方面的政策也是影响地区特色的重要因素，影响特色的因素如图4-1所示。一项政策的发布可能带动地区发展，但也可能破坏地区原有的产业结构和自然基础，这项政策引导属于外生性因素，对地区特色产业的发展具有外在的调节作用。作为地方政府，要充分关注政策导向，但是，更重要的是挖掘根植性，特色和根植性的关系就像是树冠和树根，根植性是特色的来源，两者密不可分，只有依靠根植性、利用根植性，特色才能够发展壮大。

（二）根植性与特色小镇建设

特色小镇强调的是特色。住房城乡建设部、国家发展改革委、财政部发布的

《关于开展特色小镇培育工作的通知》提出，培育特色小镇要坚持突出特色，防止千镇一面和一哄而上。特色来源于根植性，因此，探索根植性对建设特色小镇有重要的意义：

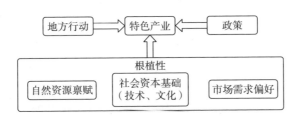

图 4 - 1　特色形成的影响因素

（1）有助于差别化定位发展，避免趋同、雷同、相似发展。目前，部分小城镇盲目模仿大城市兴建 CBD，发展金融行业，忽略了自身的优势条件，拆建行为不仅破坏了原本的城市结构，而且地方经济基础无法支撑这类产业，导致产业趋同、资源浪费。

（2）有利于厘清产业与当地资源、经济的发展脉络与体系。可以避免在那些水土不服、不接地气的产业上耗费资源和财富，导致生产要素错配；使那些合适产业在当地生根发芽、互联互通，形成产业网络、价值链体系。

（3）有利于提供基础的、深厚的可持续发展支撑力量。避免短期行为，使追风、尝鲜、作秀的做法失去土壤。根植在当地的自然禀赋和历史文化等"基因"是难以改变和移除的，利用好这些禀赋能使地区得到持续发展。

（4）有利于国家产业政策的针对性实行，发挥政策效力。政策虽然是外部因素，但可以直接影响地区经济的发展方向。如果政策制定者没有充分考虑根植性，一味追求"新"，就会导致政策与本地市场脱离、技术与产业不匹配，不利于当地的发展。

三、根植性视角下的特色小镇发展模式

根据对根植性三个方面的认识和理解，特色小镇的特色形成可以概括为以下三种模式：

（一）自然禀赋模式

利用自然禀赋建设特色产业是较为普遍的发展模式，这一模式可以划分为自然景观模式和自然资源模式两类。自然景观包括气候天象、地貌景观、水域风光、生物景观等，即该地区的原生态景观，如柴河·月亮小镇，处于呼伦贝尔、阿尔山、黑龙江三大旅游区的结合点上，是内蒙古阿尔山—柴河景区的重要组成

部分。该地区具有典型的大兴安岭景观特征，保存了天然森林生态、火山地貌和高山天池群落等独具神韵的原生态景观。自然景观模式开发的产业以旅游业为主，一般是将当地的自然禀赋加以整合规划，形成较为完整的景观体系，并配套发展地区的交通、观光、住宿等功能，促进旅游产业的均衡发展。

自然资源包括生物资源、农业资源、森林资源、国土资源、矿产资源、海洋资源等。自然资源模式一般是旅游业与其他产业结合发展的模式，如浙江的定海远洋渔业小镇，该镇位于浙江省舟山市，依靠地理优势，形成了远洋捕捞、海上运输、水产深加工、冷链物流、水产交易的产业体系，并建立了科研中心，研究海洋生物药物、网具、定位系统等。除此之外，当地政府加强了基础设施建设，进一步开发了健康食品工业园和滨海旅游景区，建设成了以渔文化为核心的远洋渔业特色小镇。自然资源的开发和利用是发展地区经济的一种重要方式，地方政府可以从自然资源入手，结合市场需求和新兴技术，形成较为完整的产业链，避免完全依靠大量消耗自然资源获得短期发展，陷入"资源诅咒"，成为单纯的资源开采地，等到资源消耗殆尽，地方特色也就一去不复返了。

在自然禀赋模式中，经济发展对自然环境的依赖越强，根植性就越强，衡量这一根植性可以用自然资源丰裕度指标，即一个地区自然资源的丰富程度，通常包括绝对资源量、地均资源占有量和人均资源占有量，这三个指标能够直观地显示出区域内的资源密度，从而反映出该地区自然禀赋根植性的强弱。某种资源的丰裕度越高，说明当地发展这一产业越有优势，特色也就越容易被发掘，但同时也说明地区的发展在很大程度上取决于自然环境。地方既可以通过开发自然资源得到发展，又可能因为自然环境遭到破坏而丧失发展的活力，因此，在自然禀赋模式中，首先要考虑的是保护环境，做到绿色发展，主导产业的发展既要利用资源优势，又要保护当地的生态圈，利用技术提高资源利用率，提高产品附加值。

（二）社会资本模式

如果说自然禀赋模式是地区发展的基础模式，那么社会资本模式则是对地区资源的深入探索。克鲁格曼（Krugman）将区域发展中的自然特征称为第一自然，与之对应的第二自然注重人的行为，涉及缩减成本、最优化消费、规模报酬递增等方面，社会资本所涵盖的人文环境、技术基础等就属于第二自然。社会资本模式中的根植性是由人的活动产生的，无论是技术，还是文化，都是人类智慧和劳动的凝结。相较于自然禀赋，社会资本更具活力，其根植性也更强，但是这类根植性往往难以落到实处，并且单纯地想要依托文化概念来建设特色小镇的难度也较大。所以，这类模式通常依托旅游业、制造业或者新兴产业，以地区文化为核心，建立起文化与产业有机融合的发展模式。

文化社会资本的核心在于文化，无论是历史遗迹、民俗风情，还是人文精神，都是历史和文化积淀而成的地方资产，有鲜明的地域特色。英国的库姆堡小镇是目前英国保存最完好的古镇，这座小镇拥有 13 世纪的教堂、14 世纪的市场遗址以及众多历史建筑，斑驳的石板、颇有格调的英式小屋以及迷人的自然风光，古老与自然相结合，形成了独具英国特色的乡村景观，这个小镇也因此被称为英国最美村庄。将文化社会资本这一根植性发挥到极致的是浙江的乌镇，乌镇在建筑上保留了历史街区和内河，是典型的江南水乡，在开发初期，政府投入上亿元资本修复古镇建筑，最大限度地保留了当地的历史文化遗迹，同时，对小镇的布局做了改善，景区入口将现代雕塑喷泉和园林相结合，旅游路线短而精，2 干米长的线路上分布了老街、水阁、传统作坊区、传统居民区、传统文化区、传统商铺区等多元化景点，这一系列景点完整地展示了乌镇的水乡生活和千年文化底蕴。除此之外，乌镇每年举办节事活动，并建设旅游信息网站，与媒体合作宣传当地的文化特色、旅游景点。乌镇成功的关键在于注重营造文化氛围，在建造景区时保留了原始居民，正是本土居民将千年文化真实生动地展现了出来，赋予了古镇活力。

技术社会资本包括传统技艺和新兴科技，技术是地方特色产业的灵魂，对技术的传承和改进是产业发展的前提。西湖龙坞茶镇是西湖龙井茶最大的原产地保护区，它的发展就是依靠当地世世代代传承下来的茶叶种植和炒制技术，独特的气候、土壤资源加上传统的制茶技艺，形成了龙坞镇的根植性，当地政府利用这一优势，大力发展茶文化，形成了茶叶种植、制作、销售和旅游的产业链。云栖小镇位于杭州市西湖区，是云计算产业的聚集地，主要涉及 APP 开发、游戏、互联网金融、移动互联网、数据挖掘等领域，现已有 400 多家云产业公司入驻。2013 年，阿里云、中软国际、短趣等 30 多家企业在小镇成立了云栖小镇联盟，此后的三年，云栖小镇发展迅速，富士康、Intel、中航工业、洛可可等大企业纷纷入驻，当地举办的云栖大会已经成为全球最大规模的云计算峰会之一。云栖小镇成功的一大因素是时代趋势，随着人类进入信息经济时代，信息技术和信息经济产业成为亟待发展的潜力产业；另一重要因素就是阿里云平台，也就是本书所说的技术社会资本，正是因为阿里云这样的企业为云栖小镇提供产业支撑，为其树立品牌、引进资源，云栖小镇才能迅速成为国内云计算产业聚集地。著名的格林威治基金小镇也是依托纽约这个经济中心建立起来的，反观现在各地争相建立的基金小镇，很多都没有考虑到根植性这个要素，基金小镇需要的是产业基础、大量的金融人才，以及距离足够近的金融中心，格林尼治离纽约只有 30 分钟的路程，这样的位置优势才能吸引足够多的人才和资本，形成社会资本根植性。而国内的许多基金小镇既无人才，又无市场，跟风模仿不会有持续的发展。

（三）市场需求模式

市场需求是根植性中最难把握也是最易被忽视的部分，但是市场需求往往是特色产业成功的关键。在这一模式下，往往是市场需求的出现或者增加引发了相关产业的形成或者转型升级，从而形成了针对某种特定需求的产业，也就是说需求引领产业的方向，产业根据需求的变化进行调整、优化，从而取得长远发展。市场需求分为对制造业的需求和对服务业的需求两类，对制造业的需求往往源自某个特定时期或者地区，对于这一类型，最关键的是抓住机遇，形成产业优势以及定向合作关系，成为产业中不可取代的一环。萨索罗是意大利的瓷砖生产集中地，在那里聚集了几百家瓷砖生产公司以及瓷砖生产辅助产业公司，是世界上最密集的瓷砖生产区。"二战"之后，由于战后重建需要大量建材，意大利的瓷砖需求大增，而且意大利有使用瓷砖而不用地毯、地板的传统，配合适宜生产瓷砖的地中海气候以及生产技术，萨索罗的瓷砖产业得以繁荣。萨索罗的发展就是得益于抓住了市场需求这个机遇。

相较于制造业，现阶段的城市发展对服务业的需求更多，行业发展前景也更大。近年来，快速城镇化引起的大城市病使人们对休闲旅游、养生度假的需求日益增加，针对这一需求，许多地区可以打造服务型特色小镇。利用接近北京、上海等大城市的区位优势，一些小镇主打农家乐、健康养生等功能，将服务型产业融入小镇建设。例如，浙江的桐庐健康小镇，利用区域内优良的生态环境和健康产业基础，以富春山水原生态和"桐君"国药文化为依托，做好健康服务业，以健康养生、健康旅游、中医药保健、健康制造（食品）、健康管理为核心，带动当地健康产业发展。

四、中国特色小镇类型

作为案例，我们先对已经获得国家批准的小镇进行分类。2016年10月，住房和城乡建设部公布了第一批特色小镇名单，共127个。其中，依靠自然资源禀赋建设的特色小镇有25个，依靠市场需求的有74个，依靠社会资本的有96个。需要注意的是，由于根植性的网络性、联通性、交互性特征，一个小镇可以同时具有多种根植性，即根植性的多面性，这与特色并不矛盾，只是小镇发展过程中不同角色的反映。

其中，根据文化社会资本和技术社会资本发展的小镇数量较多。可见，社会资本在现阶段的根植性探索中应用较广，特色小镇普遍利用当地的历史遗迹、传统文化以及传统技艺进行小镇建设，这是因为我国历史悠久，很多地区的建筑风格和民风民俗都是世世代代传承下来的，地方政府利用这一基础，适当地进行规划整修，树立当地的文化品牌，发展旅游业；另外还有技艺的传承，如杏花村镇的汾酒、白地镇的宣砚、文港镇的毛笔，这类特色小镇原本就是相关产业集聚地，地方在规划时往往可以利用原有的产业基础以及品牌进一步打造特色小镇。

根据我国的区域划分（东部、中部、西部、东北部），本书对各个特色小镇最主要的形成模式按区域分别进行归纳整理（见表4-4、图4-2），并得出下述结论：

表4-4 按区域划分的特色小镇根植性利用特征

数量/比例	东部（10省/市）	中部（6省/市）	西部（12省/市）	东北部（3省）	合计
特色小镇（个）	47	26	44	10	127
平均每省数量（个）	4.7	4.33	3.67	3.33	
社会资本—技术（个）	22	10	12	3	47
技术占比（%）	46.80	38.50	27.30	30.00	
社会资本—文化（个）	18	16	27	4	65
文化占比（%）	38.30	61.54	61.36	40.00	
自然资源禀赋（个）	5	3	11	6	25
自然资源禀赋占比（%）	10.60	11.50	25.00	60.00	
市场需求偏好（个）	20	18	31	5	74
市场需求偏好占比（%）	42.60	69.20	70.50	50.00	
纯技术（个）	16	3	5	1	25
纯技术占比（%）	72.70	30.00	41.70	33.30	

注：1. 东部包括北京、天津、河北、上海、江苏、浙江、福建、山东、广东和海南。中部包括山西、安徽、江西、河南、湖北和湖南。西部包括内蒙古、广西、重庆、四川、贵州、云南、西藏、陕西、甘肃、青海、宁夏和新疆。东北部包括辽宁、吉林和黑龙江。

2. 技术占比=该区域技术社会资本小镇个数/该区域特色小镇个数，其他占比类推。

3. 纯技术是指只有技术社会资本的特色小镇，不包含其他类型的根植性。

资料来源：根据住房和城乡建设部公布的第一批特色小镇名单资料收集整理得到。

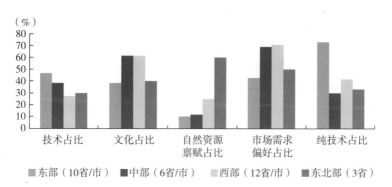

图4-2 各区域特色小镇不同类别的根植性占比情况

资料来源：根据收集资料整理得到。

在技术社会资本的小镇占比方面，东部、西部、中部和东北部有着明显的梯级降低关系，这表明东部地区的小镇倾向于借助本地生产技术的优势来进行发展。东部地区的纯技术占比远高于其他三个区域。

在文化社会资本的小镇占比方面，中部和西部的占比明显大于东部和东北部，一方面是因为西部和中部曾经是华夏文明的核心，这里的文化种类更加多样，形成时间更加久远，在中国文化中也具有更加深远的影响；另一方面是因为西部和中部并不像东部有着如此发达的商业和工业基础，技术社会资本还不能成为各个小镇发展的主要推动力量。西部和中部地区地域广大，这里孕育出了具有鲜明特点的各类传统文化，如中州文化、三秦文化、三晋文化、巴蜀文化、江西文化、八桂文化、滇云文化、青藏文化以及革命文化和红色文化，为中西部文化发展的兴盛提供了条件和基础。

在自然资源禀赋的小镇占比方面，东北地区具有明显的优势，西部所占比例明显大于东部和中部地区。东北地区处于三江平原，土地肥沃，有着丰富的渔业资源、湿地资源和温泉资源，这为当地小镇依托自然资源禀赋推动特色发展提供了依据。

中部和西部的市场需求偏好占比大于东部和东北部，这主要和这些地区利用当地丰富的文化社会资本，顺应目前国人对旅游的不断扩张的市场需求来发展旅游业直接相关。

总的来说，东部地区的特色小镇凭借当地的商业优势和工业基础，更加倾向于以技术社会资本为形成和发展的依据；西部地区和中部地区的特色小镇更加倾向于以文化社会资本和社会需求偏好为形成和发展的依据；而东北地区的特色小镇往往以自然资源为其经济增长的优势。可以说各个地区的特色小镇就是当地经济发展特色的缩影，在体现各个地区发展区别的同时，依托自然禀赋和优势条件因地制宜地寻求增长。

浙江是我国目前特色小镇建设得比较好的地区，在国家第一批特色小镇中，浙江占了8个，是各省市中占比最多的。其中，"中国制笔之乡"杭州市桐庐县分水镇、"中国电器之都"温州市乐清市柳市镇、"中国羊毛羊绒服装第一镇"嘉兴市桐乡市濮院镇、"袜业之乡"绍兴市诸暨市大唐镇是基于纯技术社会资本基础模式建立起来的特色小镇，轻工业是当地的支柱性产业。丽水市莲都区大港头镇以其古水运埠头和古镇风貌形成了今天的"古堰画乡"。金华市东阳市横店镇的影视产业是典型的市场需求发展模式。"青瓷之都"丽水市龙泉市上垟镇有着举世闻名的"哥窑"和龙泉青瓷，发扬青瓷文化，发展青瓷制作技术，体现了根植性的网络性和可继承性。湖州市德清县莫干山镇得名于干将莫邪在此铸剑的神话传说，凭借优美的自然景观和丰硕的自然资源，茶业、竹制品业和旅游业成为拉动其发展的"三驾马车"。

第四节　幸福城市

新时代已经开启，新的城市化浪潮必将不可阻挡且滚滚向前。无论一个城市是想努力成为经济中心、金融中心或制造业中心，还是想打造商贸中心、特色城市，最终目的都是建设最具价值和最幸福的城市。那么，什么样的城市最具价值呢？也许，下面的讨论会给我们一些启示。

一、城市为谁而建

我们的城市究竟是为谁而建，为什么目的而建？什么样的城市才算是幸福城市？近些年，一些城市越建越大，建筑越建越高，房子越建越多，而绿地游园越来越少，交通拥堵越来越严重，城市历史标识越来越少，各种公用设施越来越贵，更为关键的是人们的幸福感并没有与所在的城市一同增长，反而越来越低。是谁在为城市的发展做着贡献？是谁在分享着城市发展的红利？是谁在承受着城市发展的成本？是谁在为城市做着牺牲？

《地方和区域发展》一书指出，地方和区域发展的客体指的是那些发展行为所指向的实体性事物，而其主体则是发展行为所依附的主题和论题，理解和解释其主体、客体和社会福利的结果是地方和区域发展的核心（见表4-5）。

表4-5　地方和区域发展的主体和客体

层次/范围	客体	主体
人	个人	/
	住户	家政服务
	家庭	儿童照管服务
空间、地点和地域	邻里	邻里更新
	社区	社区重建
	村	农村多样化
	地方	战略伙伴关系
	镇	市镇复兴
	城市	增长战略
	城市区域	地方政府合作
	次级地区	空间战略
	地区	地区经济战略

层次/范围	客体	主体
	次国家级区域	经济发展战略
	国家	区域发展
空间、地点和地域	宏观区域	经济和社会凝聚力
	国际	援助分布
	全球	贸易自由化

资料来源：安迪·派克，安德烈·罗德里格斯－珀斯，约翰·托梅尼. 地方和区域发展［M］. 上海：格致出版社，上海人民出版社，2011.

自改革开放以来，"发展是硬道理"的理念极大地促进了城市经济的增长，让财政收入有了大幅度增长。但我们的城市发展是否就是为了经济增长？这些年，许多城市一味追求 GDP，追求形象工程，地表上的东西很漂亮，地下的东西却常出问题。在城市规划中，缺乏合理的产业布局和城市体系规划，各类城市争相上马高端产业项目，以至于产业趋同、雷同现象严重；导致人才、资本、技术等高端要素配置的总体效率降低。

城市有两个基本功能：一个是经济功能，另一个是生活功能。如果过分看重经济功能，那所有的行为都是围绕 GDP 进行的，怎么赚钱怎么做。在一味单纯追求发展的前提下，城市的生活功能就会被忽视，公共绿地越来越少，房子越建越多。我国有很多城市就是这么做的，为了招商引资，不惜一切代价。不断有媒体发出消息，某某地方的企业直接将污水排入河中，造成附近居民、土壤、空气被污染。当地政府明知这样不对也不管，原因就在于这样的企业往往是当地的纳税大户，当地的 GDP 增长就靠这样的企业。从我国近几年发生的环境污染事件可以看到，日趋加剧的污染已对当地居民的生存安全构成了重大威胁，成为健康、经济和社会可持续发展的重大障碍。

经济的发展是为了改善生活，但如果经济发展造成的结果是居民的生活质量下降，这样的发展宁可不要，或许也不能称为发展。城市发展上的问题说明城市建设的主导思想出了偏差，甚至背离了城市发展的根本目标。由于忽视了城市为谁而建的问题，城市正在演变成某些利益群体，如土地投机者、房地产投资者、GDP 追逐者以及形象工程追求者的乐土；而不是城市广大居民的乐园，就业难、住房难、上学难、看病难、乘车难等问题变得普遍、常态和顽疾。因此，这里需要强调的是，城市的基本目标应为辖区内的居民提供安全、可靠、持久的生活和生产保障，由此才能实现更深远的影响和功能，即为较为广泛的区域提供强大的物质和精神财富。

二、城市应该是什么样子

城市这个人间自造天堂到底应该如何形容？不同的人会有不同的理解和描述。归纳已有的认识，聚焦为两类：一类是高楼大厦林立、车水马龙、人来人往、花花世界喧闹；另一类是宜业宜居、设施齐全、环境宜人、安全安静。似乎当前更多的人是向往后者的，但许多城市的发展实践却偏向前者。对于应该把城市建成什么样子，仁者见仁，智者见智，存在各种说法和做法，这一问题依然没有真正解决。一些学者早就提出了田园城市、园林城市、生态城市、宜居城市等，但是，进入实际操作仍然不是件容易的事。

我们的城市似乎是以大为美的，在追求经济实力增长的同时，推动土地扩展和人口增长。千万人拥挤在一小块有限的地区，爆炸式增长的汽车把路面挤满，房价狂涨的同时，基础设施却没有跟上，空气污染伴随着绿地减少，这是中国城市正在呈现的状态，这是我们期望的城市吗？显然不是。这是世界城市发展的趋势吗？事实上也不是。

在美国，我们也可以看到另外一个有趣的现象，50个州的首府城市并不完全是本州内最大的城市（按人口计），竟然有15个州的首府城市在本州的排名未进前五。纵观美国的大城市，似乎人口规模都无法与中国的大城市相提并论（见表4－6和表4－7）。

表4－6　中美首府、省会城市的人口规模排名

州首府/省会城市的本地区排名	美国	中国
排名第一的个数	17	23
排名第二的个数	9	3
排名第三的个数	4	0
排名第四的个数	3	0
排名第五的个数	2	0
第五名之后的个数	15	0
最大的首府（人口：万人）	凤凰城（亚利桑那州）	武汉市：827.23
最小的首府（人口：万人）	朱诺（阿拉斯加州）	银川市：97.22

资料来源：中国数据未包括4个直辖市、西藏自治区拉萨市以及香港、澳门特别行政区和台湾省台北市；美国数据来源于 http://state.1keydata.com；中国数据来源于2011年《中国城市统计年鉴》。

在生活质量方面，更大的城市并不一定更好。美国的盖洛普公司（Gallup）在2011年3月发布了关于美国城市整体福利水平的民意调查结果，结果显示纽约、洛杉矶和芝加哥都未能进入前50名，该排名的前十位中有九个都是中型城市，唯一进入前十的大城市是华盛顿。

表 4 – 7　中国、美国前 10 位城市的人口规模

排名	中国城市	2010 年人口（万人）	2018 年人口（万人）	美国城市	2010 年人口（万人）	2018 年人口（万人）
1	重庆	1542. 77	2451	纽约（New York）	817. 51	853. 77
2	上海	1343. 37	1455	洛杉矶（Los Angeles）	379. 26	397. 63
3	北京	1187. 11	1359	芝加哥（Chicago）	269. 56	270. 49
4	武汉	520. 65	854	休斯敦 （Houston）	214. 51	230. 35
5	天津	807. 02	1050	费城（Philadelphia）	152. 60	156. 79
6	广州	664. 29	898	凤凰城（Phoenix）	144. 56	161. 50
7	西安	562. 65	771	旧金山 （Francisco）	135. 98	88. 33
8	南京	548. 37	681	圣迭戈（San Diego）	130. 74	140. 66
9	成都	535. 15	812	达拉斯（Dallas）	122. 32	131. 79
10	郑州	367	510. 00	圣何塞（San Jose）	94. 59	102. 54

资料来源：中国数据来源于 2011 年《中国城市统计年鉴》；美国数据来源于 http：//state. 1keydata. com。

那么，什么样的城市才是人们向往的城市？纵观世界城市发展的轨迹，发达国家的城市发展趋势和导向值得我们思考和借鉴。北欧是世界上最具魅力和竞争力的经济体，加拿大的多个城市也多次被联合国评为"世界最宜居城市"。这些宜居的国家、城市是什么样的呢？广大的绿地，到处是森林和湖泊，标准民宅是一至两层的独立屋。只有在斯德哥尔摩、哥本哈根、赫尔辛基、奥斯陆、多伦多、温哥华这几个有限的大城市中心，才有拥挤在一起的摩天大楼，这也成为地平线上的风景。而且，这些城市的人口并不比我国的一些省会城市多，加拿大第一大城市多伦多的人口才 240 多万，最具魅力的城市赫尔辛基也只有 116 万人（2011 年底），加上周边的都市区共 136 万人。

对于国外的城市，尤其是欧美国家的城市，我们一些同胞常常会称为"大屯子"。因为欧美的许多城市并没有密集的高楼大厦和灯红酒绿，这些同胞到了最宜居的地方（北欧、加拿大或者美国），忽然发现生活原来是另一种样子。

那么，城市应该是什么样？生活又应该是什么样呢？从一届届大学毕业生工作的去向可以看出"端倪"，他们追求北上广，或者省会或副省级城市，中小城市或县城乡村显然不具竞争力。在北京就出现了"北漂一族"。其实，向往大城市的生活、期望拥有城市户口、购买市中心的住房是中国人世代的梦想，无可厚非。但国外一些发达国家的情况却与之不同，加拿大联邦政府的移民安置顾问曾提醒过中国留学生：不要到市中心租房子，加拿大城市的市中心是居住环境最不

好的地方，治安最差①。

说到这里，欧美发达国家的城市就一定是我们效仿的对象吗？当然不是。有研究指出，城市病其实是先发端于发达国家城市的。在一些大城市中，霓虹灯映照下的狭小街道，匆忙赶路的各种肤色的男女，昂贵狭小的住房，市中心摩天大楼下拥挤的停车场，这些现象和问题在世界各地都是一样的，就像北京、上海拥有越来越多的外来人口一样。当然，大城市有大城市的问题，小城市有小城市的问题，只是问题的类型、严重程度、顺序不同而已。全球的跨国企业总部多在大城市，价值创造也在大城市，但大城市的压力大和竞争激烈。几十万人口的小城市情况要好一些，管理也简单得多，但这种小城市似乎并不低碳环保，住宅零落分散，拉大了基础设施的框架，增加了投入，削弱了集聚效益，远比公寓楼浪费资源。在欧美国家的许多城市都有这种现象，出行并不是很方便，城市（群）之间不通地铁，公交也不发达，每家都要有一至两辆汽车。也许这就是汽车社会的布局和生活模式。实际上，多年来许多专家一直在讨论：是不是应该发展密集型住宅小区，超市、邮局、医院和学校都可以步行或搭公交车前往。

城市到底应是什么样子的？人类应该建立什么样的生活模式？每个国家、地方都在探讨。是集中好还是分散好？是大城市好还是小城市好？是发展制造业好还是发展服务业好？这些都需要时间来检验。对于当前而言，关键在于如何在漫长的历史时间给出准确答案之前，找到代价最小的方案。不管怎样，对于未来城市的发展方向，人们基本上有了共同的认识，应当以人为本、方便舒适、宜居宜业、讲究品位、注重质量。

总之，一句话，用生活质量来主导未来城市的发展。这方面，美国的盖勒普城市幸福指数调查给了我们很多启示。该指数调查（2010 年）显示，居民幸福感最强的城市并不一定在喧闹、繁忙、火热（沸腾）的大都市，也不一定是收入最高的那些地方，而是那些轻松、健康、愉悦、梦想（期待）的地方，这正是我们城市经济发展需要借鉴的东西（见表 4 - 8）。

表 4 - 8　2010 年美国最幸福的城市与最萧条的城市（188 个都市统计区调查）

最幸福的城市（Happiest Cities）			最萧条的城市（Depressing Cities）		
城市 （City）	居民满意度 （Satisfied Residents）	居民乐观度 （Optimistic Residents）	城市 （City）	居民满意度 （Satisfied Residents）	居民乐观度 （Optimistic Residents）
林肯，内布拉斯加州 （Lincoln，Neb.）	96.70%	70.20%	托莱多，俄亥俄州 （Toledo，Ohio）	75.90%	35.20%

① 李牧. 中国城市与加拿大的差距［EB/OL］. http：//www. sina. com. cn，2010 - 10 - 08.

续表

最幸福的城市 (Happiest Cities)			最萧条的城市 (Depressing Cities)		
城市 （City）	居民满意度 （Satisfied Residents）	居民乐观度 （Optimistic Residents）	城市 （City）	居民满意度 （Satisfied Residents）	居民乐观度 （Optimistic Residents）
福特柯林斯，科罗拉多州 （Fort Collins, Colo.）	96.10%	69.50%	宾厄姆顿，纽约 （Binghamton, N.Y.）	76.10%	31.00%
普罗沃，犹他州 （Provo, Utah）	92.90%	76.90%	扬斯敦，俄亥俄州 （Youngstown, Ohio）	76.30%	38.90%
奥斯汀，得克萨斯州 （Austin, Texas）	92.50%	72.80%	布法罗，纽约 （Buffalo, N.Y.）	76.50%	42.40%
小石城，阿肯色州 （Little Rock, Ark）	91.80%	68.60%	弗林特，密歇根州 （Flint, Mich.）	77.30%	37.70%

资料来源：城市居民满意度指数包含了居民对就业、收入、环境、服务、设施等的感受程度，调查的问题涉及政治、经济、福利、健康等内容；居民乐观度指数则反映了居民对未来发展的期望判断。此项调查，每天随机抽样 1000 人，采用当面调查、电话调查、数据核实等手段，持续 350 天，以 3 天、1 周、1 月、1 季度、1 年为 1 个调查周期，以分州、选区、都市统计区为单位，汇总结果。

三、如何引领城市发展

那么，如何引导城市向着理想的目标发展呢？如何推进城市的价值不断增长呢？如何实实在在地以人为本建设幸福城市呢？一个现实可行的办法就是建立一套新的城市发展质量衡量指标体系。这一方面，国内的一些机构和研究人员①已经关注并做了相关评价工作，但我们仍可以学习和借鉴国外的方式，不断完善我们的体系。

美国的盖勒普幸福指数评价系统是一项关于城市、都市区、选区和州发展质量评价的综合评判方法。这项调查每年持续跟踪 350 天，每天对至少 1000 名市民进行调查，请市民给自己的工作、财务状况、身体健康、感情状态和城市评分，然后总结出幸福指数报告。

无论是从技术层面还是实践指导层面，该指标体系都具有很鲜明的特色。一是指标人性化，贴近以人为本。这个指数体系包含生活水平质量、身体健康水平、情绪心理健康、行为习惯健康、工作环境状况和基本情况六大内容，可以看出这些评判更多地体现了人的感受和人的期盼。联合国也有一整套城市考核的指

---

① 中国社科院城市与竞争力研究中心与社会科学文献出版社联合发布了 2010 年度《中国城市竞争力报告》，这份报告首次对中国的 294 个城市进行了幸福感指数排名。

标体系，同样很看重城市居民的生活质量，其中，空气、饮水质量等生活质量指标所占的比重很大。我国现在的城市考核指标体系还在强调城市 GDP，缺少对城市中人的感受的衡量。二是方法更为科学，几乎全年不间断地收集信息、处理信息，这种大规模的持续性调查目前在国内还比较少见。三是更加真实可信，该方法运用各种现代科技手段，读者甚至可以按天在盖勒普网站上观察样本动态变化过程，增加了民众的信任感和参与感。

40 多年的改革开放实践和世界城市发展的历史告诉我们，现代城市的发展一定要有长远眼光和现代的、先进的理念，以人为本，要更多地关注居民生活，特别是舒适度、幸福度。以人的发展为城市的发展，以人的感受为城市的导向地，这是城市建设的根本要求，迫切需要围绕这个原则，建立系统的指标体系和科学可行的调查方法。如果能以居民的生活满意度为城市发展的理念，城市病就能大大减少。这样的城市发展理念和指标体系建立后，会使城市加快转变发展方式、淘汰低效产能、调整产业结构，城市的规模等级结构也会发生良性变化。一些产业、设施集中在大城市的状况就可以得到调整和改善。

第五节 文化城市：安阳殷墟文化遗产的深度开发

现代经济活动已经摆脱了工业经济时代典型的依靠消耗自然资源和大量劳动力资源换取经济成果的模式，逐渐演化成了一种在不同文化背景下对特有的自然资源和人文资源的有效利用。几乎所有的经济活动和物质产品都被打上了文化的烙印。实践已经证明，文化不仅具有精神层面的价值，还可以转化为巨大的经济价值。

一、文化遗产的深度开发

关于文化遗产的开发，尽管仍有不同的意见，但是基于文化保护的可持续开发得到了越来越多人的赞同，而且也会因开发产生的宣传力量和经济力量形成更有力的保护。国内外许多文化遗产地探讨了一些开发模式，如日本的史迹公园、美国的遗产廊道、德国和意大利的遗址公园、法国的节庆日形式等以及国内的遗址公园、森林公园、遗址展示区、遗址博物馆（公共的、民间的、数字的）、旅游景区、遗址历史文化农业园区、文化产业园、城市历史街区、村落开发等，这些开发形式具有重要的借鉴意义。

（一）文化遗产的价值："中华文明之源"之世界顶级品牌

对于文化遗产的开发，首先要对文化遗产有个深度认识，了解文化要素背后深藏的整合资源、产业的巨大能量；然后，基于文化资源和各种环境条件提供的可能性，对产业进行构建和塑造，从而形成具有牢固根植性、良好成长性、强大竞争性、发展持续性的网络型产业关联体系。

以安阳殷墟为例，要深入认识和评价其文化遗产，一是增强对远古殷墟的殷商文化的认识，二是增强对上下数千年来形成的区域性集成的"大殷墟"文化的认识。

安阳殷墟自被发现的那一天起就受到了全世界的瞩目，是全人类的宝贵财富。殷商文化不仅没有湮没在漫漫的历史长河中，而且随着时代的进步，深深地融入到了中华文明的血脉之中。2006 年被联合国认定为历史文化遗产，这不仅显示了上古智慧的顽强生命力，还是一种后世对前辈的理解、敬仰与反思的最高形式。殷墟文化的独特魅力集中体现在几个"源"上（见图 4 - 3）：

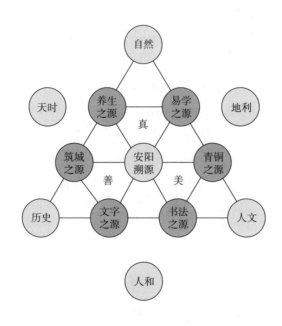

图 4 - 3　殷墟文化遗产构成

（1）文字之源：这里是甲骨文的故乡，世界上最早的象形文字的始发地，中华文字是唯一传承至今且仍然大规模使用的象形文字，而埃及象形文字和两河流域的楔形文字已消失。由甲骨文演变发展而来的汉字，在传播华夏文化、促进国家一统及巩固国家一体化方面，发挥了重要作用，并对世界文明的发展、传播产生了积极和深远的影响。伴随着文字的使用，书法应运而生，成为世界文字史上的奇葩。

（2）青铜之源：世界上最大的青铜器——司母戊大方鼎就在这里出土，足以说明当时的冶金技术世界领先。殷墟出土的大量青铜器包括礼器、乐器、兵器、工具、生活用具、装饰品、艺术品等，形成了以青铜礼器和兵器为主的青铜文明，达到了中国青铜器发展史上的巅峰，其杰出的艺术价值和科技成就成为中华文明的代表，成为世界青铜文明的中心之一。

（3）筑城之源：殷墟有中国最早期都城遗址和一个古城址洹北商城①。都城的宫殿建筑滨临洹河，规模庞大、气势恢宏。殷墟都城从形制形状、规划布局、材料运用、艺术装饰、风格秩序等方面，都显示出了浓郁的中国宫殿建筑特色。洹北商城是中国远古时期城池建筑的遗迹，它们显示了中国商代先民的聪明才智和杰出的建筑艺术天赋，反映了中国古代高超的建筑技术水平。殷墟的宫殿规划、建筑材料和建筑风格对后来的中国建筑学产生了重要影响。

（4）易学之源：殷商末期，在距离殷墟不远处的羑里城，被囚禁的周文王在此著书立说，著名的《周易》在此完成。《周易》中的世界观、认识观、思辨观、中医养生观、信仰观、宗教观等，对后世的影响不可估量，可谓"中国哲学之源""医疗养生之源"。

3000年前的殷商文化，集天、地、人之灵气，浑然天成，基本成熟的文字体系、高度发达的青铜器、设施完备的都城遗址、规模庞大的王陵遗址区所展示的殷商文化，是中国古代灿烂文明的代表与象征，是中国古代历史上最具特色、最具原真性的文化遗产，这种遗产的稀缺性、不可再生性和历史久远性，具有重要的精神价值。

另外，安阳是中国七大古都之一、国家级历史文化名城、中国优秀旅游城市，这里文化遗产丰富，有国家级文物保护单位10处，省级文物保护单位32处。让人神往的大禹治水、文王演易、妇好请缨、苏秦拜相、西门豹治邺、岳母刺字等历史故事都发生在这里。还有宗教文化遗迹：天宁寺塔（文峰塔）、二帝陵、灵泉寺石窟（万佛沟）、袁林、明福寺塔、修定寺塔等散落境内。安阳不仅人文历史厚重，自然景观也奇趣无限，小南海风景区、珍珠泉风景区和旖旎的太行大峡谷、林虑山的自然风光，秀丽多姿。商殷后裔更是以不屈不挠的精神开凿出了被誉为"世界第八大奇迹"的人工天河——红旗渠。如此深厚的文化积淀和自然禀赋本身就是一种优质的资源，这为文化产业、旅游产业、产业体系的开发设计奠定了坚实的基础。

（二）深度开发文化遗产的目标与路径：北斗七星阵

殷都安阳的文化影响力已远落后于其他古都。需借助殷墟文化遗产发力，在

---

① 2001年在殷墟的东北方，探明了一座早于殷墟、面积470多万平方米的远古城池——洹北商城。

申遗成功的基础上，以文化遗产为核心生发出一系列新兴产业，整合产业体系，打造出新的经济形式，创建文化遗产新的保护与开发机制。

（1）总体发展目标愿景：古韵绵醇，今风和谐，建设世界上有充分影响力的著名历史文化名城。在保护传承历史文化古迹的基础上，调整优化现有的产业结构，开辟新的经济增长点，提升整体经济实力，打造安阳大殷墟文化名片，提高城市文化品位和城市形象。

（2）实现三大转变：经济发展要素由依托自然要素向依托人文要素（文化、人才、知识、技术）转换；经济发展模式由高物耗低效型、粗放型经济向低耗节约集约型经济转换；经济发展内涵由科技、文化含量低比重向含量高比重转换。

（3）深度开发文化遗产的路径：创新拓展大殷墟文化理念，提升认识的品质。以文化遗产大殷墟的历史真实性为起始，设计新的开发路径，重点依托独特唯一性资源，构建产业发展方向，由雅俗共赏性、综合休闲性和参与互动性引领、塑造新兴产业；以国际开放性、经济带动性为指向，打造整个城市的产业网络体系。这一开发路径可谓是"北斗七星阵"，是一个新的发展原则、方针（见图4-4）。

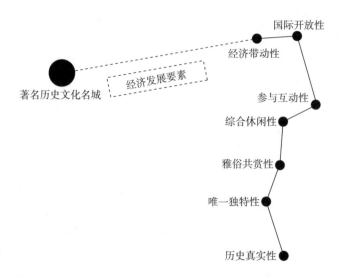

图4-4 北斗七星阵：开发文化遗产的目标与路径

第一，历史真实性。与当前建造得轰轰烈烈的各大影视基地等仿古做法不同，殷墟是历史上的真实存在，代表着原汁原味的厚重古朴。真实地还原与再现那个时代的风貌，完全不同于根据各种资料记载甚至是想象建造出来的影视城或仿古情景。

第二，唯一独特性。它代表的是大殷墟概念的地方特色，全世界仅此一家，只有到了本地才能真正领略。这是无法复制与克隆的宝贵竞争力。

第三，雅俗共赏性。它代表了殷商文化本身的包容与大度，不仅有代表宫殿大雅的建筑文化，还有手工艺作坊这样的商业文化，扩大了整体的受众对象，更利于文化的传播与传承。

第四，综合休闲性。大殷墟的包罗万象决定了本身旅游休闲的综合性，提供了多方面的设施，能综合拓展发展的模式，吸引了不同阶层的人来到大殷墟。

第五，参与互动性。大殷墟不是一个死概念，它是可参与的概念。1000 个人心中有 1000 个不同的哈姆雷特，同样，随着不同的人的观看，每个人心中都有一个自己的殷墟。参与互动的意义在于认识和了解时代对殷墟的了解。互动互塑，不断磨合才能够及时调整自身。

第六，国际开放性。所有的文化都免不了要交流与融合，这才是真正的发展之路，殷墟不光属于安阳，也属于世界，国际开放的眼界将会使殷墟概念获得更大范围的影响力。

第七，经济带动性。殷墟文化也是一种生产力，它的作用将越来越显著。安阳目前的发展还处于工业发展期，提高人民的生活水平是今后发展的重要动力，在逐步发展调整的过程中，将地上地下丰富的文化资源转换成生产力，为古城安阳的经济腾飞插上翅膀。

（三）产业体系的重构：提升产业品质

安阳殷墟的深层次开发，是一次对殷商文化的理性与感性思考，是一次精神变物质的大爆发，是文化和经济的兴盛与繁荣。构建产业网络性开发体系，走出传统产业发展的路径依赖，由单一的旅游发展为综合的产业体系建设。

本书搭建了一个安阳文化资源整合的发展模式（见图 4-5）。以殷商文化遗产为产业开发核心，衍生或建立多种传统产业与现代产业，利用其相辅相成、相生相克的关系，达到文化产业的均衡和谐，共同发展，共同繁荣，增强系统性和整体实力。由图 4-5 可以看出，殷商文化处于核心地位，是现有产业和新兴产业发展依托的源头和依托。由根植性出发，以殷墟文化为原点，衍生构建出五个不同的产业方向，这些产业互动互联、交相辉映，从不同角度辐射能量，刺激经济，同时，这些产业方向是个开放空间，为今后的发展变化留足了余地。在此基础上，还能随着人类的进一步发展，创造出更多、更新的产业发展模式和结构。

当地文化与经济结合后的行业方向为：

（1）"金"行业，基于殷墟冶金（青铜）技术、筑城技术（复古、建材、施工）的古董、古建的复制业、建筑施工业；可延伸出考古技术、复制技术、鉴赏技术等培训学校。以古老的青铜器制作为主，发展体验、认知、鉴赏、定制等专门化服务。

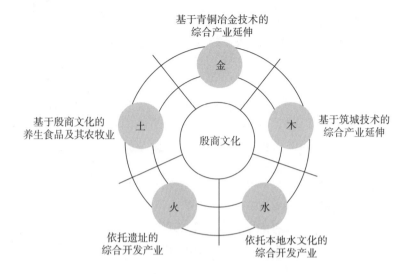

图 4 – 5 基于殷墟文化遗产的产业体系构建

（2）"木"行业，基于筑城文化与技术的古建修缮业，拓展古建筑展示、探究、溯源、实习基地等；开展古建材料的发掘与生产；承建以商周时代建筑项目复古修缮为主的建筑业。

（3）"水"行业，基于殷商文化遗产的考古展示、鉴赏及其旅游业、影视业、文物鉴宝业、古玩市场；以当地的洹河为依托，发展观光、水上项目等，塑造亲水、宜人、古朴、贴近大自然的环境氛围，创造新兴旅游服务项目。

（4）"火"行业，基于殷商文化的交流、诠释、宣传、弘扬、研究成果及其会展业（博物馆、展览馆）、出版业（信息）、培训业；依托名人、名著、名篇，如岳飞庙、妇好女将军、羑里城等重要文物古迹，开发纪念品和精神产品。

（5）"土"行业，基于殷商文化的养生食品及其农牧业；以当地特有的农耕环境为脉络，恢复中草药等经济作物种植，进行土特产开发，特别是当地的枣、小米、龟等养生产品；将其作为礼品和餐饮服务业的重要拓展方向。

文化遗产开发的空间布局与层次，分为三个区域：

（1）**核心保护区**：殷墟，这是国家大遗址规划所设定的殷墟重点保护区，重点支持文物原汁原味的保护。为今后的研究工作以及后代人能看到真实的殷墟遗址做好充分的还原修复。

（2）**外延功能区**：这部分空间就是国家大遗址规划所确定的殷墟重点保护区外的周边区域，是一系列衍生旅游产业、文化创意产业、其他新兴产业的主要集聚地，即增长极的生长区域。

（3）**衍生支持区**：从空间设定上来看，整个安阳市都是大殷墟的衍生支持区。整个安阳市周边的县市都可为产业的调整、经济的转型提供服务和支持，也能享受殷墟作为增长极的辐射推动作用。把各县市作为殷墟的腹地，为殷墟发展输送养分，殷墟的发展也会带来人气和财富的积累，在互动的过程中，获得各自的利益。

二、文化开发中的启示

（一）文化需要保护性深度开发

诸如殷墟大遗址这样的历史文化遗产，在很长一段时间内各地都本着一种战战兢兢的态度去保护它，如同一朵最脆弱的奇葩需要最精心的呵护。殊不知文化的繁荣与发展是要在经济的交流和碰撞中才能互相融合、互相促进、互相发展的，一旦文化只停留在保护阶段，等待着财政拨款在旧有的基础上修修补补，文化也就成了一潭死水。

（二）文化遗产的魅力不可估量

要在现今社会实现经济结构转型、经济的跳跃式发展奇迹，只有借助文化的力量去启动，才能豁然开朗。在新一轮的城市发展中，我们应当充分意识到文化元素的巨大能量，注重文化与经济的联动发展，构建新型的文化创意产业和优化既定产业；以文化旅游为突破口，转变经济增长方式，弘扬优秀传统文化，开辟文化引领经济发展的新型道路，为文化历史古都在新的历史条件下的发展提供新的示范和样板。

（三）厘清文化与经济的关系

经济与文化的发展永远是并行的，它们相辅相成、相得益彰。当经济发展到一定阶段以后，文化的力量愈加凸显。作为人类在社会发展过程中所创造的全部物质财富和精神财富的总和，文化不仅是产业、经济发展的前提和基础，还是促进整个社会进步的重要内容。清醒地认识这样一个逻辑：地方经济的发展必须要依赖地方产业的带动，而地方产业的发展离不开本地独有的文化，这种特质正是这个讲求差异化、个性化的时代所呼唤的。无数实践证明，当一个地方的经济发展深深根植于它的源远流长的文化时，便会演绎出源源不断的创造力和增长动力，不断滋生出新的产业性的增长极，创建出城市新的竞争力。

（四）文化品牌是先锋

注重品牌打造与特色塑造，树立新的城市形象和社会影响力。品牌是兴奋点，产品是竞争点，人才是保障点，广告是支撑点，服务是延伸点，文化才是真正的魅力点。深挖历史文脉，壮大地方特色。以文化遗产为核心，演绎和衍生多样产出和服务，匹配资源，联动发展，古为今用，为焕发生机和跨越式发展提供新思路。

（五）利益主体要共赢

注重发展的参与性与分享性，建立起持续运营发展的内在驱动力。坚持"三个结合"：一是与"民"结合，即政府主导，农民、市民参与，使相关利益主体得到实惠；二是与"企"结合，即围绕大文化，有关企业积极参与，开发产品与服务；三是与"势/市"结合，即与城市未来发展、国际国内经济社会发展大势/潮流相结合，建设和谐社会、环境友好型社会、资源节约型经济、城乡一体化家园，最终实现政府、企业、居民多主体共赢和经济、社会、环境、文化多目标协调的目的。

第五章 发展模式与产业转型升级问题

第一节 发展模式问题

发展模式一般是指行为主体（城市、区域、企业、个人）在寻求发展的过程中形成的一套成功、有效（也包括随着时代而失败、低效）的实践活动、经典做法。成功的模式给人以启发、激励，催人奋进；失败的模式给人以警示、劝诫。学习借鉴模式时，要注意灵活、创造性地运用。下面是几个城市行之有效、相当有影响的发展模式。

一、以产业经营为主的发展路径——青岛模式

青岛市因其以一批耀眼的产业驱动城市发展而受到人们的关注，被冠以"青岛模式"，其代名词为"经营企业模式"，也可称为"经营产业或产品模式"，主要围绕"上项目、抓企业"来吸引投资，扩大经济总量，通过不断生产出有竞争力的产品在市场上出售，来获取收入，并带动城市的基础设施建设和经济发展。这是一种传统的发展模式通过"上项目、办企业"创品牌、创利税，从而谋取发展，成为典范的方式。

青岛市位于山东半岛的东南段、胶州湖畔、黄海之滨，是中国重要的港口城市，也是国家历史文化名城、风景旅游胜地，被誉为"东方瑞士"。

青岛已发展成为山东半岛最大的出海口和贸易、信息、金融、货物集散枢纽，也是上海与京津之间最大的经济中心城市和仅次于上海、深圳的中国第三大外贸港口；拥有国家批准设立的经济技术开发区、高新技术产业开发区、保税区、旅游度假区；以港口贸易、海洋科研、现代工业、发达农业、金融服务和旅游度假等优势为开发方向，是中国目前最具活力的城市之一。

青岛多年来探索出了一条发展路径：产品品牌、产业发展—相关产业发展—第三产业发展—城市规划、建设与管理—环境的改善与优化。通过上企业项目来吸引投资，培育了青岛啤酒、海尔、海信、澳柯玛、双星等一批享誉海内外的名

牌企业和全国驰名商标（曾占全国驰名商标总数的 1/30）。随着工业名牌的树立，青岛的城市品牌也逐步形成。这种产品经营模式以拳头产品"打出去"，创造知名品牌来为本市的经济发展赢得收入（通过将具有较强竞争力的产品输出到区外来获取收入），最终带动了城市的基础设施建设和经济发展。可以看到，青岛的名牌产品构成了城市强有力的总体美誉度和产业影响力，极大地提高了城市的整体吸引力，带动了各项事业的发展。现在，不少世界 500 强企业纷纷登陆青岛。新时期，青岛在巩固品牌经济产品模式成果的基础上，继续营造强大的产业集群。

二、以经营城市为主线的发展路径——大连模式

下面重点说一下在经营城市发展路径上走得早、成效大的大连市。大连市利用得天独厚的区位和环境优势，从环境综合治理和改善人居环境与投资环境入手，大量进行城市土地功能的置换，对搬离市中心的工业企业进行易地改造，将市中心的居民迁到郊区，既大大改善了居民的居住质量，又腾出了大片土地用于发展第三产业和建设绿地；利用级差地租以地生财，投入城市基础设施建设，改善投资环境；注重城市独特风格的塑造，提高城市管理水平，大大增强城市吸引力和辐射力。

大连市的经营城市起步较早，于 20 世纪 90 年代初启动，做法独特，进展迅速，在解决城市发展资金困境、兴办腾挪产业、加强基础设施方面等独树一帜，成为那个时代的"弄潮儿"。大连经营城市的主要做法是，通过大规模的城市生态建设和城市基础设施建设，开展"环境革命"，从环境综合治理和改善人居环境方面再造环境优势，拉动经济发展。

大连环境治理和城市基础设施建设所取得的成绩不仅为市民营造了安居乐业的生活环境，还改善了大连市的自然环境和投资环境，一批世界知名的大公司、大企业相继来投资办厂，使大连成为全国外资最集中的城市之一。这些建设举措和成果提升了大连的无形资产，形成了城市品牌，增强了城市竞争力。

三、以提升基础设施平台为突破口的发展路径——芜湖模式

提升基础设施平台遵循着"土地制度—政府规划—金融服务"三者相结合的一种路径（见图 5 - 1）。芜湖市在土地使用制度、城市发展（基础设施建设）和金融服务的基础上进行了有益的探索，与其他城市不同，该市利用土地杠杆（作为融资资质），撬动了芜湖市基础设施建设的轮子，芜湖市经济进入了良性发展的循环之中。

土地是一种不可再生资源，是人类赖以生存的物质基础，也是城市建设和发

展的物质前提。我国人多地少、后备资源有限的基本国情，决定了土地利用的节约性、集约性。世界上许多国家在很早以前就开始了这种利用土地换取资金投入（如大巴黎城建设）的做法，上海、杭州、南京、广州、深圳等国内比较发达的城市也是利用这种土地开发方式来建设城市的，可以说上述城市有今天的发展成果，土地开发功不可没。芜湖做法的独特之处在于创新了"政府信用"，使土地与金融密切联系在一起，撬动起了巨大的经济活力（见图 5 - 2）。

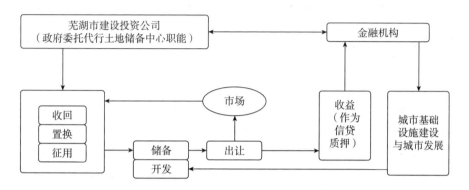

图 5 - 1　芜湖"政府 + 土地 + 金融"开发模式运作图

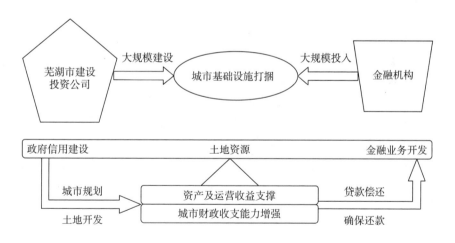

图 5 - 2　芜湖"政府 + 土地 + 金融"开发模式示意

　　芜湖"政府 + 土地 + 金融"开发模式是经过多年摸索出来的。随着城市规模的扩大和功能的完善，芜湖市城市建设所需的资金越来越多，依靠财政搞城市建设的路已越来越举步维艰。为了摆脱传统城市建设的困境，尽快解决城市赖以生存和发展的硬件系统，为城市经济社会的可持续发展提供必要的物质基础和起飞条件，1998 年，芜湖市成立了城市建设投资公司，但当时仅仅作为一种融资建设平台，功能简单。经过几年的实践，为了增强其实力、扩大经营规模，芜湖市意识到必须走土地资源开发、经营城市之路。2002 年，市政府明确建投公司受政府委托代行土地储备中心职能，土地拍卖收益属芜湖市建设投资公司，规定近三年土地收益作为二期贷款自筹配套资金，用于项目建设。项目建设期结束后，用于归还贷款本息。政府垄断控制土地资源，对一级市场土地进行规划整理；根据市场的需求程度，按照市场规则，采取公开招标拍卖的方式，定期推向市场，通过市场化运作，实现土地这种不可再生资源的效益最大化，收益用于城市基础设施建设投入和向金融机构获取更多投资的资质保证（该机制模式类似于香港特区政府的土地基金运作模式）。通过政府对城市土地的储备和统一管理，不仅可以实现其宏观调控职能，更好地为经济建设服务，还可以为经营城市创造良好的基础，构建城市建设资金的良性循环机制。

芜湖的做法将土地储备制度与地方基础设施建设和金融机构融资联系在一起，有效地提高了土地资源和资金资源的使用效率，促进了城市基础设施建设。这种模式不仅有助于政府发挥宏观调控作用，抑制地价的大幅度波动，还有助于将土地的整理改造与已有的基础设施、市政设施相结合，形成一个系统，提高运作效率，减少重复建设，降低资源浪费，为城市的扩张和发展提供保障。如果能将土地、金融与政府的城市规划相结合，则可以使政府对城市未来的发展起到引导作用，保证城市的有序发展。

另外，这种方式也为城市总体规划的实施创造了条件。在未实行"政府＋土地＋金融"开发模式之前，土地分散在各企事业单位，从商业利益出发，地下交易与合作建房遍地开花，城市规划的目标难以实现。建了拆、拆了建的现象屡见不鲜，这是未按城市规划建设的客观反映。实行"政府＋土地＋金融"方式之后，政府掌握了绝大多数的土地资源，可以按城市规划与功能分区的要求，定位地出让拍卖土地，将获取的资金作为基础设施建设偿债基金，使城市总体规划得到实施，避免了很多人为的浪费。

这种以土地为固定资产，以其收益和权属质押，包括政府信誉（当时政府拿出了 20 多项收益权）为担保，金融机构大规模投资的芜湖运作模式，大大加快了城市基础设施的建设和完善，在短短的几年里，迅速提升了城市聚集效应的水平，增强了对人才和经济要素的吸引力。

四、以内生型为特征的温州模式

温州模式首先是个经济名词，它的首要价值就是经济价值。温州模式的本质是民营经济，而民营经济是社会主义市场经济的重要组成部分，是我国国民经济的重要基础。改革开放 40 多年来,全国各地的人民因地制宜,大胆地进行市场改革尝试,走出了多条具有鲜明区域特色的民营经济发展道路,尤以温州模式、吴川模式、苏南模式、晋江模式四大模式最为著名。

温州模式中民营经济的发展有三条主线:小商品—专业市场—市场网络、特色产业—块状经济—强镇重镇、温州人—温州精神—温州企业家,这三条主线形成了温州民营经济的三大优势,即经营的优势、块状经济的优势和企业家群体的优势。可以说改革开放 40 多年来,温州能够实现由贫穷到总体小康的跨越提升,主要得益于民营经济的蓬勃发展,民营经济是推动温州经济进步的主要力量。2017 年,温州的民营经济在国民经济中的比重分别高于浙江和全国 15% 和 30%,在全市经济比重中,民营企业的数量占 99.5%、工业产值占 95.5%、上缴税收占 80%、外贸出口额占 95%、从业人员占 93%,全市拥有民营企业 20 多万家,10 家温企入围"2017 年度浙江省民营企业百强"。温州新时代"两个健康"先行区的建设更是将温州的民营经济推向了一个前所未有的高度。温州模式的发展规律告诉我们,温州模式在不断发展和改革的过程中,形成了民办、民营、民有、民享、民富的鲜明特色,成了我国民营经济最为生动的样本和经验,也为城市发展提供了坚实的基础和成功模式。

五、以外资推动型为特征的东莞模式

自改革开放以来,东莞市的经济获得了飞速发展,依靠承接港澳台地区产业转移的先机,以"三来一补"为突破口发展外向型经济,以加工贸易为切入点参与国际分工,形成了以外源带动和外延扩张为主的经济发展模式,迅速成长为国际性的加工制造业基地。东莞模式大致可以归纳为:由东莞提供土地、厂房和后勤保障,四川、湖南等省提供廉价劳动力,港商和台商提供资金、设备、技术和管理,共同组成一个以外销市场为主的加工贸易体系。东莞人把这叫作"借船出海"。但从另一个角度看,港商、台商到东莞投资,何尝不是向东莞"借船"?你借我的船,我借你的船,都是为了出海。

这种模式投入少,对双方都见效快,又易于复制,所以,像野火燎原一般迅速蔓延开来。东莞的工业化从最初的"三堂经济"——旧祠堂、旧会堂、旧饭堂,搞些来料加工的小工业起步,家家点火,村村冒烟,很快把国际资本、港资、台资、侨资都吸引来了。正是依靠这些外资,东莞经济得到了迅速发展。

六、以数字经济为推动力的换道超车模式——贵州贵阳

当前,在新一轮科技革命和产业变革席卷全球的同时,大数据、云计算、物联网、人工智能、区块链等新技术不断涌现,数字经济正悄悄地改变着人类的生

产和生活方式，经济增长新动能的作用日益凸显。贵阳主动顺应这一趋势，迎着历史潮流，大胆尝试，先行先试，以大数据为推动力，形成了独具特色的西部内陆地区赶超发展的贵阳模式。

2018年，贵阳市大数据企业的主营业务收入达到1000亿元，增长了22.4%，以大数据为主要特征的新经济增加值占地区生产总值的21%，大数据已经成为引领贵阳经济发展的强大引擎。2018年，贵阳市农村电商交易额达到16亿元，直接带动20余万农村贫困农户增收。

2019年11月1日，中国共产党十九届四中全会提出，要鼓励勤劳致富，健全劳动、资本、土地、知识、技术、管理和数据等生产要素按贡献参与分配的机制。这是中央第一次提出将数据作为生产要素按贡献参与分配，它再次印证了数据正成为促进经济发展的新动力。

大数据是21世纪的"钻石矿"，贵阳是最有潜力的"钻石矿"富集区。以大数据为推动力的贵阳已经取得了巨大的成功。那么，贵阳经济是如何发展起来的呢？

第一，抓住机会，与北京一起探索创新驱动新路径。北京和贵阳，一个是全球瞩目的全国科技创新中心，一个是地处西部的欠发达城市，相距遥远、处于不同发展阶段的两个城市如何开展科技合作呢？志同方能道合。这两个城市的结缘，源自相同的发展理念。贵阳是喀斯特地貌，生态环境脆弱，经济欠发达，如何在保护环境的前提下实现跨越式发展值得深思。前车之鉴表明，如果贵阳继续和其他城市一样，走产业梯次转移的路径，结果只能是先污染、后治理，最终只会得不偿失。因此，贵阳别无选择，必须走创新驱动发展的新路径，实现经济发展与环境保护的"双赢"。创新驱动需要科技要素，而贵阳最缺的就是科技要素，怎么办，只能巧借外脑，善借外力。2013年8月，科技部部长万钢在贵州调研时提出，希望北京直接对接贵阳，支持贵阳的科技创新。这一提议得到了北京市科委的积极响应。同年9月，中关村贵阳科技园正式揭牌，拉开了两地科技合作、协同发展的大幕。

第二，实现与中关村科技园的资源对接。陈刚说，"'借船出海'是贵阳实施创新驱动发展战略的捷径"。通过搭建"一站一台"，贵阳直接搭上了北京这艘"大船"。"一站一台"是指北京市科委与贵阳市政府共同建立的首都科技条件平台贵阳合作站和北京技术市场贵阳服务平台。首都科技条件平台贵阳合作站利用线上、线下两种方式，将首都的创新资源与贵阳的创新发展需求进行对接，在贵阳开通贵阳市科技创新公共服务平台网站，出台相关管理办法，建立技术供需对接长效渠道，使贵阳在科技资源共享上与北京享受"同城待遇"。合作站根据需要不定期召开现场对接会，让供需双方面对面交流、点对点对接。北京技术市场贵阳服务平台的建立为两地技术交易开辟了绿色通道。贵阳提供相应的优惠政策支持，以加大首都科技要素在贵阳的聚集和整合力度，打通科技与产业的"最后一公里"，使科技成果在更大范围、更高层次实现产业化。

第三，实现产业对接。2014 年，北京市科委与贵阳市政府在京联合承办贵州北京大数据产业发展推介会，北京市科委邀请了 12 家联盟、45 家企业参加，与贵州签署战略合作框架协议，推动贵州大数据产业共性和关键技术的研发，推动研究成果在贵州转化。与此同时，在阿里巴巴、富士康、惠普、戴尔、微软等 IT 巨头的积极参与下，以"块数据"为核心的"四只小天鹅"正展翅欲飞，演绎着贵阳的大数据交响乐。这"四只小天鹅"分别承担着大数据的产生、汇聚、交易和应用，从而形成一个完整的大数据产业链。

第四，加大培育创新主体，形成更多的瞪羚企业和独角兽企业。目前，贵阳发展大数据产业的本质就是发展新经济。发展新经济就必须遵循新经济的企业成长规律，也就是要重点培育高增长的瞪羚企业和爆发式增长的独角兽企业。做好与创新尖峰区域的高端链接，是做大创新主体群的重要途径。贵阳有个货车帮，货车帮的苗子本不在贵阳，只因机缘巧合，货车帮在贵阳成长为独角兽。我们可以从货车帮的发展中得到一些重要启示，就是巧作"移青苗"。贵阳既然已经出现了一家独角兽企业，就表明贵阳的创新创业生态已经大大改善。生态的规律表明，出现了第一家，就一定会有第二家、第三家，甚至更多的独角兽企业出现。关键是集聚更好的种子和青苗，核心是做好与创新高地的资源链接。

七、以彰显地方特色与优势为特征的重庆模式

以汽车制造业、摩托制造业等机械工业为基础的重庆，在 21 世纪又兴起了笔记本电脑产业，在中国宏观经济进入高质量发展转型期后，又顺势而为，积极发展智能产业，走出了一条将传统产业和高新技术产业相结合、顺应"一带一路"倡议、利用国家政策优势创新发展的新道路。

改革开放以来，成为计划单列市、沿江开放城市和设立直辖市等重大事件让重庆对外开放的步伐逐渐加快。重庆市形成了以两江新区为龙头的"1 + 2 + 7 + 8"的开放平台体系，包括 1 个国家级开发区——两江新区，中国（重庆）自贸试验区和中新互联互通项目，3 个国家级经开区和 4 个国家级高新区，以及 1 个保税港区、3 个综保区、3 个保税物流中心、1 个国家级检验检疫综合改革试验区。这 18 个开放平台的外贸进出口总额占重庆全市的八成，外商直接投资超过六成。2018 年，重庆进出口总额 790.4 亿美元，实际利用外资 102.73 亿美元。另外，重庆对"一带一路"沿线国家的进出口近 3 年均保持在 1100 亿元以上，与 30 余个"一带一路"沿线国家保持投资合作关系。而且，重庆还建设了 12 个

国际合作产业园，在渝的世界 500 强企业达到 287 家。2018 年，重庆生产汽车 205 万辆、摩托车 389 万辆、微型计算机 5302 万台、手机 1.9 亿台、铝材 193 万吨，分别占西部地区的 59.2%、80%、54.5%、55.8%、22.5%。全市规模企业 6772 家，占西部地区的 15.3%，其中，位居全国 500 强的制造业企业 15 家，居西部各省市前列。重庆能取得如此大的成就，其原因究竟有哪些呢？

将国家倡导的高新技术产业与本地优势产业相结合。国家通过产业政策（如产业发展目录），指导和支持各地各部门加快发展高新技术产业，以有效快速地占领发展制高点，获得先期效应和市场话语权。重庆市有深厚的发展基础，许多产业在国内具有较强的竞争力。抓住国家政策契机，促进产业转型升级，重庆市做出了突出的成绩。

将"一带一路"倡议与区位优势相结合。与我国"一带一路"倡议圈定的其他省市相比，重庆市具有其他省市不可比拟的得天独厚的区位优势，它位于丝绸之路经济带、中国—中南半岛经济走廊（连接 21 世纪海上丝绸之路）与长江经济带"Y"字形大通道的连接点上，能够承东启西、连接南北。向东通过长江水道连接我国中东部广阔的经济腹地，将中东部地区的商品通过渝新欧铁路，迅速地运向中亚和欧洲地区；向西可通过渝新欧铁路加强与欧洲及中亚国家的合作；向西南可以通过云南和滇缅公路与中印孟缅经济走廊紧密相连，加强与东盟、南亚国家的合作。总之，如此特殊的地理位置使重庆市在"一带一路"倡议中具有无可比拟的发展优势。一方面，有利于增强全球配置资源能力。区位优势的嬗变将进一步增强重庆的资源要素集聚辐射能力，有利于加强重庆与周边省市和"一带一路"沿线国家的合作，充分利用国内外两个市场，深度融入全球经济链条。另一方面，有利于构建现代高端产业体系。抢抓以人工智能、大数据、物联网、新能源等为代表的全球技术和产业变革新机遇，大力发展高端制造业和外向型、知识密集型现代生产性服务业，培育新的产业增长点，推动制造业高质量发展，将现代服务业做大做强。

以上内容总结和阐述了多种城市发展模式，可以看到，在迈向市场经济的进程中，许多城市创造了独特的发展路径，取得了成功，并受到了推崇和借鉴。需要注意的是，一些模式在一些城市的一段时期发挥了重要作用，其实，在一个城市往往不是一个模式在起作用，而是多种模式同时在发挥作用，而且，模式之间也并不排斥。各种模式相互交织、相辅相成，共同成为推进城市发展的力量。

第二节　城市产业结构及演进

随着改革开放后 40 多年的发展，尤其是近十年的高速发展，我国许多城市的工业化、城市化已经由初步启动阶段进入快速推进阶段，经济转型、产业体系重构成为未来发展不得不考虑的重要内容。面对世界科技发展、全球产业推移的浪潮，一个城市或城区该如何应对日趋激烈的发展竞争呢？选择具有活力和竞争力的产业是一个有效的举措。正确选择了主导产业，就找到了经济发展的主动力，就会推动当地经济的快速发展。

一、城市产业结构及演进

城市产业结构是决定城市经济功能和城市性质的内在因素，也是推动城市经济增长的基本要件。从现实的城市经济表现看，有的城市"一业独大"，或制造业发达，或矿业突出，或旅游业见长；有的城市各个产业比较均衡；有的城市港口运输业占比大；有的城市创新活力强，高新技术产业活跃。从宏观层面上看，各个城市的产业结构五花八门、林林总总、千奇百态。产业结构是动态的，是不断发展变化的，通常随着时间的推进，产业之间的关联愈加深入，产业结构愈加完善、均衡。

每个城市的产业生成、发展及产业结构是在各种条件的综合作用下形成的，世界上很难找到两个城市有完全一致的产业结构。但这并不妨碍人们从结构角度去理解和探讨产业发展问题。从结构的观点看，结构的差异会导致效果、效率、能力、竞争力等多方面的差别，因此，对城市产业结构的观察和分析就显得必要和可行。对产业结构的研究，许多学者做出了奠基性的努力，仅通过产业的划分就可以洞见其丰富的内涵。

1. 经济功能维度

按经济功能和市场的不同，城市产业部门分成两大类：一类是主要满足城市外部市场需要的产业，为输出产业（或基础产业），构成城市的基本职能；另一类是主要满足城市自身内部市场需要的产业，为地方产业（或非基础产业）。对于城市的经济发展来说，输出产业是起主导作用的，处于支配地位，因为它是城市从其外部获取资源的主要手段，显现出了城市对外的贡献与特殊影响（区域专业化分工）；地方产业则是支撑前者存在与发展的条件，处于从属地位。

每个城市发展什么样的输出产业，取决于许多条件和因素，其中，最重要的是该产业是否具备比较优势。各个城市扬长避短，确定自己的主要输出产业，从而形成各具特色的专业化分工。同样，地方产业一方面为输出产业提供产品和劳务；另一方面为当地市民提供衣食住行等诸多便利，在城市经济发展中绝非无足轻重，而是必不可少的支持系统。

2. 生产要素维度

根据生产要素在不同产业部门中密集程度和比例的不同，城市产业部门通常分成三大类：劳动密集型产业、资本密集型产业和技术密集型产业。第一类是单位劳动力占用资金较少、资本有机构成和技术装备水平较低、需要投入劳动力较多、单位成本中劳动消耗所占比重较大的产业，称为劳动密集型产业，如服装、皮革、餐饮业等；第二类是投资比较集中、资本有机构成高、所需劳动力较少的产业，称为资金密集型产业，如石油、化工、钢铁、机械制造业等；第三类是生产过程机械化、自动化程度和技术层级较高且对知识人才素质要求较严的行业，称为技术密集型产业（或知识密集型产业），如电子、航天、生物工程行业等。在实际构成中，有的行业不一定是某一种要素密集度高，有可能是两种都高。

3. 三次产业维度

新西兰经济学家费希尔教授（A. G. B. Frisher）在1935年出版的《进步与安全的冲突》中率先提出三次产业的概念。其后，1940年，英国经济统计学家克拉克（Colin Grant Clark）在《经济进步的条件》这本著作中，进一步阐述了三次产业的内容及其结构变动趋势。第一产业是以自然物为劳动对象的产业，如农业、矿业；第二产业是在第一产业基础上进行加工的产业，如制造业；其他的经济活动则统归入第三产业。由于各次产业间存在收入差异，促使劳动力依序从低级产业向高级产业转移，从而形成了经济发展中的三个台阶。这一发现完善了古典经济学家威廉·配第的著名论断，因而，被称为"配第—克拉克定理"。自此，三次产业的分类方法成为国际上广泛流行的划分方式。

联合国国际劳工组织根据这一理论，于1971年颁布《全部经济活动的国际标准分类索引》，简称《标准产业分类》，它把全部经济活动分成如下十个大类：①农业、狩猎业、林业和渔业；②矿业和采石业；③制造业；④电力、煤气和供水业；⑤建筑业；⑥批发与零售业、餐馆与旅店业；⑦运输业、仓储业和邮电业；⑧金融业、不动产业、保险业及商业性服务业；⑨社会团体、社会及个人的服务；⑩不能分类的其他活动。以上十类中，①、②类属于第一产业，③、④、⑤类属于第二产业，⑥～⑩类属于第三产业。

中国国家统计局于1985年对三次产业的划分作了专门规定：①第一产业为农业（包括林业、牧业、渔业等）；②第二产业为工业（包括采掘业、制造业、自来水、电力、蒸汽、热水、煤气）和建筑业；③第三产业为除上述各产业以外的其他产业，它又包括4个层次。第一层次是流通部门，包括交通运输业、邮电通信业、商业饮食业、物资供销和仓储业；第二层次是为生产和生活服务的部门，包括金融业、保险业、地质普查业、房地产业、公用事业、居民服务业、旅游、咨询信息服务业和各类技术服务业等；第三层次是为提高科学文化水平和居民素质服务的部门，包括教育、文化、广播电视、科学研究、卫生、体育和社会福利事业等；第四层次是为社会公共需要服务的部门，包括国家机关、党政机关、社会团体，以及军队和警察部门等。

4. 动静态维度

产业的发达程度将直接决定城市经济的总量规模和增长速度。从动态的角度看，城市产业结构是指城市内部各产业部门之间量的比例关系及其特定的相互关系。城市经济的增长从表面看是产出总量的增长，而产出结构取决于市场的需求结构。从静态的角度看，这种需求结构能反映出城市产业中的各种部门是否与资源条件、生产要素、技术发展趋势相适应，特别是传统产业与新兴产业之间的比例、城市产业的专业化水平、市场占有水平，第三产业需求结构发生变化时，城市产业结构对这种需求结构变动的适应能力直接决定着城市经济的可持续性增长情况。

二、城市产业结构的特征

在现代社会，产业部门已经突破了物质生产领域，涵盖了国民经济的方方面面，产业结构已成为一个国家、地区或城市的经济结构中最基本、最具代表性的结构关系。城市经济增长不仅取决于城市的产业结构现状，还受制于产业结构未来的发展趋势。对产业结构的特征、形成机制、影响因素、未来趋势进行分析已成为制定城市经济发展战略的前提。

1. 城市产业结构的特殊性

每个城市都有一个产业体系，这些产业体系构成了这个城市的产业结构。在具体分析一个城市的产业结构时，产业分类除了与国民经济的产业分类保持一致外，还需要根据细分细化后自身的独特产业类型进行梳理，这样才能了解产业结构的特殊性、价值链的重要性、竞争实力和潜力等。可按产品满足城外、城内需求进行分类，还可按要素（劳动、资本和知识）密集型产业分类，还可以按照城市自身的产业特点（钢铁城市、石油化工城市、矿业城市、旅游城市、港口城市、枢纽城市、商贸城市等）进行分类。

2. 城市产业结构的开放性、集约性和服务性

开放性是指一个城市中的产业结构一定是与外部联通的，必须有面向国际、国内市场的产业部门，也就是有对外服务的功能。集约性是指城市空间的有限性和城市经济的集聚性的内在要求，也就是在边际成本和边际效应的作用下，所形成的要素和经济活动在空间上的集中，如城市的产业园区、商业中心、物流基地、研发中心等。服务性是指随着生产力的不断进步，服务性产业的比重呈扩大趋势。近些年，生产性服务业增长迅猛，制造业与服务业互相融合的趋势也越加明显。

3. 城市产业结构的刚性、惯性和动态性

产业结构一旦形成，便具有相应的刚性（稳定性）和惯性（约束性），它们

某种程度上是决定一个城市经济功能和城市性质的内在因素。当然，产业结构也是动态发展的、不断变化的，如新兴产业的成长发展，但是，这种调整和变化是需要代价和大幅投入的。产业结构调整和由此引起的劳动力（及至人口）从原有产业（如农业及工业）生产中释放出来的变化，为新兴产业、新业态、新市场的发展提供了可能，从而推动了城市化的演进和城市的发展。更为重要的是，它促进了城市功能的进一步完善，从根本上对包括城市用地结构、市域城镇体系和区域城市群体在内的广义的城市空间结构产生了重大影响。

4. 城市产业结构的升级换代

在产业结构的发展演进中，城市产业结构不断在升级换代、螺旋式上升，显现出了对经济发展的推动。一方面，产业结构的升级是技术和市场等力量推进的结果，技术的进步和需求的转换自然要求生产者改进产品性能、质量和服务。另一方面，产业结构的转型升级，为城市提供了新的动力和推力，大大促进了城市经济的强劲发展和城市等级结构的协同。由此可见，产业结构的调整升级所产生的集聚与扩散效应推动着区域城市群体的发展。

5. 城市产业结构变动的空间效应

随着技术的进步，生产方式由劳动密集型向资金、技术密集型过渡，这种经济结构上的根本性转变将产生产业迁移和重新布局，表现为城市一部分区域的繁荣或衰退，以及土地价格的变动。

三、城市产业结构的演变规律

早在 17 世纪，英国经济学家威廉·配第在他的著作《政治算术》中就指出，制造业比农业、商业比制造业能够得到更多的收入。20 世纪 50 年代，科林·克拉克就此问题作了进一步研究，认为不同产业之间相对收入上的差异，会促使劳动力向能够狄得更高收入的部门移动，这就是著名的配第—克拉克定理。

美国著名经济学家库兹涅茨对此作了进一步研究，在产业结构演变动因的分析方面做了进一步的深入研究，研究成果主要表现在《现代经济增长》和《各国的经济增长》等著作中。其主要观点有：①随着年代的延续，第一产业实现的国民收入在整个国民收入中的相对比重同农业劳动力在全部劳动力中的相对比重一样，呈现不断下降的趋势。②第二产业的相对国民收入比重大体上是上升的，工业部门劳动力的相对比重大体不变或略有上升。③第三产业的劳动力相对比重差不多在所有国家都是上升的，但国民收入的相对比重未必和劳动力的相对比重同步上升。综合起来看，是大体不变，略有上升。

从世界范围来讲，工业化以前，第一产业处于主导地位；进入工业化以后，第一产业的比重开始下降，第二产业的比重迅速上升；但是第二产业的比重有一个极限（一般不超过50%），在达到这个极限之后便逐渐下降。这是因为第二产业的发展带动了第三产业的发展，而且第三产业的比重会逐渐超过第二产业的比重。在产业结构的要素密集程度上，逐渐由以劳动密集型产业为主向以资金密集型产业为主，再向以技术密集型产业为主演进；工业内部逐渐由以原材料、初级产品为中心向组装加工业，再向以高精尖工业为中心演进，由低附加值产业向具有高附加值的产业演进。

第三节 产业结构空间与布局合理性问题

城市产业结构及其空间布局怎样才算是合理、有效、健康，目前还未有统一的认识和标准。曾经提出产业发展"大而全""小而全"的口号，出现了一些优势产业重复建设、恶性竞争等问题，如汽车、电子等行业，成为许多省市优先选择发展的主导产业，相似性或雷同现象十分严重。现今，各地又在数字信息产业、智能智慧产业、医药养生产业等新兴产业展开竞争和布局，出现了新时代的又一轮产业高地争夺战。那么，对于不同地域、拥有不同特点和规模的城市而言，其产业选择应该多样化还是专业化？如何选择处在价值链不同位置的产业？高端产业的发展应以大城市为重心还是中、小城市为重心？

一、城市发展中产业的多样性与专业性、高端化与适宜性问题

我们以珠三角各城市的产业发展为例，观察其产业发展的产业结构趋同、专业化分工水平、高端化与适宜性等问题。

改革开放以来，珠三角各城市在相似的资源条件、区位条件和经济政策下，形成了相似的支柱产业和产业集群。一般制造业高度集中，电气机械及器材制造业和通信设备、计算机及其他电子设备制造业是珠三角地区很多地市的支柱产业。不论是人口规模小于50万人的中等城市还是超过200万人的超大城市，都绝对专业化于制造业，且制造业的集聚程度逐年上升。这一方面反映了珠三角地区制造业产业集群发展的良好态势以及珠三角地区产业高度一体化的现象，另一方面也意味着地区的产业结构过于单一，不同规模城市的产业结构出现了趋同现象。

珠三角地区的产业高度集中于一般制造业，许多企业处在相同的产业价值链上，生产技能和原材料的供应渠道趋同，对市场信息的掌握也基本相同。当面临相同的机遇或挑战时，企业可能会做出大致相似的生产经营决策。因此，珠三角地区的产业应对外部变化的能力大大降低，城市的竞争优势被严重削弱，过于单

一的产业结构造成了其脆弱性。由此,珠三角地区大城市和中等城市未形成明显的层级城市群体系,城市之间的产业同构现象严重,容易导致恶性竞争。

此外,珠三角地区的制造业在技术上基本属于成熟型产业,生产过程已经标准化,产业的发展主要依赖熟练的劳动力,而不是技术的创新。由于珠三角地区的专业化分工仍处于较低水平,吸引了大量的一般劳动者,导致城市对高素质、高层次的专业型、复合型人才的吸引力不够。广州作为珠三角地区人口规模最大的城市,其产业并没有专业化于金融、广告、保险、艺术等现代服务业,其服务业的组织形式、范围和质量离高水平产业集聚区的发展要求还有一定的距离。以金融业为例,广州的地方性金融机构实力不强,不足以支持其高速发展的社会经济。这种服务业与制造业发展的不匹配成为影响珠三角地区城市产业发展的"软肋"。

二、城市间的产业耦合与协同

从理论(理想)上说,在一个地域的城市群中,各级各类城市可以做到规模协调、功能协调,形成多维协同的圈层经济结构。也就是说,一个成熟的城市群圈层经济结构应该具有合理的产业分工和布局结构,不同规模等级的城市通过发挥各自的优势,吸引价值链不同环节的企业到适宜的城市发展,从而使整个城市群形成合理分工、相互支持、错位发展的圈层经济结构。

以珠三角城市群为例,广州、深圳等中心城市应成为城市群金融、信息、技术与人力资本的中心,其产业应专业化于生产经营性服务业,定位于经营管理、技术开发等该区域价值链的高端环节;需要加快构建和完善技术创新的体系,制定鼓励创新的政策,提高企业创新的积极性和创新能力,进行技术的引进、吸收以及创新,以提升其在价值链中的地位,提高整个区域应对经济风险的能力;应充分发挥其产业多样化的优势,担当起区域品牌创建的责任,以提高区域内企业和产品的竞争力。

次中心的中等规模城市需要抓住全球运输和通信成本普遍下降的机会,发挥其较低的生产要素投入成本优势,巩固现有的产业集群,将发展的重点放在高附加值、高技术含量的产业上,进一步做大、做强制造业。

同时,中等规模城市需要承接中心城市的产业转移,增强对下一层级的辐射能力。珠三角核心城市群外围的小城市应承接处于价值链低端的标准化产品的生产。随着珠三角地区城市间产业的分梯度、良性互动发展,产业在圈层内部不同规模等级城市之间进行动态循环转移,整个地区的经济发展将更有活力、更有效率,从而实现地区产业的可持续发展。

在分析城市产业结构问题时,应该对下面四个角度进行考虑:

（1）城市的定位问题。站在较高的层次，高瞻远瞩，统揽全局，充分认识城市在一个地区的中心地位和经济辐射作用，并作出判断。既要有战略眼光，又要实事求是，对于城市发展的区位作用、优劣势条件分析，既不盲目乐观，又不故步自封，要有全面分析，包括城市之间的联系、互补、共享等。

（2）产业分工、优势产业发展问题。重要的是从城市的定位、个性、功能或潜在性的发展前景出发进行分析，深刻理解各个城市自身的发展潜力和趋势。考虑城市之间的职能分工，避免城市产业结构出现趋同化现象，防止城市工业布局、工业新建扩建项目过多的重复，以免产生不必要的基本建设投资的极大浪费。

（3）合理性、特色（专业）性、高效性问题。每一个城市的合理发展都应当与自身条件，特别是自身的经济基础、产业类型、产业结构、综合实力与发展潜力基本一致，应在一定的技术经济条件下有效配置资源以取得最佳收益。不能自我陶醉式的单打独斗，各自为政，也不能"等靠要"式的贪大求洋，坐失良机。产业结构问题反映出了不同城市的关注点是不完全相同的。对大城市、特大城市和超大城市而言，更强调产业集中化、专业化的内涵发展。

（4）产业的空间布局与配套问题。产业结构是一定要落在某一个具体地点的产业集合，这就涉及了城市的空间布局和基础条件的提供及配置。所以，需要对每一个城市的人口结构、用地结构、产业结构、环境结构进行分析，只有城市本身的支撑体系（包括城市用水、交通体系、能源供给、防灾体系和市场潜力等因子）能够达到稳定、安全、可持续发展的基本要求，才能真正推进产业结构的转型升级，从而推动城市实现现代化。

第四节　城市主导产业的选择

一、主导产业的新解、特征与要点

（一）主导产业的新解

主导产业是指在一国或地区经济发展的特定阶段上，具有高成长性（高增长率）、强推进性（持续动力）、强创新性（吸收和实现技术创新、产品创新及制度创新）、强根植性（充分吸纳地区优势）和广阔发展前景的产业或产业群。主导产业有能力通过自身的发展带动其上游、下游、旁侧产业发展，以推动整体经济发展，促进产业结构升级和转型。

这一新的概念强调了三点：一是关注创新的力量，由于新技术、新方法、新成果、新产业等大量涌现，扩大了主导产业的选择范围，这是选择主导产业不可忽视的未来走向。二是关注区域本土本源力量的根植性，这是过去实践中忽视的部分。很显然，即使是再先进、再新颖的产业，如果不与当地的条件相结合，也只能是一种"空中楼阁"的美好设想，最终成为"无果"的失败实践，甚至丧失地区的发展机会，就像中关村的 IT 产业，并非在任何地方都能发展得很好。本书强调在实践中要具体分析区域资源禀赋优势、地理区位条件、人文历史积淀、社会经济环境和现有的区域经济政策等因素。三是关注潜在的、幼小的主导产业，这是过去实践中常常被忽略的内容。新的概念认为，那些当前处于幼小甚至雏形的潜力产业，会在下一个时段或者经过一定时期的培育，成长为强大的推进型主导产业。从历史经验看，几十年前的电子信息产业并不足够强大（以微软、苹果、阿里巴巴、腾讯等企业为代表），如今已经在产业大潮中担当发展重任。同样，我们可以预言，今天众多幼小的创意产业（包括网络虚拟产业）也将会在未来发挥更大的作用，因此，需要引起当下的重视，在选择主导产业和制定产业政策时，不应简单的排斥。这种对主导产业新的定义和理解，在理论和实践层面上，更适用于面向未来的区域主导产业的选择和具体产业政策的制定。

（二）主导产业的特征

关于主导产业的特征，梳理了近些年部分学者的观点，汇总如下：

（1）主导产业是技术创新和产业结构升级的推动者。主导产业代表着区域内的技术优势，一般能迅速有效地吸收最新的科技成果，从而首先引入全新的生产函数，并且带动整个地区产业结构的技术进步和升级。这是区域主导产业的本质特征和属性。

（2）主导产业能够促进区域经济的增长。区域主导产业一般都具有较高的收入弹性，增长率水平一般高于整个国民经济的平均水平，因此，区域主导产业更具增长能力和发展潜力。

（3）主导产业关联度高，对其他产业发展具有较强的带动作用。区域主导产业具有同其他产业关联度大、带动系数高、生产链条长、对优化产业结构影响大的特点，对其他产业乃至整个经济增长具有重要且广泛的关联扩散效应。

（4）主导产业能够创造新的市场需求。区域主导产业通过自身的迅速发展能够扩大市场、扩大对其他部门产品的需求，从而对其他部门乃至整个经济的增长产业重要、广泛的直接和间接诱发作用，进而实现结构总量的扩张。

（5）主导产业还具备外向性特征。区域主导产业主要是面向外部市场，其发展规模主要取决于外部市场容量，不仅当前有市场，而且在今后一段时期内，需求还有扩大的趋势。

（6）主导产业是具备竞争优势的产业。区域主导产业选择的本质是：政府出于区域经济发展战略的需要，根据本地区的资源禀赋和经济发展水平，引导资源在产业间有效配置，并最终形成具有的竞争优势的产业。从中不难看出，主导产业的本质特征在于它具有的竞争优势。只有这种产业才能在市场竞争中站稳脚跟，并获得持续增长，在不断发展壮大之后成为未来经济的主导力量。

（7）围绕区域主导产业必须形成一定的产业集群。在由企业到产业的嬗变过程中，不可避免地会出现地理位置临近的企业集聚的现象，出现介于企业与产业之间的另一种组织形态——企业集群。能否由一两个具有竞争优势的产业发展成为主导产业，关键在于能否形成一群具有竞争优势的企业，或能否以优势企业为核心形成具有整体竞争优势的企业集群。所以，在完成企业竞争优势的分析之后，有必要分析企业集群的竞争优势。

（三）主导产业特征在实践中的要点

在实际运用中，筛选和确认主导产业是一个较为复杂的过程，常常陷入一个艰难的困境：遴选标准多好？还是少好？过多的约束限制不仅会导致主导产业选择基准繁多、不易把握，还容易把真正合适的区域主导产业筛选掉。过少的标准会把那些不是主导产业的门类推荐到主导产业中来。而且，设置一定的技术标准，也会排斥非标准行业；设置产值规模的特定标准，幼小的潜力行业将会被排斥。因此，在实际操作中，对主导产业的选择要能够抓住其最根本的特征，做出最准确的把握。为此，我们提出以下几个关键点：

（1）关注主导性。主导产业的最根本特征就在于主导，在复杂的产业网络中，要深入分析和挖掘在某一特定时期的特定地区中，究竟哪个或哪些产业真正对当地产业结构和经济发展起关键作用。对主导产业的理解一是要自身过硬，即能够通过自身的升级带动整个产业结构的升级；二是要辐射强大，即能通过扩散效应带动其他相关产业的发展，放大乘数效应来支撑、引导地方经济的发展。其他诸如高增长率、技术创新、规模性等特征都是服从并服务于主导这一根本特征的，在具体选择中并不要求面面俱到。这里要特别注意区别主导产业和支柱产业。很多学者认为，主导产业必须具有规模性，其产值在总产值中占据重要地位，仅凭这一点显得有些片面。注重当前的产值占比恰恰是选择支柱产业的重要标准，主导产业本身的产值可以很低，但其通过扩散效应所影响的一大批关联产业的总产值是不可小觑的。在实践中，可以计算其关联影响，以免由于占比小而被忽视或淘汰。

（2）关注"潜力股"。主导产业的理解和选择不能忽视对现在幼小而未来强大的潜力产业的扶持和推进，这也是产业政策的主要内容。政府在制定主导产业政策时，应当有意识地选择具有发展潜力的未来主导产业。我国作为一个发展中的大国，各地区的资源和发展水平差异较大，如果各地能把短缺的政策资源集中体现在各自特色的产业上，特别是那些具有发展潜力、但目前尚未成熟的幼小新兴产业，加快潜力产业的发展进程，而非已经发展得很成熟的产业，主导产业的选择就进入了较为成熟的阶段。

（3）关注动静考察。应以动态发展的目光考察产业的成长力，这是突破原来认识的一个重要方面。过去，我们看待或选择主导产业主要是基于一个静态的历史性判断，分析的依据在于统计数据和发展业绩，也就是重历史、轻未来。而在对未来的把握上，尽管知道其重要性，但由于缺乏必要的分析手段，分析往往流于形式，缺乏说服力。在不同的发展阶段，不同类型的产业地位是在变化的（见图5-3），因此，在判断一个产业是否能作为具有发展潜力的主导产业时，应坚持以动态发展的目光考察其发展潜力，包括科学预测其长期增长率、市场需求和技术进步情况，以及产业的渗透性、关联带动性、乘数效应等。

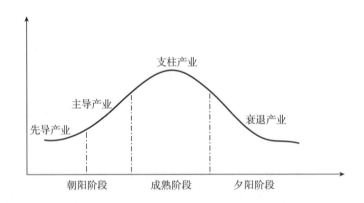

图5-3　产业的发展阶段及更替现象（动态性）

（4）关注根植性。培育区域主导产业时，必须强调区域根植性。在具体操作中，要明确区域自身所处的发展阶段，区域的整体技术水平是否存在实质性限制所要发展产业的因素，即技术的适应性。此外，除了吸收技术进步的能力，还要关注制度创新带来的新突破，如近几年流行起来的文化创意产业就是一个具有地方根植性的综合创新典范。谈到根植性，要特别注意既要落实国家鼓励类产业目录，又要结合当地的特殊情况，选好主导产业。要区分开地方（区域）主导产业和国家层面的主导产业，地方主导产业并非国家层面的主导产业的简单区域化、地方化，而应依据当地的实际情况，包括区域资源禀赋优势、地理区位条件、人文历史积淀、社会经济环境和现有的区域经济政策等，考虑历史延续性及科技和社会的发展需求，做出合乎实际的正确选择。例如，资源型城市在进行产业升级转型时，可以考虑发展相关的新能源产业，充分利用建立起来的产业基础和配套设施；全盘推翻已有的产业结构选择新产业、盲目地选取国家层面的主导产业、效仿其他地区发展得很好的主导产业，生搬硬套，另起炉灶，容易造成资源浪费，并不可取。

（5）关注动力性、创新性。主导产业需要具备吸收创新的能力，这里的"创新"并不是简单地引用先进科技或发展高新技术产业，而应当是进行熊彼特所提出的广义的技术创新，即包括技术创新、产品创新和制度创新等在内的全方位创新。很多地区在选择主导产业时一味地追求具有高附加值的高新技术产业，忽视地区匹配性，完全背离已有的产业结构，而地区自身的技术、人才、配套设施又跟不上，难以满足高新技术产业所需要的条件，最终导致主导产业发展失败。其实，这也是根植性的一种表现。

目前，随着技术和制度的发展，产业分类日渐深化，已经对主导产业的培育和选择提出了挑战，需要我们加强研究，及时更新观念，提出更加有效的方法和对策。

二、主导产业选择标准及原则

一个城市怎样才能确保选择出优秀的适合当地发展的主导产业呢？其实，这并不是一个很容易的问题，不是说把国家鼓励发展的新型战略产业、高新技术产业等拿来套在一个城市、一个地方就可以了。在这个地方是好的产业、可以健康成长的产业，换一个地方并不一定还是好的产业，也不一定能够正常成长。一些城市不顾客观条件，一味追求高端、高技术、高附加值，忘记了"适合自己的才是最好的"这样一条简单朴素的道理。主导产业的选择有一些相对科学的方法。许多学者在这方面进行了有益的探索，标准的确立就是主导产业选择的前置条件。

（一）主导产业的选择标准

一般来说，主导产业的选择要把握以下标准：

（1）比较优势度高。主导产业的选择必须与当前的经济发展阶段相吻合，必须以其本行业、本区域的比较优势为基础。比较优势可以用比较优势度系数来表现。比较优势度系数是由比较集中度系数、比较生产率系数、比较输出率系数和比较利税率系数构成的一个综合指标（四个系数之积为比较优势度）。比较优势度系数的数值越大，说明其越具有比较优势，越具有条件成为主导产业。

（2）产业的关联度高。主导产业是通过与相关产业的关联来组织、带动其他产业发展的。主导产业与其他产业的关联度越高，联系越广泛、越深刻，就越能够通过乘数效应来带动整个产业乃至行业的发展。如果一个产业只是比较优势度系数高，而产业关联度低，则不能成为主导产业。一个产业的关联度是可以通过感应度系数和影响力系数来判断的。如果一个产业的感应度系数和影响力系数都高，则该产业是主导产业的最佳选择；如果这两个系数一个高、一个低，则该产业有可能成为主导产业；如果两个系数都低，则不能作为主导产业。

（3）需求收入度高。需求收入度是指在价格不变的前提下，某产业需求增加率与人均国民收入增加率之比。产业的发展前景在很大程度上是由社会对其所生产的产品的需求增收来决定的。因此，作为主导产业，其产品不仅要当前社会需求很大，更重要的是，未来社会对其产品的需求要能够持续地以比较快的速度增长。可见，主导产业必须是当期和未来需求量大、增势强劲的产业。

（4）生产上升度高。高生产上升度反映的是高生产率上升率。主导产业应该是生产率上升率高的产业。生产率是包括资源生产率、劳动生产率、资金生产率和技术生产率在内的综合生产率。因此，要注意相互之间的综合权衡。综合生产率上升率最高的产业就可以作为主导产业。与比较生产率相比，生产率上升率是从动态角度考察主导产业的发展潜力，而比较生产率则是从静态的角度评价主导产业的发展能力。

（5）产业创新度高。主导产业是动态性的，具有无限创造力、快速更新能力和发展能力的产业。这里所讲的创新，是指对资源、资金、技术和劳动力等生产要素和生产条件不断进行创新性的优化组合，开发出新的技术，引入新的产业组织形式，开拓出新的市场。一是要不断用高新技术来支撑主导产业；二是要自始至终促进主导产业不断升级，其途径是以全新的的产业来替代原有产业，从而升级为新的主导产业；三是要推动具有市场竞争力的大型企业集团创新，培育主导产业发展的载体；四是要选择有发展潜力的幼小产业进行扶持、培育。这是因为主导产业群是由具有强大生命力的主导产业部分、尚具较强生命力的次主导产业部分、具有发展趋势的幼小新兴产业部分构成的，这三个部分的每一次更替都表明产业结构实现了一次升级。因此，要重视幼小产业的培育发展。

（二）主导产业的选择原则

（1）与国民经济主导产业既有共性又有区别原则。区域主导产业的选择是局部和整体（国民经济主导产业）的关系。地区主导产业的选择必须坚持四个基本原则：一是有所为，有所不为；二是强化对市场的分析与预测；三是更多地着眼于与所在或相邻区域之间的产业分工协作关系；四是必须协调与高一级地区产业发展战略之间的关系。从系统论的角度理解"地区个性"和"子产业"两个概念。地区主导产业的选择要着重把资源优势转化为经济特色，着重在全国范围内形成协调互补的产业协作分工。区域主导产业选择时，要考虑空间和产业内部分工特性。

（2）外向性或比较优势原则。有些学者根据我国不同区域经济社会发展的阶段性特征，提出了选择区域主导产业的原则。例如，倪前龙等提出了输出导向原则，他认为，我国省级、县级区域，尤其是欠发达地区，市场容量小，实施输出导向战略更为必要、迫切，输出包括向国外和国内其他地区销售两方面，小区域采取后一种方式更为现实。他还提出了区域主导产业外向性的基本要求。郝寿义和安虎森认为，主导产业仅具有较大的市场占有潜力是不够的，还必须大量地生产出来，变为实在的市场，满足购买力的需求，强调区域主导产业必须是区域生产上优势较大的产业部门。

（3）约束性原则。区域经济开发模式是区域经济增长理论的具体化，包括模式构建、主导产业选择和产业部门间转移三部分内容。不同的区域经济背景决定区域经济发展选择不同的发展模式，不同的区域发展模式决定区域经济选择不同的主导产业，而不同的主导产业又决定了区域的产业结构和空间布局，其中，主导产业选择是不同区域经济开发模式的核心内容。因此，区域主导产业的选择要考虑区域的发展模式及其历史背景。

（4）符合区域经济发展趋势原则。区域主导产业必须坚持四项基本原则：第一，发展趋势原则，表明区域主导产业的选择应该符合未来发展规律；第二，基础支撑原则，表明区域主导产业的选择应该有利于形成未来的主导产业；第三，系统协调原则，表明区域主导产业的选择应该具备扩散带动区域经济发展的内在品质；第四，可持续原则，表明区域主导产业的选择应该是生态、环保、符合可持续发展能力要求的。

（5）区域乘数效应最显原则。区域乘数最显原则实质上就是区域产业关联度最大原则。它要求区域主导产业的选择要考虑关联作用比较大的产业。区域乘数最显原则是区域产业向多样化综合方向发展的客观反映与要求，同时也是区域产业协调发展的根本需要，有了主导产业的高速发展和关联性带动，才能形成以主导产业为龙头、相关产业次序发展的产业格局。

此外，主导产业选择还应该遵循几个其他原则：①避免产业结构单一化；②注重幼小产业的培育；③注意市场调节与政策干预之间的界限。城市主导产业的选择难免带有政府主观意见和计划的色彩，选择的过程往往不如理论分析顺利，结果往往是规划没有选择为主导产业的产业发展了起来，而规划选中的产业有可能因为各种因素停滞不前。由于政府主观的主导产业选择可能存在这些失误，因此，要特别注意政府干预和市场调节之间的界限，避免政府的过度干预妨碍地区产业的健康发展。

第六章 功能特色问题

城市的职能定位和特色是其立于不败之地、可持续发展、价值创造的源泉。围绕新时期，特别是国际环境新变化，扩大内需构建"双循环"，增强中心城市和城市群经济、人口承载力，优化资源配置能力，在此我们从竞争力、节点型城市（如中心城市）、创新动能、发掘潜能、塑造特色等方面加以探讨。

第一节 城市竞争力源自何处

所谓城市竞争力，就是一个城市在全球合作、竞争过程中，与其他城市相比所具有的吸引、争夺、拥有、控制要素和市场，更多、更快、更有效率、更可持续地创造价值、为其居民提供福利的能力。中国城市经历了从建设城市到管理城市再到经营城市的发展路径，城市资源整合和配置机制不断完善，城市创造财富的能力不断增强，即城市的竞争力不断提高。在简政放权后，各城市有了独立发展的冲动，竞相采取超脱的、独特的发展战略，抢占发展先机和制高点。提高城市竞争力，关键在于厘清城市竞争力的来源，即影响城市竞争力的因素。在理论研究方面，国内外学者针对城市竞争力的形成和主要影响因素提出了相应的理论（见表6-1）。

表6-1 城市竞争力研究模型

序号	学者/机构	典型理论	竞争力影响因素
1	克雷斯尔和龙迪内利	双框架模型	显示性框架要素：制造业增加值、商品零售额、商业服务收入 解释性框架要素：经济类、战略类
2	波特	波特钻石理论模型	四要素：生产要素，需求条件，相关产业和支持产业的表现，企业的战略、结构和竞争对手
3	瑞士洛桑国际管理发展学院	国家竞争力模型	四对关系：本地化与全球化、吸引力与扩张力、资产与过程、个人冒险精神与社会凝聚力 八要素：国家经济实力、国际化程度、政府管理、金融体系、基础设施、企业管理、科学与技术、国民素质

序号	学者/机构	典型理论	竞争力影响因素
4	龙迪内利	大都市区国际竞争力模型	四要素：当地城市环境、国民经济中影响国际竞争力的要素、对国际贸易协定的服从、大都市当地企业和产业的竞争力
5	韦伯斯特	四要素模型	四要素：经济结构、区域禀赋、人力资源、制度环境
6	索塔罗塔和林纳马	六要素模型	六要素：企业、基础设施、人力资源、网络成员、高效政策网络、生活环境
7	贝格	迷宫模型	四要素：部门趋势和宏观影响、公司特质、贸易环境、创新与学习能力
8	加德纳	金字塔模型	八要素：经济结构、创新活动、区域可达性、劳动技能、环境、决策中心、社会结构、区域文化

资料来源：罗涛，张天海，甘永宏，等．中外城市竞争力理论研究综述［J］．国际城市规划，2015，30（S1）：7-15.

归纳一下，城市的竞争力来源于三大方面：其一，来源于城市所处的外部环境（城市所处区域中的功能定位以及由于区位而面临的机会与威胁）、市场需求环境；其二，来源于城市异质性禀赋、社会资本（如劳动力、资本、知识技术）等基础差异、难以模仿的专有的关键资源；其三，来源于城市"内部能力"，如超强的组织创新学习能力、文化氛围，以及历史积累下的资本实力等内生优势，它们相辅相成，共同作用于城市竞争力。

第二节 具有全球影响力的城市：世界城市

随着我国综合国力的迅速增强，许多城市已经转向世界城市的发展目标，认识和打造世界城市摆上了议事日程。

世界城市是各类城市中具有全球影响力的城市，在世界范围内对世界经济、全人类的社会发展有着重大影响。1986年，弗里德曼就在其《世界城市假说》中，从新的国际劳动地域分工角度，提出了对世界城市的七个基本观点；1991年，沙森（Sassen）则根据生产性服务业的特征，阐述了对世界城市的认识，归纳他们的主要观点：

第一，经济高度国际化，成为世界经济的控制中心，即引领城市、中枢城市、领导城市。一个城市持续不断地融入世界经济中，不断地创造出新的功能，引领、参与到世界地域分工中。其融入的形式和程度以及它在新的国际劳动地域分工中被赋予的职能，将随着进程的推进不断深化，并促进其自身内部结构的变化完善。

第二，职能位势高度化，成为全球的服务中心，即顶级城市、高端城市。世界城市是能够将全球城市网络中的高等级服务业的生产和消费中心连接起来的那些城市。世界上的主要城市被全球资本用来当作连接生产和消费的空间组织基地，由此产生的联系使全球城市形成了一个复杂的空间等级体系。这种连接以城市之间的知识综合体和经济反射为基础，且是动态发展的。在空间上表现为统领发达的城市网络（群）和广阔的腹地，在业态上表现为大量实力雄厚的跨国公司总部、金融机构、国际性组织、文化机构和设施。

第三，生产高度专门化，形成世界主要知识创新中心，即创新城市、知识城市、大脑城市、首脑城市等。世界城市集聚了优秀的人才和优质的基础设施与服务，在产业部门和就业结构上反映出产业的高度专业化和特殊的产业基地，不断涌现的知识创新活动（不仅有科技创新，还包括文化等精神产品创制）赋予了城市持续的活力和强大的辐射力。

第四，要素的高级化，形成资本的市场（集聚）中心，即资本城市、高端资源城市。世界城市是生产要素中高端部分的集聚地，尤其是高端人才、高新技术、国际资本集聚和集中的主要场所，为全球提供人才、技术、金融等特殊产品的多样化服务。

第五，环境的优质化，成为全球宜居中心，即宜居城市、便捷城市、绿色城市、健康城市、文化城市等。世界城市应当在自然环境、绿色生活、健康养生、休闲娱乐、精神文化等方面引领世界潮流，拥有发达方便的基础设施，是众多国内和国际移居者的目的地。

由以上特点不难看出，世界城市确实是最具有竞争力的城市。

作为全球最著名的城市评级机构之一，全球化与世界城市（GaWC）自2000年起不定期发布《世界城市名册》，通过检验城市间金融、专业、创新知识流的情况，确定一座城市在世界城市网络中的位置。GaWC以其独特视角对城市进行Alpha，Beta，Gamma，Sufficiency（＋/－）划分（即全球一、二、三、四线），以表明城市在全球化经济中的位置及融入度。这份榜单被认为是全球最权威的世界城市排名。表6-2的关注点更多地放在中国城市在世界范围内的排名，表6-3则从历史的角度展示了世界城市的排名演化。

表6-2　2019年GaWC世界城市排名

Alpha 级别 （世界一线城市）		Beta 级别 （世界二线城市）		Gamma 级别 （世界三线城市）		Sufficiency 级别（世界四线城市、自给自足型城市）
Alpha ++	伦敦、纽约	Beta +	成都（71）、杭州（75）	Gamma +	郑州（153）	

续表

Alpha 级别 （世界一线城市）		Beta 级别 （世界二线城市）		Gamma 级别 （世界三线城市）		Sufficiency 级别（世界四线城市、自给自足型城市）	
Alpha +	香港（3）、北京（4）、新加坡、上海（6）、悉尼、巴黎、迪拜、东京	Beta	天津（86）、南京（94）、武汉（95）	Gamma	昆明（164）、合肥（176）、太原（187）	High Sufficiency	高雄（216）、宁波（221）
Alpha	米兰、芝加哥、莫斯科、多伦多、圣保罗、法兰克福、洛杉矶、马德里、墨西哥城、吉隆坡、首尔、雅加达、孟买、迈阿密、布鲁塞尔、台北（26）、广州（27）、布宜诺斯艾利斯、苏黎世、华沙、伊斯坦布尔、曼谷、墨尔本	Beta -	重庆（105）、苏州（112）、大连（118）、厦门（121）、长沙（122）、沈阳（126）、青岛（127）、济南（132）	Gamma -	福州（196）	Sufficiency	乌鲁木齐（239）、哈尔滨（242）、石家庄（248）、长春（252）、南昌（253）、台中（258）、兰州（281）、贵阳（287）、海口（294）、无锡（296）、珠海（308）、南宁（314）、澳门（331）、呼和浩特（335）、西宁（341）、潍坊（355）、南通（367）等
Alpha -	阿姆斯特丹、斯德哥尔摩、旧金山、新德里、圣地亚哥、约翰内斯堡、都柏林、维也纳、蒙特利尔、里斯本、巴塞罗那、卢森堡市、圣菲波哥大、马尼拉、华盛顿、布拉格、慕尼黑、罗马、利雅得、布达佩斯、休斯敦、深圳						

注：＊括号内数字为中国城市在世界城市中的排名。

资料来源：百度百科，https：//baike.baidu.com/item/世界城市排名/3569562？fr＝aladdin。

龚维进、倪鹏飞和马科尔·卡米亚根据 2019 年全球城市竞争力报告敏锐地提出了全球城市竞争力呈现的七个新特点：在全球前 20 名城市竞争激烈导致位次波动较大、分化加剧，综合与科技中心总体提升；在全球前 200 名城市中，欧洲降多升少，亚洲升多降少；十大城市群中，北加利福尼亚的平均水平最高，莱茵—鲁尔的内部差异最小；中、美、欧盟三大经济体的城市竞争力平均水平的变化差异较大；全球经济竞争力的总体水平下降，分化有所缩小；在全球次区域城市中，中国北部、欧洲东部下降多，中国南部、印度总体上升多；中国城市的全球竞争力总体排名升少降多，均值有所下降，具体排名的马太效应显著。

表 6 - 3　世界城市的历史演化

研究者	第一层次世界城市	第二层次世界城市	第三层次世界城市
弗里德曼（1986）	伦敦、纽约、东京	芝加哥、洛杉矶、华盛顿、巴黎、布鲁塞尔、法兰克福、苏黎世、新加坡、圣保罗	圣弗朗西斯克、休斯顿、迈阿密、多伦多、墨西哥城、加拉加斯、里约热内卢、布谊诺斯艾利斯、柏林、维也纳、米兰、马德里、鹿特丹、首尔、大阪、香港、台北、马尼拉、曼谷、孟买、悉尼、约翰内斯堡
斯瑞福特（1986）	伦敦、纽约、东京	巴黎、香港、新加坡、洛杉矶	悉尼、达拉斯、芝加哥、迈阿密、檀香山、旧金山
伦敦规划咨询委员会（1991）	伦敦、纽约、东京、巴黎	阿姆斯特丹、香港、苏黎世、法兰克福、芝加哥、米兰、波恩、柏林、哥本哈根、罗马、里斯本、马德里、布鲁塞尔	—
比弗斯托克（1999）	纽约、东京、伦敦、巴黎、香港、洛杉矶、新加坡、芝加哥、法兰克福、米兰	悉尼、旧金山、多伦多、苏黎世、马德里、布鲁塞尔、墨西哥城、圣保罗、首尔、莫斯科	阿姆斯特丹等 35 个城市

第三节　关于城市体系中的节点型城市

针对中心城市的研究要追溯到杜能、佩鲁、克里斯塔勒、克鲁格曼、廖什、艾萨德等，农业圈层理论最早刻画了以城市为中心，以距离、交通便利程度、辐射能力为依据向外按圈层扩散的土地利用模式；增长极理论阐述了中心城市形成的机理，作为"推进性单元"的增长极发挥了支配作用，具有明显区位优势的城市或区域凭借主导产业的发展，在扩散效应与回流效应的共同作用下，不仅实现了本地区的快速增长，还通过乘数效应带动了周边地区或部门的增长；克里斯泰勒提出中心地理学说，将中心城市引入城市体系，提出中心城市是城市空间组织与分布的最优区位；廖什、艾萨德等进一步发展了中心地理理论，提出每一个区域都应该建立可以对全区经济起支配作用的首要城市，以此为中心，交通网络向四周扩散；以克鲁格曼为代表的新经济地理学派则以一种更规范的经济学研究范式提出了核心—边缘理论，在离心力与向心力的共同作用下，生产要素由边缘区向核心区流动，揭示了经济地理集聚的内在运行机制。增长极理论、中心地理论、核心—边缘理论等学说深入地解释了中心城市形成与发展的内在机理。基于19世纪末英国霍华德（E. Howard）的田园城市理论和后来的卫星城镇理论，反磁力吸引体系将关注点聚焦在集聚的负面效应上，离心力的存在阐释了副中心城市发展的动因，由此形成了相对完善的理论体系。

中心城市是城市群功能分工和经济区生产布局的空间表现形式，是具有较强创新、服务和聚集扩散功能的区域经济中心。中心城市有以下几种类型：国家中心城市、区域中心城市、省级副中心城市。

一、国家中心城市

国家中心城市是国家战略区域内或全国性的经济中心，是全球产业价值链分工体系和城市网络体系中的重要功能节点，是代表国家参与国际竞争的重要空间载体，是具有较强管理、控制、整合和创新功能的特大中心城市。国家中心城市是一个国家现代化水平与国际化水平的最高代表，是国际竞争中的主要参与者。

国家中心城市的主要功能有以下四点：管理与控制功能——国家中心城市所具备的资源优势以及配置、管理决策能力，使之成为区域的指挥中心、创新中心以及商业贸易中心，以此来实现对区域的管理和控制；协调辐射功能——国家中心城市应当具有强大的协调辐射功能，通过有效组织区域间生产、交换和消费，协调经济活动，同时进行国际交流，辐射带动周边地区崛起，协调辐射功能可以通过区域增长中心、开放门户和政治中心来反映；城市服务功能——国家中心城市是区域内人们生产、生活和文娱活动的中心，对城市自身、区域、全国乃至全球具备广泛的综合服务能力和高端的专业服务能力，这种服务能力，可以通过生产服务中心和生活服务中心来反映；信息枢纽功能——控制管理、协调辐射和城市服务功能强化了国家中心城市的信息枢纽功能和作用，国家中心城市通过信息网络体现对经济、政治、文化等的支配性功能和过程，这种信息枢纽功能反映为信息中心和文化中心。

国家中心城市的规划建设是当前推进深度城市化，实现高质量发展，建设全面现代化国家，以及提升全球竞争力的重要路径和手段，也是各地区和城市发展的重要抓手以及竞争的重要领域。2018 年 11 月 3 日，中国社科院发布了"国家中心城市指数"研究报告①（见表 6 - 4）。

表 6 - 4 相关专业功能国家中心不同层级城市

功能	国家中心	国家重要中心	潜在国家重要中心
政治	北京	—	—
金融	上海	北京、深圳、广州、杭州、天津、南京	成都、武汉、大连、重庆、无锡、青岛、厦门、西安、郑州、苏州、宁波、沈阳、济南
科技	广州	上海、深圳	武汉、重庆、成都、西安、杭州、南京、合肥、广州、天津
交通	北京	北京、上海、西安、武汉	成都、重庆、郑州、南京、青岛、深圳、长沙、杭州、天津、济南
文化	上海	上海、广州	杭州、武汉、济南、深圳、南京、西安、长沙、苏州
贸易（物流）	北京	北京、天津	深圳、大连、重庆、广州、郑州、武汉、厦门、长沙、青岛、杭州、成都、南京、西安
信息	北京	上海	广州、成都、深圳、重庆、武汉、南京、郑州、天津、杭州、兰州、厦门
对外交往	北京	上海、广州、西安、深圳、天津、成都、杭州	武汉、重庆、青岛、南京、厦门
教育	北京	上海、广州、武汉、天津、南京、西安	长沙、长春、成都、哈尔滨、济南、合肥、深圳、沈阳、杭州、重庆
医疗	北京	上海、成都、广州、西安、天津	南京、武汉、重庆、长沙、郑州、杭州、哈尔滨、济南、沈阳

我国是一个地域、人口大国，城市的层级和级别多，体系复杂，形成了以行政力量推动城市发展的一道风景线。在城市体系中，那些处于网络节点位置且级

---

① "国家中心城市指数"研究报告，选取 25 个样本城市，瞄准国家中心城市的各大功能，评价指标包含了体现城市功能数量维的集聚度和关注城市功能质量维的联系度。城市功能分为国家中心城市、国家重要中心城市、潜在国家重要中心城市和非国家中心城市（与国家中心城市集聚和联系全国的定位差距较远）四个层级。

别和层级较高的城市，拥有较大的资源配置能力和管理手段，在城市竞争中，易于取得高位、占据发展要点。

二、区域中心城市、省级副中心城市

区域中心城市是一个区域内城市体系中地位显要、区位优越、经济发达、体系完整、功能完善的综合性、枢纽性、主导性城市（一般是特大型或超大型城市）。这类城市在工业化、城市化、市场化、信息化（智能化）、开放化等领域走在前面，在资源转换、交通网络、经济增长、文化传播、信息交流、金融服务、市场开拓、科教文化等多方面具备引领、集散、辐射、制衡等作用；普遍具有开放型、创新性、多功能、强辐射、高效益、可持续等主要特征，在吸引、争夺、拥有、控制和资源转化方面均有强大优势，对区域经济具有突出的带动作用、聚集作用、扩散作用、服务作用和创新作用，是区域资源聚集中心、经济增长中心、运行控制中心、城市网络中心和文明辐射中心。当以省域为观察视角时，通常省会就是本区域中心城市。

省域副中心城市通常指在一省范围内，综合实力较强大，拥有独特的优势资源或产业，与省会主中心城市有一定距离，可以被赋予带动周边区域经济发展重任的大城市。省域副中心城市的概念在 2001 年由湖北省社科院秦尊文首先提出，湖北省政府在 2003 年采纳这个建议，设立了宜昌、襄樊两个副中心城市。

省域副中心城市并非一定是行政区域内排名第二位的城市，而是根据区域内经济发展的战略考虑、主动设立的重要驱动中心，这是在中国行政体制、行政区划和经济发展阶段等特定背景下区域经济发展的探索和实践。当前，我国省域副中心城市包括四种类型。一是副省级城市。副省级城市由国家规划设立，属于省级行政机构管辖，是事实上的副中心，和省会城市一起成为省域经济发展的引擎。二是省域副中心城市。比如，洛阳、三亚、桂林、唐山等地。三是基于全省经济发展的战略考虑，主动规划形成的城市。最为典型的有宜昌、襄阳、遵义、赣州等。四是虽然没有批准确定，但在积极争取区域中心城市并参照省域副中心城市运行的城市，如苏州、无锡、常州等城市。目前，我国具有省域副中心功能和地位的城市名单如表 6 – 5 所示：

表 6 – 5　全国具有省域副中心功能和地位的城市

省份	城市	省份	城市
黑龙江省	齐齐哈尔市、佳木斯市、牡丹江市、大庆市	福建省	厦门市、泉州市
吉林省	吉林市	安徽省	芜湖市
辽宁省	大连市、鞍山市	山西省	大同市、运城市、长治市
河北省	唐山市	内蒙古自治区	包头市、通辽市

省份	城市	省份	城市
山东省	青岛市、烟台市	海南省	三亚市
湖北省	宜昌市、襄阳市	云南省	大理市、曲靖市
湖南省	岳阳市、衡阳市、常德市	贵州省	遵义市
广东省	深圳市、湛江市、珠海市、汕头市	宁夏回族自治区	固原市
江苏省	苏州市、无锡市	陕西省	宝鸡市
浙江省	宁波市、温州市	重庆市	万州区
江西省	九江市、赣州市	西藏自治区	日喀则市
四川省	绵阳市	广西壮族自治区	柳州市、北海市
青海省	格尔木市	甘肃省	天水市、酒泉市

从现有的省域副中心城市的发展成效来看，省域副中心的设立推进了区域经济的快速发展。以宜昌市为例，2011 年以前，宜昌市的 GDP 远远低于山西的省会城市太原，但在 2012 年首次超过太原后一直到现在都遥遥领先于太原市。襄阳市和南阳市在发展比较上更有说服力。河南的南阳和湖北的襄阳共处南襄盆地，地域相邻，人文相同，南阳的人口是襄阳的近 1 倍，历史上很长时期襄阳的主要经济指标一直低于南阳。2006 年，南阳的 GDP 总量为 1203 亿元，襄阳为 675.2 亿元，南阳是襄阳的近 2 倍。但是经过多年的发展，到 2016 年，襄阳市为 4065 亿元，南阳只有 3119 亿元，襄阳已经反超南阳 900 多亿元。

当前，各地在省域副中心城市的机制体制建设上基本相同。其一是政策上的支持，适当扩大省域副中心的经济社会管理权限。其二是高配干部，省域副中心城市的地方主要领导都由省委常委或者副省长兼任，这有利于争取到更多的发展机遇，以及协调区域发展中出现的难题。其三是成立专职机构，制定中心城市发展目标，研究和督办建设任务。其四是项目、资金上的支持，尤其是生产力布局（如大企业、高校建设、重大项目）的安排。

第四节　关于集中力量建设问题：开发区

一、开发区模式需要大力推进和完善

开发区是改革开放后国家或地方政府为了加快发展（引进），集中优势资源加以培育，塑造平台，专门划分的特定区域，实行特定的优惠政策。我国开发区共分为两大类：第一类是国务院或国家部委批准设立的，为国家级开发区（包括

新区、试验区);第二类是省级人民政府批准设立的,为省级开发区。国家级开发区主要有以下类型:国家级新区、综合配套改革试验区、保税区、自由贸易试验区、经济技术开发区、高新技术产业开发区、出口加工区、边境经济合作区、其他类型开发区(如图 6-1 所示)。

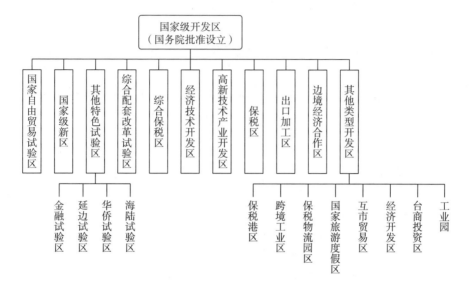

图 6-1 国家级开发区分类

资料来源:《中国开发区审核公告目录》(2018 年版)。

自 1984 年设立首批国家级经济技术开发区以来,我国各类开发区发展迅速,成为推动我国工业化、城镇化快速发展和对外开放的重要平台。目前,根据《中国开发区审核公告目录》(2018 年版)(以下简称《目录》)显示,国家级开发区有 552 家。其中,国家级开发区中经济技术开发区数量最多,达到 219 家;高新技术产业开发区和海关特殊监管区(包含保税区、出口加工、保税物流园区、跨境工业区、保税港区和综合保税区)分别为 156 家和 135 家;与 2006 年版的《目录》相比,2018 年版的《目录》增加了 975 家开发区。

改革开放以来,我国的经济发展历程已经证明,开发区是促进我国经济发展的强大动力,这一点在经济发达地区表现得尤为突出,同时,它又是国内主导产业发展的集聚地,对区域经济又好又快发展起到十分重要的辐射、示范和带动作用。一是辐射示范带动作用。通过外引内联和多年的发展,目前,我国开发区在经济总量、政策优势、研发优势、招商模式、融资方式、体制机制、服务模式、基础设施等方面,与非开发区相比带有明显的主导性、开创性、先进性和特色性,起到十分重要的辐射示范带动作用,不仅加快了当地的城市化进程,为其他地区的经济发展指明了方向、打开了通道，同时也更新了人们的思想观念，培养了专业经济人才，特别是在国家级和省级开发区表现得更为明显。二是产业集聚作用。我国开发区以其独特的开发形式和区位优势，始终坚持高起点、高技术、高效益发展主导产业，目前，国内的主导产业绝大多数都位于开发区内，这对调整优化国内产业结构和促进我国经济发展具有十分重要的作用。

在经济开发区的发展过程中，由于体制、机制以及对开发区发展的认识程度和评价体系等诸多因素，开发区的发展暴露出了许多不足和问题，严重阻碍了开发区的良性发展，有些地方的开发区甚至变成了当地的一种包袱。目前，我国经济开发区在发展过程中出现的不足和问题主要表现在以下五个方面：①开发区自主发展能力依然薄弱，多是政府主导型；②开发区争取挂牌新建，缺乏后续创新推进；③土地资源开发利用仍较粗放，违规操作屡有发生；④开发区缺乏产业集群效应、规模效应和品牌效应；⑤开发区的高层次人才队伍匹配不足。

二、开发区建设典型：苏州工业园

苏州工业园区于 1994 年 2 月经国务院批准设立，同年 5 月实施启动，行政区划面积 278 平方千米，其中，中新合作区 80 平方千米。这是中国和新加坡两国政府间的重要合作项目，被誉为"中国改革开放的重要窗口"和"国际合作的成功范例"。苏州工业园区率先开展开放创新综合试验。2018 年，园区实现地区生产总值 2570 亿元，公共财政预算收入 350 亿元，进出口总额 1035.7 亿美元，社会消费品零售总额 493.7 亿元，城镇居民人均可支配收入超 7.1 万元。在商务部公布的国家级经开区综合考评中，苏州工业园区连续三年（2016 年、2017 年、2018 年）位列第一，并跻身世界一流高科技园区行列。

从"一片洼地"到"创新之城"，苏州工业园区承担了中外合作开发"试验田"的历史使命，一大批外资企业、国际研发机构入驻，一大批企业在这里发展壮大、走向全球。这里是"世界工厂"，更是创新高地，全球高端人才在这里碰撞，全球创新资源在这里汇聚。这些生动的创新实践，打造了中国对外开放和国际合作的成功范例，形成了借鉴、创新、圆融、共赢的园区经验①，提供了如下五个维度的启示。

第一，注重规划先行。科学规划，借鉴新加坡经验，园区投入 3000 多万元从高水平规划起步，由中新双方专家联合编制了第一版总体规划，以规划引领城市建设发展全领域、全过程。在预留"白地"（未明确今后土地用途的空地）、"灰地"（未来可以改变土地使用性质的地块）、"弹性绿地"（可开发或可不开发

---

① 借鉴经验，是园区发展的基础；不断创新，是园区发展的动力；圆融聚纳，是园区的胸怀境界；共赢互利，是园区的追求、目标。

的绿地）的基础上，细化刚性约束，不因开发商和项目而任意变更规划。这不仅为投资者营造了可预见、低风险的投资环境，还保证了城市建设的高水准、高品质。

第二，以发挥产业集群效应为导向。设置准入条件，推动入园企业向集群化方向发展，实现资源优化配置。苏州工业园区构筑了特色的产业体系，大力发展高端高新产业，形成了"2＋3"特色产业体系（"2"：电子信息、机械制造等两大主导产业；"3"：生物医药、人工智能、纳米技术应用等三大特色新兴产业）。2015年，已有近1/3的世界500强企业在园区落户。据统计，园区累计吸引外资项目超5550个，实际利用外资超283亿美元，全区投资上亿美元项目149个，其中，10亿美元以上项目7个，在电子信息、机械制造等方面形成了具有一定竞争力的产业集群，高新技术产业产值占规模以上工业总产值的比重达到67%。

第三，突出先行先试。苏州工业园区这块改革开放"试验田"，始终围绕优化外向型经济存量、创新开发区管理体制等问题，开展了富有创造性的试验和实践，持续激发发展动力和活力。从首创全国首批出口加工区、全国首家中外合作办学试点，到首个国家级股权投资基金等，众多"第一""唯一"在这里诞生；引领开发区在现代物流、科技发展、金融开放等领域的功能创新。近年来，率先在全国开展开放型经济新体制综合试点试验、中新跨境人民币创新业务试点、贸易多元化试点等国家级试点。练好内功，自开发之初就建立了精简、高效的扁平化行政管理体制，2015年又率先构建起大部门制工作格局，集中审批分类监管与综合执法的现代基层治理体系；编制了近100项既有园区特色，又与我国现行体制机制相衔接的规章制度和管理办法，形成了与国际接轨的经济社会运作机制。

第四，强化亲商服务。实现企业追求与政府支持的同频共振，加快政府职能的转变，强化智能协同服务。早在1995年，这里就在国内率先针对落户企业开展了窗口式集中服务。实施"2333"改革，即开办企业、不动产登记、工业建设项目施工许可分别在2、3、33个工作日内完成。同时，建立了"三库"（人口库、法人库、地理信息库）和"三通"（政务通、居民通、企业通）的"城市大脑"，一般项目审批不到现场踏勘即可作出行政决定。开发区为追求更高端的产业和产业链布局，打造了专业化、精细化招商亲商服务体系，在全国率先设立中小企业服务中心，围绕投融资、项目申报、企业认定、知识产权等事项开展"代办制"服务，打通了政府服务的"最后一公里"。

第五，注重土地集约利用。在总体规划指导下，一是高标准实施"九通一平"〔九通通市政道路、雨水、污水、自来水、天然气、电力、电信（电话、传真、信函等）、热力及有线电视管线（现扩展到网络），一平即平整场地〕，高质量营造区域发展环境和基础条件。二是有序开发、高效建设，建立以市场为导向的供地制度，重点向"三高三低"（高技术、高投入、高产出，低能耗、低材耗、低污染）项目倾斜。建立公开透明的土地拍卖制度。三是挖掘潜力，增强土地集约利用效率，开创了清淤、治水、取土、扩地相结合的土地综合开发新模式，相当于扩增用地几十平方千米。

三、文化创意产业集聚区个性化发展

21 世纪以来，以创新、创意为核心的文化创意产业的发展水平已逐渐成为衡量一个国家和地区综合竞争力的重要标志之一。因此，近年来，不少国家和地区都把创意产业作为支柱产业，并不遗余力地通过各种政策措施和手段积极推动文化创意产业的发展。中国各地争相出台政策，大力发展各自的文化创意产业集聚区，出现了井喷式增长。

（一）文化创意产业的主要特征

文化创意产业是以文化为基础、以创造为核心、以思想为动力，利用高科技手段对文化资源进行深度整合，通过知识产权的合理开发和广泛运用，生产出高附加值产品和服务的新兴产业。从特点来看，文化创意产业具有知识集聚性、价值增值性、深度融合性、与时俱进性四个特点。从作用来看，文化创意产业具有三大作用：一是促进经济结构调整，提升国家综合竞争优势；二是促进地区经济发展，提升地区经济竞争力；三是促进三次产业增长，提升行业之间的融合发展水平。随后，确定了全文研究的理论基础，即产业组织理论、产业集聚理论以及产业竞争力理论。

概括来说，创意产业具备以下几个主要特征：

（1）匠心独具——创新前沿性。创意产业是一种将人类的创意和智能作为生产要素的新兴产业，它把创意等智力因素确立为产业发展的核心要素，其中，作为主体的创意产业人员主要是拥有创意灵感的设计高手和特殊专才，他们主要依靠自己的创造力、思想、才华和技能，由此而萌发的创意产品是文化与技术相互交融、集成创新的产物，呈现出智能化、特色化、个性化、艺术化的特点。可以看出，创意产业具有高度的知识性、思想性和前沿性。它引领着生产、消费和服务的新潮流，有着顽强的生命力和成长性，也预示着广阔的市场前景。

（2）锦上添花——高端高附加值性。创意产业属于知识密集型产业，其核心生产要素包括信息、知识、技术、智慧等，尤其是文化和技术等无形资产，它们是整个社会化大生产的核心高端部分。创意在这里是技术、经济和文化等相互交融的产物，相应地，创意产品是新思想、新技术的物化形式，特别是数字技术，是技术产业化与文化产业化交互发展的结果，故其价值并非局限于产品本身，还在于它们所衍生的附加价值。

（3）绿色环保——低耗无污染性。相对于传统制造业而言，创意产业是一

种无污染且低消耗的产业，它立足于人的创造性，不太受实物资源的限制，对环境生态也不会造成污染，是一种环境友好型、资源节约型产业。

（4）虚拟无状——虚拟空间的无限性。网络的存在将空间成本压缩到零，促进了创意产业企业的分散化进程。创意产业不属于常规的原材料、市场等指向性产业范畴，它高度依赖现代电子信息和网络技术手段，因此，具有虚拟资源无限、常规运输少、占地面积少的特性，深刻地改变了空间、距离和常规资源对产业的制约，也深刻地改变了产业融合的趋势与路径，极大地降低了经济发展对资源的依赖性。就单个企业而言，它具有小型化、灵活化的特性，可以是个人工作室，突破了简单的以规模、体量论"英雄"的传统评判观念。

（5）旧貌新颜——高品位性。创意产业的发展是文化积淀和文化氛围高度思维化的结果，创意产业因为文化而变得有灵气、有品位。创意产业的发展，使一大批知识分子、创意人员集聚起来，他们具有较高的文化素质、消费水平、新型理念，直接或间接影响着该地区的文化、观念和习俗，相应提升了该地区的文化生活水平与质量。

（6）纲举目张——强带动性。创意是技术、文化和经济等相互交融的产物，创意产品是新思想、新技术的物化形式，特别是数字技术，是技术产业化和文化产业化交互发展的结果，它可以渗透到许多相关产业部门，带动这些产业发展，从而对地方经济的发展起巨大的带动作用。因而，创意产业又被誉为"引擎产业"。

创意产业产生增长推进的一个深层原因是构成该产业的多样性，由于其自身的性质，创意产业和创造性人员能不断地吸纳新的技术、进程和企业管理经验，以提升其产品的价值。因此，就销售、知识和技术转移而言，有一个巨大的商机有待开发。创意产业开启了以消费者为导向的产业时代，以消费者为中心的定制时代开始引领产业发展的潮流。凝结在创意产品中的知识和创意结晶的价格是难以用成本法估量的。创意产品是否真正有价值，已经无法用传统的供需价格规律来决定，产品的价格是由消费者愿意为其付出的代价来决定的。

（二）文化创意产业集聚区的发展模式与路径

发展模式与路径的选择决定了在发展中的利益格局和地位作用，而个性化发展是每个园区立于不败之地的必由之路，是走可持续发展的有效途径。发展模式和路径，没有更多现成的成果可供选择，所以，也间接导致了发展模式的多种提法和杂乱无章的发展计划。这就需要对国内外，特别是国内的数百个集聚区进行整理和挖掘，从中找出我国的集聚区特色与类型、模式与路径。

1. 文化创意产业集聚区的形成发展机制

以动力主体为视角，可以归纳为自发（自然）集聚、企业主导和政府主导三类（见表6-6）。自发集聚的文化创意产业集聚区是主流。

表6-6　文化创意产业集聚区的基本类型

基本类型	集聚模式	特征	发展机制	管理模式	典型代表
自发集聚	以人为本的集聚区	优势：开放与包容、创意氛围浓郁；最有特色、最具活力；汇集大量文化创意人才及文化创意工作室 劣势：产业效益并不显著	源于某些偶然诱因，通过不断地自我确认和自我强化逐渐成为一个具有巨大磁力的专业化区域；具有市场化的自我发展机制；依托人才带来的品牌效应带动周边文化创意产业发展；以个性创意为特征的中小型企业	通过自觉地运营管理、自律自治来实现其集聚效益；注意政府与其他组织的介入管理要与其自身发展机制相契合，以提供服务为主，有利于吸引并留住创意人才；鼓励各类组织和协会发挥作用，激发起自我活力	美国纽约的苏荷区（SOHO）、北京798艺术区
	依市相生的集聚区	优势：由若干大企业组成；产业关联度高，形成互补共赢的发展机制；集聚效益显著，市场竞争力强 劣势：市场的盲目性与外部性；交易成本问题	依托众多企业或个体，针对细分市场进行专业化生产，实现市场共赢；共享人才、资金、技术等资源，不断拓展市场空间；为相关领域的发展创造良好的市场环境；多为比较复杂的创意行业或规模效益显著的行业	政府的介入十分必要，加强法制监管，培育和完善市场机制；通过专业的精细分工，不断升级产业模式，延伸产业链，深化并提升集聚优势	美国洛杉矶的好莱坞（Hollywood）、深圳大芬画家村
企业主导	划园而治的集聚区	优势：产权清晰、管理主体明确；自觉集聚；具有很强的可复制性和可推广性 劣势：有特定的边界范围，相对封闭；普遍依赖地租型收益	大量具有战略眼光的社会资本被文化创意产业的巨大潜力吸引，自觉进入；由有实力的企业建设并运营管理文化创意产业集聚区，以盈利为主要目标	政府引导性扶持，提供场地、设备等硬件配套设施，营造良好的人才交流、信息共享的氛围，发展孵化器；创新运营管理模式，改变对地租型收益模式的依赖	
政府主导	综合包容的集聚区	优势：具有自发集聚和自觉发展双重特征；与城市建筑、工业遗迹等历史文化遗产高度融合，产业发展与城市运营互渗相补 劣势：投资巨大，资本回收压力大；易使城市改造和运营趋于短视化和功利化	多出现在进入后工业化的旧城区；工业部门逐渐搬离，文化创意产业陆续进驻；政府具有较高的参与度，投入土地资源、规划土地用途、提供配套政策，通过有序规划和建设，引进文化创意产业，激活区域经济，促进经济多元化发展，辐射和带动传统产业升级	政府占主导作用，与商业机构或民进组织等合作运营；坚持保护性适度开发原则，通过可持续的城市经济文化发展，实现城市文化遗产的传承与保护；基于文化保护传承与创新的思路，保证集聚区的公共属性，长远着眼、大局出发	

（1）自发（自然）集聚机制。一般来说，市场主体自发形成集聚区需要具备以下三个关键条件。一是具有适宜特定产业发展的环境。例如，宋庄恬静秀美的环境、粗犷淳朴的民风为画家等艺术家的创作活动创造了良好的艺术氛围，其居民的宽容精神也是艺术家在此聚集的重要因素之一。二是具有旺盛的人气。例如潘家园古玩市场就是凭借其传统的古玩交易方式、独特的趣味性、民俗性、千奇百怪的藏品、一流的市场设施聚集了巨大的客流人气，成为国内最大的古玩艺术品交易中心。三是成本低廉。例如，宋庄的房屋租金价格相对较低，这对于许多"清贫"艺术家来说非常具有吸引力。许多集聚区的形成，初期往往与某些偶然的因素有关，通过不断的自我确认和自我强化逐渐成为一个具有巨大磁力的专业化区域。这些集聚区的形成具有自我选择的生态化机制和自我议价的市场化发展机制，尽管后来有政府或其他组织对这些集聚区进行了管理，但"我行我素"的自组织市场化特点依然明显。

自发形成的文化创意产业集聚区也可以细分为两大类型：以人为本的集聚区和依市相生的集聚区，其运营机制有所不同。宋庄原创艺术集聚区是比较典型的自发集聚形成的以人为本的文化创意产业集聚区，这种类型的集聚区通过艺术家自觉地运营维护来实现其集聚效益，而政府以宽容、培育、服务为准则，运营机制不是企业化的组织来实施，而是由发挥和鼓励各类自组织的协会来进行，因势利导，激发其自我活力，通过自律自治来实现集聚效益的最大化。依市相生的集聚区的一个代表是深圳大芬画家村。依托细分市场的专业化生产，主体之间的产业关联度高，合作需求旺盛，形成了互补共赢的发展机制。人才与企业集聚显著，市场竞争力强，这是大芬油画村的成功秘诀。由于这种形式对市场和分工的特殊性，加强法制监管，培育和完善市场机制，是其延伸、升级、发展、壮大的环境条件。

（2）企业主导的成长机制。由企业主导的集聚区往往是依据市场法则集聚在一起的，形成园区，各厂商产权清晰，创新活力较强，管理主体明确，这种类型的文化创意产业集聚区发展迅猛，数量日益扩大。这类集聚区由于厂商规模偏小数量大、类型多，运营管理问题比较突出。

我们知道，企业有其自身明显的优势，也有其与生俱来的弱点。企业的首要目标是生存与盈利，回避风险与亏损。因此，由企业主导的集聚区讲究成本、投入产出、风险和回报；可以高效率地激发众多企业入驻，引进大量创新投资，当然也降低了政府的财政压力，提高了生产效率，较好地配置整合了当地资源，利用了市场潜力。但是，以营利为主要目标，通常会形成一套短期的、急功近利的盘剥性竭泽而渔式的开发模式。诸如，出现对地租型收益模式的依赖，不但不利于企业的长期利益，还会有损整个文化创意产业的健康发展。因此，这种企业主导的文化创意产业集聚区的健康成长需要克服不利的因素，但这仅靠企业难以胜任，需要政府的引导和矫正。

北京竞园图片产业基地是一个由企业投资并运营的文化创意产业集聚区，园区的入驻率很高，经营收益也不错。竞园的一个具有战略眼光的发展管理模式——建设"北京图片产业孵化器"，与传统的科技型孵化器相比，除了为创业者提供场地、设备等硬件配套服务之外，也为其营建良好的有利于人才交流、信息共享的文化创意氛围，还提供了具有专业评估能力的投融资支持体系。这种文化创意型孵化器，是文化创意产业集聚区运营机制的一种创新性尝试，有利于企业的长期利益和品牌化拓展。

文化创意产业形成后，会进一步通过弹性专精的分工方式强化发展的路径依赖，并向规模经济和范围经济发展。在空间上则表现为增强集聚、蛙跳发展或分散化集中等多种空间集聚形式，空间集聚的不断自我增强最终将形成创意城市。

（3）政府主导的发展机制。政府主导的集聚区启动迅速，规划和实施推进完整，产业发展与城市运营互渗互补，易于与城市建筑、工业遗迹等历史文化遗产高度融合。这类集聚区采取的管理运营形式多样，由政府部门直接推动，有委托形式的，也有政府与商业机构或民间组织等合作方式运营的。

这类集聚区兼有自发集聚和自觉发展双重特征。政府在推进过程中，通常依靠自己的力量或是委托专门科学技术研究机构进行科学合理的规划，既要对文化实施保护传承，又要进行创新开发，保证集聚区沿着健康、效率的轨道前行。但是，这种形式也有一些劣势，如投资巨大，资本回收压力大；有时运动式的做法会损失效率，很容易使集聚区建设出现波动，影响可持续性。

文化创意产业是后工业化的经济现象，它是知识经济的深化，是内容创新与科技创新有机融合的新经济形态。传统的工业园区或科技园区的模式对文化创意产业集聚区的建设和发展有非常重要的参考意义，但是不可简单照搬。文化创意产业与一般工业或高新技术产业有显著的不同，就是它的人文色彩非常突出，浓郁的人文色彩甚至是文化创意产业集聚区的核心魅力和关键要素。

不管怎样，政府保持较高的参与度，投入土地资源、规划土地用途、提供配套政策，通过有序规划和建设，引进文化创意产业，对激活区域经济、促进经济多元化发展、辐射和带动传统产业的升级具有积极意义。

2. 文化创意产业集聚区的发展指向

根据对社会、科技发展趋势的认识，对于创意产业集聚区的未来导向，我们认为有四个主要方向：以人为本的集聚区、综合包容的集聚区、市场主导的集聚区、政府主导的集聚区。

（1）以人为本的集聚区。人才是文化创意的根本，文化创意人才的集聚往往会带来文化创意产业的集聚。以人为本的集聚区的主要特征是开放与包容，创意氛围浓郁，汇集了大量的文化创意人才以及以文化创意工作室为代表的中小型文化创意企业。文化创意产业领域许多以个体创意为特征的行业集聚多表现为这种模式。这类集聚区的产业效益一般并不显著，它的特色和价值主要在于人才带来的区域品牌，形成特殊的文化创意区域，带动和辐射周边区域文化创意产业的发展。这方面的例子很多，比较著名的有美国纽约的苏荷区（SOHO）、北京的大山子（798）艺术区等。

（2）综合包容的集聚区。综合是指那些具有自发集聚与自觉发展的双重特征。这种类型的文化创意产业集聚区往往出现在进入后工业化的旧城区，工业部门逐渐搬离，文化创意部门陆续进驻，为了更好地保护和利用这些区域遗留下来的文化遗迹与工业遗产，政府或部门通过有序的规划和建设，重点引进文化创意企业，激活区域经济，辐射和带动传统产业的升级。综合型文化创意产业集聚区与其他类型的文化创意产业集聚区不同，产业发展并不是单一目标，不少集聚区项目事实上与城区改造息息相关。因此，政府一般有较高的参与度，除了投入土地资源、重新规划土地用途及提供不同的政策措施外，还有不少发展区的项目以政府与商业机构或民间组织等合作的方式经营。

（3）市场主导的集聚区。在这类集聚区内，往往主体多、创意能力强、专业性强，彼此相互依赖，且产业的关联度高，容易形成共享互补机制，集聚效益显著，企业具有较强的市场竞争力。例如，位于美国洛杉矶的好莱坞，围绕电影业发展出多层次的媒体产业集聚，集聚效益显著，共享人才、信息、技术等资源，市场空间不断拓展，为电视业、广告业、新媒体等多个相关领域的发展创造了很好的市场环境。

（4）政府主导的集聚区。这类集聚区是根据科技产业发展的经验而来的产物，由特定的管理主体通过有目标、有步骤的规划，从无到有地进行建设，有着特定边界范围。政府主导的集聚区具有相当的可复制性和可推广性，所以，往往会被许多后发国家或地区所青睐。这方面的代表是韩国，我国地方层面也基本上选择这种园区式发展模式。

3. 创意产业发展的着力点

从我国的情况看，发展创意产业可以从向传统制造业的渗透、推进时尚消费业的发展和文化与科技的融合之路：开拓文化资源、文化市场等几个方面入手。

（1）向传统制造业的渗透。中国目前正处于经济转型期，加强创意产业向传统制造业的渗透，对促进产业升级意义重大。转变增长方式、推进产业升级是新一轮经济发展的重要任务，核心是提高产业的结构水平和附加值率。

目前，我国被认为是全世界的制造工厂或者制造业基地，而且，相当部分处于价值链的低端，要改变这种现状，就需要借助创意产业。创意产业通过核心门类，如设计业、广告业等，和传统的制造业之间建立起了日益广泛的联系，大幅度提高了传统制造业产品的文化和知识含量，进而提高了产品附加值。传统制造业的产品可以穿上文化的外衣，走向世界，进而提升传统产业的品牌知名度和国际竞争力，把中国从世界工厂发展成世界创意和设计中心。

虽然我国产业结构调整已进行多年，产业结构已有改善，高新技术产业比重增大，但就制造业总体而言，其增加值率并不高。以上海为例，多年来一直徘徊于27%左右，远低于发达工业国35%～40%的水平。因此，开展创意活动，将创意成果转化为经营资源；将文化创意融入品牌战略，为知名品牌注入时尚元素，提高产品的观念价值；将文化创意融入高新技术产业的开发应用中，特别是数字化内容产业，拓展市场，提高附加值。

创意产业是智能化、知识化的高附加值产业，具有很强的渗透力和辐射力。文化创意向制造业渗透，有利于推动传统制造业向高增加值产业升级，其知识密集性不同于传统制造业对土地、能源等资源的巨大需求，能有效克服大城市土地、资源的瓶颈约束，保持持续、快速的发展，其融合性能将技术、文化、制造、服务融合为一体。国际经验表明，发达国家在完成工业化和城市化之后，优先发展创意产业成为催化经济转型的重要战略举措。

（2）推进时尚消费业的发展。在我国经济增长，人民收入结构、支出结构、消费结构提升的背景下，创意产业的到来，可以说是一个新的拉动型产业。创意产业不仅服务于生产需求，而且还服务于人们的消费需求。随着人们消费水平的提高，富裕起来的中国人对时尚品牌的消费展现了前所未有的热情。因此，大力促进时尚消费业的发展是符合我国创意产业发展目标的。

与西方人相比，东方人对品牌的追求显得更为热衷。以奢侈品为例，全世界奢侈品牌关注的目标一直都是亚洲国家。有人称，日本代表了亚洲奢侈品消费观念，日本人对奢侈品具有宗教般的情结，目前，日本占据全球奢侈品消费总量的1/4。根据中国战略协会的研究，中国目前的所谓"名牌"的消费人群已经达到总人口的13%，并且还在迅速地增长中。

亚洲人对名牌的情有独钟，为时尚消费业创造了巨大的商机，这不仅仅是一种经济现象，而且还是一种文化现象。受东方传统文化的熏陶，特别是受"面子"情结的影响，东方人对名牌倾注了太多的热情，欲借助名牌来使自己获得一种身份价值的认同，以使自己在社会环境中显得更加有面子。以手机为例，近两年，亚洲市场上手机的娱乐性和游戏性功能都增强了，特别是装饰性方面的功能，表现得极为明显，这一特点在欧洲市场上并不显著，欧洲人购买手机更多是为了实用，欧洲人更换手机的频率远比亚洲人低。

当然，时尚消费业的发展与经济和社会的发展水平也是密不可分的。据统计分析，一个国家奢侈品的消费增长为其 GDP 增长的两倍左右。当中国人面对自己突然增加的财富时，毫不犹豫地通过选择时尚品牌来表明自己新的经济和社会地位，这是一种非常自然的心理需求。

目前，中国市场上的时尚品牌大都来自欧美。长期以来，中国产品热衷于贴牌生产（OEM），一直处于价值链的低端。中国目前的时尚消费潜力还没有完全释放出来。因此，这正是中国创意产业的奋斗方向，需要在设计和经营上下功夫，努力开发出自己的品牌，将更多的中国文化融入到时尚消费品中，真正打造出引领时尚、深受中国消费者理解和喜爱的国有品牌，占据创意产业价值链的高端。打造中国时尚品牌不仅具有经济意义，而且还具有社会意义。真正的时尚品牌的核心应该是品质和文化，只有当消费者真正能够理解品牌中所蕴含的文化意义时，才能更多地从理性的角度来进行消费。目前，大多数中国消费者还无法理解来自欧美的时尚品牌的文化内涵，甚至对此毫无所知，因此，开发具有我国特有的文化和民族特色的时尚品牌，努力使之获得消费者更多的理解、认同和青睐，这对促进创意产业的整体发展非常有好处。

实际上，有两条道路摆在我们面前：一是精品化路线；二是大众化路线。精品化可以创造高价值，大众化则可以有更广泛的群众基础。其实，这是一个车子的二个轮子，缺一不可，都是文化创意产业发展的需要。

（3）文化与科技的融合之路：开拓文化资源、文化市场。当今世界已进入经济全球化和信息化、数字化时代，文化产业的发展必须依靠文化和科技的融合。运用高新技术特别是信息技术来改造传统文化产业，创新文化发展方式，并不断催生出科技和文化融合的新业态。

发挥文化和科技深度融合所产生的创新作用、引领作用、转化作用和驱动作用。综观国内外文化和科技融合的态势，文化与科技融合呈现出新的发展趋势。

首先，科技的发展进一步助推了传统文化与具有时代特点的先进文化的融合。我国具有悠久的优秀传统文化和丰厚的民族文化底蕴，文化与科技的融合趋势将大大提升传统文化和先进文化的辐射力、吸引力和影响力。文化与科技的融合不断推动着广播影视、动漫、手机传媒功能的新飞跃，让文化创意产品和服务更新颖、丰富，使文化传播更快速有效，使文化消费更便捷广泛，让广大消费者更多地享受科技进步带来的多样文化产品和新颖的公共文化服务，从而提升传统文化的新魅力和现代先进文化的表现力、吸引力、感染力和影响力。

其次，科技与文化的融合有利于展现出越来越鲜明的特色。我国各地已开始注重科技与文化的融合发展，相继推出了一批以地方文化为依托、以科技为支撑、以提升文化旅游产业层次为目标的大型展示、演艺节目等，如网上世博体验馆以不同地方文化为主题打造的虚拟实体馆和虚拟拓展空间，包括虚拟导游形象、数字化实体馆、数字化实体展项及互动游戏等。运用高新技术来改造传统文化产业，创新文化产业发展方式。

最后，文化与科技的融合将催生新兴业态。例如，电视台数字化网络化、三网融合和下一代广播电视网、有线电视网络数字化和双向化、手机学习娱乐网络、开发公共信息服务、视频点播、网络链接、电视商务、电子政务、版权交易，以及以 3D 技术、虚拟技术与文化融合形成的新展示模式等新业态，这些新业态将迎来一个深刻变革、深刻调整、深刻转型的时代，并不断实现新的超越。我国许多城市在文化创意产业上都有不同凡响的贡献，如北京 798、上海田子坊、南京创意东八区、福州三坊七巷等。

第五节　城市创新发展新动能——智慧城市

2008 年，在信息化浪潮的推动下，IBM 提出"智慧地球"的理念，中国各大城市大力推广智慧城市战略，智慧城市建设得到了众多城市管理者的高度重视和热捧。智慧城市已经成为新时代城市发展的一个新目标和新形式。智慧城市作为一种依托新一代信息通信技术的新型城市治理模式，将会对城市经济运行中的资源配置效率、创新效率、规模效率、交易效率、物流效率等产生重要的影响，并最终影响城市的经济效率。智慧城市运用最新的科技成果武装、改造、塑造城市，为城市插上了飞翔的翅膀。智慧城市将书写城市发展的新纪元。因此，智慧城市建设是下一步发展的核心内容。

一、智慧城市服务领域

在城市发展过程中，在城市基础设施、资源环境、社会民生、经济产业、市政管理五大核心领域，充分利用物联网、互联网、云计算、高性能计算、智能科学等新兴技术手段，对城市居民生活工作、企业经营发展和政府职能行使过程中的相关活动和需求进行智慧的感知、互联、处理和协调，使城市构建成为一个由新技术支持涵盖市民、企业和政府的新城市生态系统，为市民提供一个美好的生活和工作环境，为企业创造一个可持续发展的商业环境，为政府构建一个高效的城市运营管理环境。智慧城市服务分布于政务、教育、医疗、交通、公共服务、环境等各个方面，以下以智慧政务、智慧教育、智慧交通、智慧医疗为代表加以说明。

（一）智慧政务

在智慧城市的规划建设中，智慧政府无疑是其中的一个重点领域。电子政务是智慧政府的最直观体现。传统的城市和政府是按业务、管理职责分别设定的，各个部门各司其职，存在严重的部门壁垒，城市基本运行数据孤立地存在于不同的"烟囱"中。随着信息通信技术的高速发展，政府面临着电子化、信息化、网络化压力。电子政务的典型应用场景包含 G2G、G2B、G2C 和 G2E 四个方面，让传统政府向廉洁、勤政、务实和高效政府转变，除了提升政府内部效率外，还要开展对企业和公众的高效服务，并协同企事业单位高质量地及时处理日常管理和应急管理事务。

（二）智慧教育

智慧教育是依托物联网、云计算、无线通信等新一代信息技术打造的物联化、智能化、感知化、泛在化的新型教育形态和教育模式。智慧的教学模式是整个智慧教育系统的核心组成部分。教育信息化在未来将在教育云平台上进行展现，随着教育信息化平台的发展应用，根据教育部的"十二五规划"，教育信息化将为现有的教育网、校园网进行教育信息化升级，新一代教育网必然成为未来教育信息化的基础，亚教网素质教育云平台是国内实现三网合一的教育云平台，实现互联网、电信网、广电网跨平台使用，并且手机短信支持联通、电信、移动全网覆盖。

（三）智慧交通

智慧交通是在整个交通运输领域充分利用物联网、空间感知、云计算、移动互联网等新一代信息技术，综合运用交通科学、系统方法、人工智能、知识挖掘等理论与工具，以全面感知、深度融合、主动服务、科学决策为目标，通过建设实时的动态信息服务体系，深度挖掘交通运输相关数据，形成问题分析模型，实现行业资源配置优化能力、公共决策能力、行业管理能力、公众服务能力的提升，推动交通运输更安全、更高效、更便捷、更经济、更环保、更舒适的运行和发展，带动交通运输相关产业转型、升级①。

（四）智慧医疗

智慧医疗通过打造健康档案区域医疗信息平台，利用最先进的物联网技术，实现患者与医务人员、医疗机构、医疗设备之间的互动，逐步达到信息化。联影（贵州）医疗科技有限公司是智慧医疗的典型案例，联影智慧医疗云通过云协同、云数据、云健康几个层面的网络共享系统，打造智慧、共享的新型医疗理念和模式。

云协同系统跨越地域、院际和科室间的界限，能够实现优质医疗资源的云端互联共享，通过"分级诊疗＋医联体"的解决方案，助力各地政府和医疗机构

---

① "十三五"中国智慧交通发展趋势判断［EB/OL］. http：//www.sohu.com/a/14549104_ 125594.

搭建区域影像中心及区域精准医学分级诊断中心，实现省、县、乡三级医院间的远程诊断、远程会诊、双向转诊、远程培训、分级质控等，大幅提升基层医疗的整体水平，努力实现大病不出县、小病不出乡的目标。通过网络平台，实现影像、超声、心电、检验、病理、内镜等多学科远程协同，辅助医生精准诊断；与区域卫生管理机构、各级医院共同打造质控平台，全程规范化管理和监控，确保所有医疗卫生机构在同一标准下运作，有效降低废片率，提升诊断精确度；云端搭载数十款人工智能诊断引擎与高级应用，随时随地辅助医生诊断，大幅提升基层医院诊断效率和精准度；云端存储患者的医疗健康数据，无缝对接家庭医生平台，填补医患间的"信息盲区"；联影自主研发生产的全线高性能医疗影像设备与医疗软件之间无缝链接、高度协同，软硬件统一部署和维护，运营流畅便捷。

云数据系统有着海量医疗大数据云端存储，实时监管，灵活应用，全数据链安全可信。一方面，云数据系统可以为医院提供专属云解决方案，作为医院的云端"医疗数据银行"，通过安全弹性的存储空间与灵活便捷的信息管理方式，协助医院轻松应对数字化时代的挑战。云数据系统提供金融级数据安全管控，云端容灾备份，海量数据永久在线；大幅降低机房搭建及运维成本，减少空间、人力资源需求，相比传统方式，节约了50%以上的费用；云端数字化存储，信息管理、传输、调取灵活便捷，随时随地移动阅片、诊断、查看报告。另一方面，云数据系统辅助各级卫生管理部门实时监管医疗机构运营，并依据运营数据及云端存储的海量健康大数据进行深度分析与应用，科学制定区域公共医疗卫生政策；各类医疗大数据实时更新，方便管理部门及时掌握各地区的公共卫生状况，告别监管盲区；大数据按需调用，多维度分析，助力管理部门对当地医疗卫生状况进行科学评估与决策制定。

云健康系统对个人健康大数据进行安全存储和深度分析，实现覆盖全生命周期的健康评估与管理，提供覆盖全生命周期、线上线下相结合的专业医疗和健康管理服务。系统针对慢性病患者、老年人、亚健康人群等不同群体，制定了个性化的健康管理计划；提供了丰富的医疗专家资源，及时解答疑难病情，并提供深入诊疗方案。

值得说明的是，智慧城市建设是各个智慧领域建设，如智慧产业、智慧医疗、智慧教育、智慧政务等建设共同构成的复杂系统，智慧城市以为民服务全程全时、城市治理高效有序、数据开放共融共享、经济发展绿色开源、网络空间安全清朗为主要目标，通过体系规划、信息主导、改革创新，推进新一代信息技术与城市现代化深度融合、迭代演进，实现国家与城市的协调发展。

二、智慧城市建设：杭州"城市大脑"的实施路径与成效

杭州"城市大脑"摒弃"数据已用""交通专治"的固有观念，通过政府部门主导主动主控，企业提供技术支撑，打破数据壁垒，实现政府数据正式面向市场主体开发，在数据利用上真正体现服务民生的价值，在治理体系上真正从专治走向共治，在合作模式上真正形成相互依靠、相互相信的氛围，结成了以企业为主体的协同创新共同体。

（一）杭州"城市大脑"的实施路径

一是以政企合作为框架，搭建组织平台。杭州市政府协调交警、城管、建委等11个政府部门开放高达百亿的数据资源接入项目数据库，涵盖交通、市场、网络、公共服务等各个方面。此外，政府（公安部门）、企业（阿里巴巴）相关人员共同组成了工作专班，萧山公安联合阿里集团、数梦工厂、浙大中控、浙江大华等公司的高端技术专家，进行政企合作实体化运作，具体负责设备安装、调试、维护以及政府部门间的对接协调（见表6－7）。

表6－7 部分企业在"城市大脑"中的分工和贡献

协作方	分工
阿里巴巴	通过人工智能内核进行数据治理
大华股份和中控集团	交通算法和信号灯控制执行
华三通信和富士康	各提供500台高性能服务器用于数据大脑的平台搭建
上海依图科技	构建神经中枢来为道路交通状况建模
杭州数梦工厂	提供数据治理及运营中心解决方案

二是以数据归集为基础，搭建数据资源平台。"城市大脑"接入了静态和动态两类数据。在静态数据方面，主要针对道路、车辆、商场、医院、小区等各种可能影响交通组织的因素，先后整合接入交通、城管、气象、公交等13个行业部门的57类交通相关数据；在动态数据方面，实时接入试点区域内电子警察卡口、治安监控等近1000路视频，日接入视频量达36TB，打通了互联网、政务网、公安网、业务VPN网四大网络，唤醒了大量沉睡数据，实现了"城市大脑"和前端数据的实时互通。

三是以提供算法为核心，搭建通用计算平台。配备500余台超级云计算服务器，搭建"云飞天"通用计算平台，利用大数据、云计算、人工智能等技术，对在线监控视频进行结构化处理，配套数据资源平台的海量数据、交通体系仿真模型，用于信号控制配时优化、交通事件感知等现实应用，让路口同一根灯杆上的视频监控和红绿灯实现了互联互通。

（二）杭州"城市大脑"的创新成效

杭州"城市大脑"在运行实践中，选择率先在交通治理领域进行探索试验，落地实施了特种车辆优先调度、在线信号控制优化、重点车辆精准管控、全域事件动态感知四大应用。这些应用的实施极大地缓解了该市的交通拥堵问题，2015~2017年，交通数据系列报告显示，杭州已由原先第四大拥堵城市和堵车时间最长的城市，上升至全国第48名（总计100名），在拥有车辆数排在全国前列的情况下，非常优秀地完成了交通治理任务。

在信号控制优化方面，"城市大脑"可通过对交通、医疗、教育、互联网等行业数据的建模优化，形成区域化的准"绿网"效应，实现从单条路到区域信号控制实时在线自动优化、自动迭代。例如，杭州交警通过建设"城市大脑"交通信号配时中心，实现了对信号灯的集中统一调控。该中心作为"城市大脑"最灵敏的双手，可在接收堵点报警后，通过信号灯实时配时优化来实现"消红变绿"。

在重点车辆精准管控方面，"城市大脑"可对监控区内的所有机动车辆进行自动识别比对和持续跟踪，按照工程车、客车、货车、危险品车、非浙A牌照车辆等进行分类，并根据限行规则、法律法规等实现车辆精准管控，从而减少交通违法行为以及交通事故特别是各类重大事故的发生。在车辆识别基础上，"城市大脑"还可对车辆驾驶员进行抠图和人脸识别，用于分析驾驶员行为特征和轨迹，纳入征信系统，做到精准防控。

在全域事件动态感知方面，"城市大脑"基于全网多数据源融合，可自动对各类交通事件进行全天候自动巡检，使机器识别视频的能力得到新的飞跃；还可将视频自动检测数据与各类网络数据（如接警中心、高德、微博、舆情等数据）进行匹配比对，融合分析球机与固定枪机卡口视频，对事件轨迹进行完整还原，实现全面感知、分级报警、精准处理。

在特种车辆优先调度方面，"城市大脑"根据特种车辆的各类需求，对各类资源进行合理调度，有效提升了政府部门对应急事件的处理效率，打通了全自动绿色通道，保障了人民生命财产安全（见表6-8）。

表6-8 杭州"城市大脑"在交通领域的应用场景与成效

应用场景	具体成果
在线信号控制优化	在杭州主城区，"城市大脑"调控了莫干山路区域24个红绿灯，通行时间减少了15.3%；试点中河—上塘高架22千米道路，出行时间平均节省了4.6分钟。在萧山，104个路口信号灯配时无人调控，车辆通行速度提升了15%，平均节省了3分钟
重点车辆精准管控	对监控区内的所有机动车辆进行自动识别比对和持续跟踪，按照工程车、客车、货车、危险品车、非浙A牌照车辆等进行分类，并根据限行规则、法律法规等实现车辆精准管控，从而减少交通违法行为以及交通事故特别是各类重大事故的发生

续表

应用场景	具体成果
全域事件动态感知	自动对交通拥堵、交通事故、违法触禁、人群集聚四大类交通事件进行 24 小时自动巡检，使机器识别视频的能力得到新的飞跃。例如，路上发生交通事故，通常流程是当事人或过往车辆主动报警。而"城市大脑"通过交通摄像头实现"秒知"，并通知附近执勤交警处理，可节省 3~5 分钟的黄金救援时间
特种车辆优先调度	根据 120、119、110 等特种车辆的时效性、安全性、迫急性需求，实时对报警、派单、特种车辆调度、最短时间、特种车辆定位、信号协同优先、协调效果等进行评估调研，同时协调路面警车、警力配合。目前，经过 50 余次的实战演练，试验路线的车速最高提升幅度超过 50%，救援时间缩短了 7 分钟以上

第六节 城市潜能、特色塑造：夜间经济的挖掘

进入 21 世纪之后，社会各界开始加大对夜间经济的关注。当前，夜间经济作为我国激发新一轮消费升级潜力的重要举措，被提升到了战略层次。2019 年 8 月，国务院办公厅发文明确指出，到 2022 年建设 200 个以上国家级夜间文旅消费集聚区，大力发展夜间经济。

一、夜间经济的特征、门槛与意义

夜间经济是 20 世纪 70 年代英国为改善城市中心区夜晚空巢现象而提出的经济学概念，是指发生在当日下午 6 点到次日凌晨 6 点以当地居民、工作人群和游客为消费主体，以第三产业，如休闲、旅游、购物、健身、文化、餐饮等为主要内容，包括线上及线下、实物及虚拟产品的现代城市消费经济。发展夜间经济的先行城市大都经历了延长商户营业时间、多业态粗放经营、集约化经营三个阶段，从餐饮、购物、娱乐单一业态向文化、旅游、休闲、商务、康养等多元化业态发展，相关政策从夜市管理转向夜间经济发展和综合治理。与日间经济相比，夜间经济不仅是消费从白天到夜晚的时间延展，还包括消费空间的营造、升级和拓展。

（一）夜间经济与日间经济的不同

日间经济是目前经济活动方式中最为基本的一种形式，它与夜间经济有明显的不同（见表 6-9）。首先，日夜消费的目的不同。日间消费以满足基本生活需要为主要目的，而夜间消费的诉求则以观光、休闲、娱乐、社交为主。其次，日

夜间经济在要素禀赋、政府管理等方面有显著的差异。最后，夜间经济是延伸、弥补、休养型经济。

表6-9　日间经济与夜间经济的主要区别

	日间经济	夜间经济
主导产业类型	生产性	生活性
消费特点	物质性、常规性、必需性、主体性	精神性、恢复性、愉悦性、补偿性、业余性
投入和配套要素	全要素、全方位	部分要素、部分环节
社会管理	日常、常态	特定性、延伸性、附加性
关联效应	支撑性、主导性	互补性、助推性、拓展性、渗透性
（劳动者、消费者）生理、作息特点	生命节律（日）的活跃半周	（夜）静养半周

（二）夜间经济的门槛：收入剩余和时间剩余

夜间经济发展的第一个门槛是人们除工作时间之外所拥有的闲暇时间。人类的劳动和闲暇时间有着密切关系。人们有闲暇的时间才有消费的可能，闲暇时间的剩余是夜间经济得以发展的必要前提。夜间经济发展的第二个门槛是城市居民的消费水平和购买力。只要市民有钱又有闲暇时间，夜间消费活动自然会不断增加，对于收入水平和购买力相对较高的城市居民来说，餐饮、健身、看电影、欣赏戏剧、提升自我、与亲朋好友的社交是他们夜生活的主要构成部分。从全国情况来看，消费水平高的城市，其夜间经济发展也较为成熟。比如，北京、上海、广州等城市居民的消费水平较高，其夜间经济也较为发达。提高居民的收入水平是促进夜间经济发展的必要途径。

（三）夜间经济的现实意义

1. 夜间经济顺应时代要求，满足人的高质量需求

夜间经济具有实现从追求物质富裕转向精神丰富的强大功能。随着现代城市经济的不断发展，人们的生活节奏越来越快，面临着巨大的工作和生活压力，以及新的需求。夜间休闲是人的"充电站""养生舱"，是人可以精力充沛、有创造性地投入第二天工作的前提。夜间经济塑造了包容、自由、放松的社会空间，为各社会阶层提供了社交场所，是提高人们社会认同感、归属感和依恋感的重要方式。

2. 夜间经济破解发展难题，大大提升经济质量

夜间经济在拓展消费空间、引导业态提升、促进就业、打造城市品牌等方面

效果显著，是提振经济的重要方面。首先，夜间经济以增长效应、协同效应、集聚效应三个方面拉动经济增长。夜间经济更易形成以旅游、休闲、娱乐为主的产业链，带动餐饮、酒店、交通、康养、教育培训等诸多相关产业协同发展。其次，夜间经济能扩大消费，拓展消费空间，聚集财富、人气等。再次，夜间经济涉及的行业多为服务业，可以促进就业。最后，夜间经济可以打造城市品牌。例如，北京的三里屯（簋街）、南锣鼓巷、华熙 LIVE·五棵松、尚东·数字谷中心广场、世纪金源、大悦城以及一大批"老字号""国字号"等。

3. 夜间经济是探索中国幸福道路、城市新动力的抓手

以首都北京来看，北京市的夜间经济发展已走在前列，新的使命是不断创新夜间经济的业态，实现动能转换，合理布局，在实现高质量发展的新途径上做出表率。早在 2014 年 7 月，北京市商务局就发布了"夜京城"计划，明确提出进一步繁荣夜间经济，促进消费增长；2018 年 5 月，北京市发布支持"深夜食堂"特色餐饮发展项目申报指南；2019 年 7 月，北京出台 13 条具体措施，旨在点亮"夜京城"，夜间经济成为高频词。

北京夜间消费有巨大的市场潜力，商圈林立，餐饮娱乐业发达，服务业占比高达 83.5%（2019 年），北京在夜间出行（22：00～6：00）占比排行榜和深夜餐饮类出行排行榜中均列首位（2017 年，滴滴媒体研究院发布的全国 400 城的出行榜单）。名扬海内外的簋街、三里屯、后海、南锣鼓巷等一直是经久不衰的夜间餐饮、酒吧聚集地，国贸、万达广场、大悦城、世纪金源等成为夜间经济的新标签。下一步，新业态、新路径将成为新阶段北京市发展夜间经济的新议题。

二、夜间经济的基础要素

夜间经济的核心是打造优质、匹配需求的产品及服务。从供给端延伸出去，夜间经济本身的发展在更上游还需要高端生产性服务业的支持，生产性服务业和消费性服务业还会发生融合性集聚；而基础端和管理端所覆盖的产业同样是夜间经济的重要组成部分（见图 6-2）。

夜间经济供给端覆盖服务业的四个方面：①基础服务业，包括通信服务和信息服务；夜间经济的发展离不开基础产业的支撑。基础端包括公共交通，生活娱乐配套设施，照明设备，新基建等。②生产和市场服务业，包括金融、物流、批发、电子商务、农业支撑服务以及中介咨询等专业服务。③个人消费性服务业，包括教育、医疗保健、住宿、餐饮、文化娱乐、旅游、房地产、商品零售等。④公共服务业，包括政府的公共管理服务、基础教育、公共卫生、医疗以及公益性信息服务等。例如，提供夜间安保、食品监管、环卫、投诉维权、营商环境、

公交运时延长、医疗、信息服务、出租车、停车位。

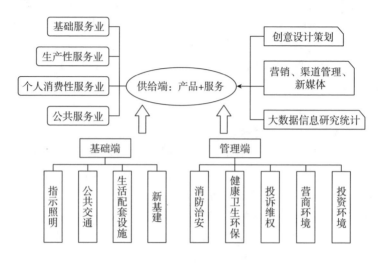

图 6-2　夜间经济的基础要素

三、夜间经济的空间形态、类型

在时间维度上，夜间经济业态可分为专项型和延伸型。专项型是指夜店、酒吧、KTV、俱乐部等活动时间以夜晚为主、白天为辅的服务行业，专为傍晚和深夜打造，吸引特定人群；还有一些专为夜间打造的项目，如夜市、夜游、灯光秀等。延伸型是指一些以白天活动为主的服务行业向夜晚延伸，延长营业时间，以一些文娱体育场馆和美食街、步行街为代表，在众多国内外城市存在。

在空间维度上，夜间经济的空间职能形态可以分为单一型和综合型。单一型以专门化的场地或场所为主，通常只针对一种服务职能。综合型主要表现为同一领域或相关领域的业态在某个特定地理区域内高度集中，各类要素在空间范围内不断会聚。在实践中，中央商务区、成熟商圈、旅游景区、城市代表性风貌地标等都是很好的例证。

1. 点：空间职能单元

夜间经济的产业分类和所覆盖的领域细分对应相应的空间职能，可以将空间单元进行分类（见表 6-10）：

这些空间（职能）单元具有职能化、细分化、差异化、专门化、新奇化等特点，能够承载供给端提供产品和服务的功能，在内容和形式上注重从人们的需求出发，覆盖主题性强的服务项目，最大限度地增加内容。

表6－10　夜间经济的空间（职能）单元

产业类型	覆盖领域						
旅游类	自然景点	古迹	标志性建筑		滨江活动	夜游	灯光秀
文化艺术类	书店	博物馆	美术馆	画廊	音乐厅	剧院	livehouse	艺术区
休闲类	酒吧		咖啡厅		茶室		私人会所
娱乐类	电竞场所	俱乐部	夜店	KTV	桌游室	密室逃脱	电影院	私人影院
体育类	现场比赛场馆		运动体验馆		游乐场		
保健康养类	健身房	瑜伽馆	中医馆	推拿室	足疗室	美容院	美发沙龙	会馆
培训类	手工坊		培训教室		夜校		
生活配套类	便利店	超市	药店	小吃店	快餐店	餐厅	酒店	商场

2. 线：街区

夜间旅游消费主题性强的特点决定了夜间经济的产业布局应适应夜间消费特点，引导相关产业和要素向区域集中，重点打造购物一条街、娱乐一条街、餐饮一条街、休闲一条街、文创一条街等主题消费街区。以街区为核心，带动周边形成更大区域的夜间旅游消费带。比较典型的有北京簋街、成都宽窄巷子美食街、重庆南滨路的火锅一条街、武汉吉庆街饮食文化街、长沙坡子街、南京1912街区等。当前，有80个地级市的政策文件均涉及了街区（夜市），超过70%的城市提出要整合现有的街区；近30%的城市提出要打造1~2个具有代表性的街区示范点。计划将主题街区和特色街区打造成为夜间经济集聚区的主要形式；高频消费区和新晋网红地成为突出的重点。

3. 面：商圈

以商圈为夜间经济规划发展核心的城市经济基础好、服务业占比高、商贸流通业发达，有较强的商业环境条件。以北京、上海、天津和重庆四个直辖市为典型代表，充分发挥商圈的规模效应、辐射力和带动力，对各类服务功能和业态进行整合。

其一，成熟的商圈是夜间经济的重要载体，有利于集中打造规模化、业态丰富、体验感强的夜间商业中心，能够形成区域影响力。网状系统的打造，加强了集中性的整体区域开发，满足了人们的联动需求。服务业内部各子产业间相互渗透的趋势明显，进而催生出了新业态。

其二，在城市商业中心、区域商业中心以及商业综合体和商业街中，生活性服务业与生产性服务业融合在一起。例如，在中央商务区或总部经济区，住宿、餐饮等生活性服务业作为配套服务，与金融总部、物流总部、商务总部等生产性服务企业总部融合在一起。

许多城市支持大型商业综合体、购物中心、大型百货（成都），中央商轴（苏州）、生态公园（温州）引入国内外品牌首店，开设智能家居、消费类无人机、跨境电商展销中心和超高清视频及 AR/VR 创意体验中心，在夜间举办时尚走秀、时尚展览、狂欢节、新品首发、节庆店庆、24 小时营业等活动，鼓励提升夜间购物时尚度和体验度，营造浓厚的夜间购物氛围。

4. 线 + 面：景区和景观带（旅游线路）

依托城市经典的自然风景名胜区或历史文化景区，发展夜间经济。通过灯光秀、延长景区运营时间、开发观赏演艺项目、拓展夜游或探险路线、整合相关业态产业链等方式提高景区的夜间服务能力。河北省鼓励景区在夜间开放，通过打造幻光森林、水上夜游、汽车影院、商街夜市、星空营地等，丰富夜间游览内容，促进二次消费。通过景乡整体打造、全域联动发展，拓展景乡一体生活新空间。发挥高等级景区集聚协同和龙头带动作用，聚合周边多元业态，景乡整体打造、全域联动发展，构建区域休闲度假和主客共享生活空间。山东的济南和威海围绕景观带做文章：以"一湖一环"景观带为重点区域，打造泉水特色夜间旅游聚集区。贯通趵突泉、五龙潭、大明湖、环城河公园体系，完善滨河、滨湖夜间休闲业态。苏州开发特色夜间旅游体验活动，打造一批夜游园林项目，推出文博场馆夜间特展、演艺等体验项目。抚州借助现代科技元素，发掘当地历史文化，以抚河沿线景观带为主轴，打造夜间旅游聚集区。围绕抚河沿线"一河两岸十里长廊"景观带，对现有的"寻梦牡丹亭"大型实景演出和"抚河夜话"等夜游项目进行改造提升，着力打造梦湖—浒湾古镇水上夜游和文昌里历史文化街区项目。

四、夜间经济的业态及其融合

1. 夜间经济的业态

夜间经济的明星产业是休闲产业（服务业），是指与人的休闲生活、休闲行为、休闲需求密切相关的领域，其业态包括晚间购物、餐饮、旅游、休闲保健、教育等内容。

第一种以商业购物为主，充分依托商务中心区、商业综合体等商业设施集中区域，打造夜间购物天堂，从而带动批发和零售业的发展。

第二种以特色餐饮为主，充分利用区域旅游景区、特色美食街区、城市广场、重点路段、近郊公园等场所，挖掘风味小吃、无烟烧烤、休闲食品等特色美食，鼓励发展酒吧、茶馆、咖啡厅等高品位休闲会馆，打造具有浓郁地方特色的"深夜食堂"，带动餐饮业发展（见表 6 - 11）。

表6-11 餐饮业上下游、配套产业链

餐饮业上游	食品（饮料、农产品、包装食品与肉类），生产设备（厨房器具，污水隔油除渣设备），技术服务（商铺经营）
餐饮业下游	旅游景点金古桥，消闲设施，技术服务（在线订餐平台）
配套产业	交通（公交、出租等）、卫生、环境、治安、网络、通信、照明（电力）、水务、燃气、供暖（热）、医院、维护等

第三种以文旅休闲为主，依托各类商旅综合体、博物馆、影院、剧院、文化馆、图书馆、书店等文化旅游休闲区域，重点推进图书报刊、电影电视、文艺演出、文创衍生、文化旅游、艺术培训、文化用品等领域的夜间开放服务，包括举办展览、讲座、沙龙、艺术学习活动等。这些活动不仅能够拓展城市发展夜间经济的空间，带动周边区域的商业活动，还有利于公共文化设施和服务的转型升级，对培育城市夜间文化生活、健全城市生活生态圈、展现城市文化魅力都大有裨益。很多城市的文艺院团演出活动少，剧院利用率低，夜间经济的发展无疑为其带来了机遇。

第四种以运动健身为主，鼓励各类健身休闲企业、运动俱乐部、健身会所发展，鼓励机关、事业单位和企业利用工会费等福利性资金为职工办理夜间运动健身消费卡，带动夜间运动健身服务消费，带动体育事业、餐饮、购物等消费。

第五种以网络教育为主，鼓励教育培训机构和各类院校联合开发适于夜间中小学课外提升和成人职业技能培训的线上、线下相结合的网络教育课堂；挖掘少年宫、文化中心、图书馆、创业创新中心、人力资源市场等现有的文化教育和人才市场设施资源，开办夜间线上和实体教育课堂，促进夜间网络教育新消费，推动教育事业发展。

2. 业态融合

夜间经济覆盖吃、住、行、游、购、娱六个基本方面。其中，夜娱根据消费端进一步分为夜品、夜赏；夜跑、夜健、夜养；夜读、夜学；夜演、夜唱等几个方面。

从消费特点看，夜间旅游消费具有很强的文化区块特征。不同的文化爱好、不同的文化消费层次把夜间旅游市场分割成了不同的主题文化消费区。例如，最为活跃的电影市场、餐饮市场、文化娱乐市场等，都具有很强的主题性。这决定了夜间经济的发展应适应夜间消费的特点，引导相关产业和要素向区域集中，重点打造购物一条街、娱乐一条街、餐饮一条街、休闲一条街、文创一条街等主题消费街区。以街区为核心，带动周边形成更大区域的夜间旅游消费带。人们吃完饭后唱唱歌，逛完街后喝杯咖啡，这是最基本的夜间旅游消费链。要按照游客的夜间消费习惯合理规划旅游街区的布局，以科学的空间布局带动形成完善的产业链，拉长消费链。

夜间经济可以看作是场景、业态、活动项目三者相互融合的形态。从融合的方式和成熟度来说，可以分为以下四种方式：

（1）场景＋场景融合。威海市以打造夜间活力威海为目标，在全市建设10处以上商旅、商文、商娱、商体相融合的夜间消费集聚区，推动13处夜间消费集聚区建设，构建夜间经济"点、线、面"立体消费体系。烟台重点建设滨海广场、芝罘仙境、万达商贸综合体、上市里等11处市区夜间经济聚集区；培育、建设、提升一批夜间经济特色街区。厦门以鼓浪屿、中山路、曾厝垵、沙坡尾、闽南古镇、集美新城、同安老城区、翔安汇景广场等重点区域、旅游景点及大型城市综合体为载体，充分挖掘闽南饮食和民俗风情，打造综合性夜间文旅消费集聚区。

（2）场景＋项目融合。载体培育是抓手。培育夜间经济的关键是精心培育一批特色街区名店（场所）。嘉兴市将引导有一定基础的商圈、街区创建省、市级高品质步行街，引入一批老字号、品牌餐饮、地方风味小吃、时尚书吧、酒吧、康体健身、美容美发、文创精品、珠宝玉器、古玩字画、高端订制等为主要内容的特色名店（场所）。经营上也将有不少亮眼球的新玩法，如节假日不打烊，24小时书店、影院、健身房，夜排档、夜宵城等；各类主题的购物节、美食节、消夏节、啤酒节等。金华市将老街巷的传统文化作为吸引元素，开展具有金华特色的历史文化系列活动，在示范区内开展特色化夜间曲艺演出、节日庆典，建设一批非遗传承人工作室、文化收藏馆等"打卡"景点。同时结合金华市区夜间经济的发展实际，量身制定了五大夜经济"套餐"，即夜游婺州、夜购婺州、夜宴婺州、夜娱婺州、夜宿婺州，涉及旅游、购物、餐饮、娱乐和住宿等主流业态，以期形成金华夜经济的特色品牌。呼和浩特策划"夜青城"促消费活动，在大召特色商业步行街、大盛魁文创园、稍麦美食街、万达步行街等区域组织开展深夜美食节、灯光节、文旅演出等夜间主题活动，选择发展基础好、管理水平高的夜生活集聚区在夜间特定时段开展店外营销活动。

（3）项目整合。以消费为导向，以商业为抓手，进行全产业化的整合。济南以"泉城夜宴"为切入点，精心策划灯光秀、演艺秀、夜间游船等项目，构建标志性"夜旅游"发展带。南昌将夜游洪城、夜赏文创、夜品佳肴、夜购潮货、夜习科普、夜健体魄作为打造南昌特色夜间经济活动的主要工作，将商、旅、文、学、体、会全面融合，突出重点，分类实施。淄博重点围绕商业购物、特色餐饮、文旅休闲、运动健身、网络教育五大消费领域，强化业态引导，围绕做好提升城市活力度、时尚度文章，瞄准时代发展潮流，积极适应年轻人的时尚消费、网红消费、粉丝消费等新型消费方式，加强对时尚活动、时尚产业的政策引导，促进夜间经济的时尚化、休闲化、多业态发展，重点引导夜间经济向商业集中区、休闲旅游区、人员密集区、城市休闲区、消费传统区、历史文化区、文体娱乐区等区域集中。

（4）全域联动。承德市将"吃、住、行、游、购、娱"传统旅游六要素和"商、养、学、闲、情、奇"新旅游六要素紧密结合，着力打造"一核一带三个精品片区"，培育夜间消费新风尚。广州结合中心城区的产业转型升级，打造北京路惠福美食花街、环市东餐饮集聚区、上下九历史文化美食街、赛马场美食城、珠江琶醍、番禺中华美食城等一批"食在广州"的典型代表。通过统一管理、统一服务，引导发展丰富多样、特色鲜明的餐饮中心。依托广州特色的美食文化，办好一年一度的广州国际美食节，全城联动，突出区域文化，举办一区一特色的美食嘉年华活动，精心打造夜间文化旅游集聚区。云南在全省推动"线上＋线下"商业模式升级，形成商、旅、文、体融合发展的夜间经济消费氛围，提升夜间经济的消费品质，辐射热点地区的消费者。

第七章　融资投资问题

对于一个地方而言，能不能发展或发展的快慢常常取决于项目上的数量，项目的数量又受制于资金的多少。因此，一方面需要储备大量符合市场、有竞争力的优质项目，另一方面需要加大融资力度以加快项目的建设进度。因此，如何化解资金匮乏、融资难的局面，是许多地方、实业界和学术领域长期研究的问题。

第一节　靠投资上项目拉动地方经济投资

自改革开放以来，简政放权极大地调动了地方积极性和潜力，为了加快发展，各地都在想方设法争项目抢资金，找市长、找外商（市场），各显其能。实际上，也确实出现了形形色色的融资方式与五花八门的上项目做法。当然，经济学的许多理论和原理对这样的行为和现象早已经给出了精辟的阐述。

一、理论依据

之所以要靠投资新建项目来拉动经济发展，是因为经济发展需要动力来推进，特别是驱动力十足的新动能，这些新动能往往就来自新项目，新项目不仅产出新产品（服务）、新的收入和利税，还会创造出新的就业、新的关联效应和外溢效应，可谓一举多得。其实，经济学原理早已阐明，如营造新的增长极，即增长极理论。

（一）理论出处之一：培育增长极

增长极理论最初是由法国经济学家弗朗索瓦·佩鲁于 20 世纪 50 年代提出来的，他认为，如果把发生支配效应的经济空间看作力场，那么位于这个力场中的推进性单元就可以描述为增长极。

增长极是围绕推进性的主导工业部门而组织的有活力的高度联合的一组产业，它不仅能迅速增长，而且还能够通过乘数效应推动其他部门的增长。经济增长在地理空间上不是均匀的发生，而是以不同强度呈点状分布，也就是说，增长并非出现在所有地方，而是以不同的强度首先出现在一些增长点或增长极上，这些增长点或增长极通过不同的渠道向外扩散，对整个经济产生不同的最终影响。那些推动性工业嵌入某地区后，将形成集聚经济，产生增长中心，从而推动整个区域经济的增长。推动性工业具有以下基本特点：规模较大、增长较快、与其他工业的投入—产出联系广泛且密切、创新能力强。增长极对地区经济增长产生的作用是巨大的。由此可以看出，这里的增长极实际上就是一系列有竞争力的产业项目、配套项目，在一个地区不断地添加、成长、扩张（引发上项目热潮），进一步拉动其他投资项目落地，成为区域或城市可持续发展的原动力。

法国的另一位经济学家布代维尔认为，经济空间是经济变量在地理空间之中或之上的运用，增长极在拥有推进型产业的复合体城镇中出现；增长极是在城市资源配置中不断扩大的工业综合体，并在影响范围内引导经济活动进一步发展。布代维尔主张，最有效地规划配置增长极并通过其推进工业的机制，以促进区域经济的发展。

美国经济学家盖尔在研究了各种增长极观点后，指出影响发展的空间再组织过程是扩散—回流过程，如果扩散—回流过程导致的空间影响为绝对发展水平的正增长，即为扩散效应，否则为回流效应。

由此可以认为，增长极理论有以下几个基本点作为支撑：第一，其地理空间表现为一定规模的城市；第二，必须存在推进性的主导工业部门和不断扩大的工业综合体；第三，具有扩散效应和回流效应。

在现实经济活动中，一个区域的增长极不可能只有一种产业，常常有两种或两种以上产业作为其推动产业。例如，北京、上海等特大城市的经济增长极就有多种产业。增长极体系有三个层面：先导产业增长；产业综合体与增长；增长极的增长与国民经济的增长。增长极通常出现在区位良好、有一定规模的城市，且存在具有较强扩散效应和回流效应的推进性主导工业部门和不断扩大的工业综合体；增长极也会随着时代不断发展和演替。

总之，经济增长被认为是一个由点到面、由局部到整体、依次递进、有机联系的系统。其物质载体或表现形式包括各类别城镇、产业、部门、新工业园区、经济协作区等。增长极的形成与发展过程会产生两种效应：极化效应和扩散效应。极化效应促使各种生产要素向增长极回流和集聚；扩散效应促进各种生产要素从增长极向周围欠发达的地区扩散。在发展的初级阶段，极化效应是主要的，当增长极发展到一定程度后，极化效应削弱，扩散效应加强。增长极效应是一种多种效应的复合体，如上游下游效应、集聚效应和互利效应等。

（二）增长极理论的应用与局限性

自增长极理论提出以来，被许多国家用来解决不同的区域发展和规划问题，该理论的特点包括以下三个方面：

第一，增长极理论对经济发展的描述更加真实。新古典经济学者信奉均衡说，认为空间经济要素配置可以达到帕累托最优，即使短期内出现偏离，长期内也会回到均衡位置。佩鲁则主张非对称的支配关系，认为经济一旦偏离初始均衡，就会继续沿着这个方向运动，除非有外在的反方向力量推动才会回到均衡位置。这一点非常符合地区差异存在的现实。

第二，增长极概念非常重视创新和推进型企业的重要作用，鼓励技术革新，符合社会进步的动态趋势。

第三，增长极概念形式简单明了，易于了解，对政策制定者很有吸引力。同时，增长极理论提出了一些便于操作的有效政策，使政策制定者容易接受。例如，佩鲁认为，现代市场充满垄断和不完善，无法对推进型企业自行实现理性选择和环境管理，因此，政府应对某些推进型企业进行补贴和规划。

增长极理论也有一定的局限性。

（1）增长极的极化作用。增长极主导产业和推动性工业的发展具有相对利益，产生吸引力和向心力，使周围地区的劳动力、资金、技术等要素转移到核心地区，剥夺了周围区域发展的机会，使核心地区与周围地区的经济发展差距扩大，这是增长极对周围区域产生的负面影响。

（2）扩散阶段前的极化阶段时间过于漫长。扩散作用是极化作用的反向过程，两者的作用力大小是不等的。缪尔达尔认为，市场力的作用通常倾向于扩大而不是缩小地区间的差异，在增长极的作用过程中，如果不加强国家干预，回流效应（即极化效应）便会一直大于扩散效应。赫希曼认为，增长的累积性不会无限地进行下去，从长期看，地理上的涓滴效应（即扩散效应）足以缩小区域之间的差距。1979 年，布赛尔在其论文《增长极：它们死了吗?》中，提出扩散效应和回流效应会随时间的推移而变化的观点。无论是哪种观点，增长极的扩散效应都不可否认，扩散阶段前极化阶段的漫长也毋庸置疑。然而，要度过这个漫长的时间，落后地区的人民要继续忍受贫困，政治不安定因素可能增加。对讲求政绩的政府官员来说，短期内看不到政策的显著效果，这在一定程度上阻碍了增长极政策的实施。

（3）推动性产业的性质决定了增长极不能带来很多的就业机会。推动性产业往往是新兴产业，具有很强的技术创新能力，有机构成较高，甚至排斥就业，属于迅速增长的企业类型，具有较快的增长特性。推动性产业的性质决定了增长极技术装备和管理方法较为先进，不易解决就业问题。

二、让新建项目促进经济增长

新建项目在城市经济中可以扮演新的增长极角色，因此，新建高质量的好项目是关键。在实践中，经常会出现由于项目前期论证不足等原因，一些新建项目在建成之日就亏损的情况。好的新建项目可以通过与其他产业的广泛和密切的关系，来影响其他产业的发展，进而对城市经济增长产生带动作用。

什么样的新建项目能够更好地拉动经济增长呢？我们可以从以下几个层面进行分析。

首先是项目的市场前景。项目本身要能够满足特定的社会需求，能够创造独特的价值和净收益。相较于短期收益，能够带来长期净收益的项目能够更好地拉动经济增长。与市场结合越紧密，拉动力就越强。因此，在上项目时，需要选择具有强大市场潜力的项目。

其次是项目的先进技术。项目的技术在一定的时期具有引领性和竞争性，可以带来相对稳定和持续的发展红利，而不是昙花一现，竹篮打水。这方面的失误也在经济发展中出现过，如华录项目（录像机）、VCD 项目、PP 机项目等。需要指出的是，不能不顾自身条件去追求技术先进性，往往欲速而不达，这就要求在上项目时，要综合考虑自身的消化吸收能力和应用水平。

最后是项目的根植性，即与当地资源配置的结合状况，如是否与当地的劳动力、土地、资本、技术、自然资源以及相关配套产业、政策等契合。只有与当地条件有相当深度的融合，项目才会有生命力。此外，当地的营商环境会对项目的运营造成一定的影响，从而影响新建项目对经济增长的拉动力。因此，在对当地的资源环境、区位条件等要素进行清晰认识的基础上，发挥一个项目或者多个项目形成的项目系统作用，培育当地的主导产业。

与根植性相连的还有关联性，就是项目所在的产业链在当地能延展多少。一个产业并不是孤立的存在，它与其上游产业、下游产业、侧向联系产业形成产业链。该产业链的长短与项目自身的性质相关，也与当地的营商环境相关。虽然项目部分资源可以来自外部地区，但是当地的营商环境、与外部联系的紧密程度等因素会对引进资源的便利程度产生影响，从而对项目的运营成本产生影响。

因此，需要整合当地的产业，形成较为完善的厂商系统。项目的顺利运行离不开相关联产业的支持。对于项目运营所需要的配套产业，部分可以通过整合当地资源进行培育，部分可以通过项目运营进行培育，部分可以从外引进。当合理的厂商系统建立与完善后，新建项目就能够顺利运行，从而充分利用其影响力，发挥其拉动当地经济的作用。

此外，还需要优化当地的营商环境。如今，人们越来越认识到营商环境的重要性。营商环境包括影响企业活动的社会要素、经济要素、法律要素等方面，是一项涉及经济社会改革和对外开放众多领域的系统工程。营商环境优化涉及市场主体保护、市场环境、政务服务、监管执法、法制保障等方面。根据国务院《优化营商环境条例》，优化营商环境需要坚持市场化、法制化、国际化原则，以市场主体需求为导向，以深刻转变政府职能为核心，创新体制机制、强化协同联动、完善法制保障，对标国际先进水平，为各类市场主体投资兴业营造稳定、公平、透明、可预期的良好环境。因此，大力推进简政放权、促进公平公正监管、着力优化政务服务、持续扩大对外开放以及激发改革创新动力等是营商环境优化的重要举措。

第二节　投融资主体——地方政府的投资效率问题

地方政府的投资效率问题不仅是学者关心的问题，还是实践上需要澄清并解决的问题。

一、产业结构趋同，产能过剩严重

这种现象的直接后果是地方政府的投资效率不高。产业结构趋同主要表现为各地区难以按照专业化分工原则进行投资建设，导致重复性建设，形成恶性竞争，造成资源浪费；各地区均追求门类齐全、自成体系；地区间的产业结构高度相似，经济资源配置效率低下；产业结构在从低水平向高水平升级的过程中处于低水平状态，引发了产业结构的低度化。产业结构趋同还导致地方竞争加剧。在地方与地方的竞争中，许多地区引进了同一水平的同种技术，造成重复过多引进，给同一产业内专业化分工体系的组合带来了新的困难。相同产业的发展在市场中处于由短缺向饱和的转折中，使各企业都陷入供过于求的过度竞争中，一些企业处于上不去下不来的两难境地。这种局面使高层次行业规划陷入被动，效益低下，主要体现在部门与地方的竞争中，双方同时引进同类产品，中途放弃和撤出都会使自己造成损失，因而双方互不相让，加剧了竞争。

二、引资成本的抬高

以竞价的方式吸引投资，使成本不断攀升，最终导致投资效率不高。实行对外开放初期，各地政府出于吸引外资发展地方经济的需要，竞相推出各自的优惠政策，这对于解决资金短缺、发展地方经济确实起到了不小的作用。但此后，在个别地区出现了引资、上外资项目互相攀比等现象，纷纷出台了某些超级优惠（倾其所有明补暗补、压倒竞争者）的政策措施和不科学的提法。结果扰乱了正常的市场秩序，地区出现不正当竞争，资产和资源错配的现象，或者正派的外来投资者对本地的投资环境产生疑虑、望而却步，从而转向别处，造成了利用外部资本的混乱现象。此外，个别投机商，利用特殊政策，损害国家利益。有些项目是境外的推销商，以合资、合作的幌子来抛售设备，一旦赚足了钱，就撒手不管、逃之夭夭，中方资产蒙受巨大损失；作为引资方，有些优惠政策许诺难以兑现，如配套资金很难兑现，影响中方形象。

三、乘数效应、溢出效应不高

从经济学理论上讲，一国的经济增长是技术进步、资本积累和劳动力增加等因素长期作用的结果。一般而言，经济增长会增加劳动投入，吸收就业，从而降低失业率，这种关系已经被主流经济学理论和实证分析所接受。但从中国经济增长的实际情况来看，地方政府投资对于当地就业的拉动情况并不理想。尽管改革开放以后中国经济一直保持较高的增长速度，但就业形势却日益严峻，城镇登记失业人数逐年增加，失业率居高不下。这也反映出了投资带动就业作用的大小，除了与投资项目本身的性质，即该投资项目是否需要大量的劳动力相关之外，还与投资项目对其他产业的带动性相关。

需要提及的是，政府投资效率不高与政府投资的项目特性有关，其投资领域主要集中于公益性和基础设施领域，这些项目往往具有公益性强、规模大、风险水平较高等特点。相较于一般企业对收益、效率的关注，政府投资往往还有其他目标，如维持就业、实现社会公平、保护生态、创造适宜的营商环境等，这些目标使政府投资的效率不高。

四、投资效率低下的原因

地方政府投资效率不高的原因，国内学者从不同的方面进行了探讨，主要是包括以下几个方面：

第一，投资结构长期存在"三多三少"问题，即政府主导的"铁公基"投资偏多，民营资本参与和主导的关键产业投资偏少；传统行业投资偏多，新型产业、教育、医疗投资偏少；依赖银行贷款进行的投资偏多，依靠直接融资手段完成的投资偏少。"三多三少"问题直接导致社会资金运用效率大幅度降低，导致货币信贷资金推动经济增长的边际效率持续下降。许多企业尤其是中小企业感觉资金流动性不足，贷款难、融资难、成本高的原因一方面是由社会融资规模和流动性急剧膨胀导致的，另一方面则是受实体经济投资和融资不足的影响，这种矛盾现象充分说明货币和信贷扩张刺激经济增长的边际效果持续下降，信贷资金的运用效率持续下降，说明社会融资体系和金融体系已经严重不适应经济发展的内在需要，不适应发展方式转型的内在需要。解决"三多三少"问题的关键是进行金融改革和金融创新。深化金融体制改革，提高社会融资效率和资金使用效率，是刻不容缓的重大战略任务，是确保财政政策和货币政策有效发挥作用的核心机制，是宏观经济政策思维模式急需的重大转折。

第二，政府投资权力过于集中，政府参与经济过度，地方政府的政府职能错位，财政体制缺陷，监督和问责制度不完善，包括政府的非普惠性补贴支出，以及短期激励措施等。有数据显示，自 2008 年以来，政府经济建设的支出在大幅增加，从宏观上看，总体的经济效率是下降的。在宏观层面，总体的投资回报率也在下降，甚至全要素生产率的增长速度在 2008 年之后比之前低了很多。因此，需要转变政府职能，廓清政府提供公共物品的范围，明确市场提供公共物品的条件，完善政府投资责任追究制与绩效评价制度，同时，解决政府比较关注短期效益、对长期的效益有所忽视而产生的短期效益和长期效益失衡的问题。

第三，地方政府投融资管理立法滞后。政府投融资平台数目繁多，筹资渠道缺乏规范性和透明性，政府投资决策随意性强，建设项目论证不充分等问题，导致地方政府债务负担沉重，政府投资效率低下。这些问题究其原因，还是因为地方政府缺乏对投融资管理体制和制度的约束。甚至有些地方对政府投融资行为没有任何成文的法律法规和具有约束力的管理文件，地方政府投融资管理立法工作明显滞后于地方投融资活动开展的实际。① 因此，需要建立规范完整的投融资管理法规，有效地约束和管理地方投融资行为。

学者指出了我国政府投资效率普遍不高的问题，现实中，各地政府也在一直致力于解决这一问题。由《2018 中国地方政府效率研究报告》可知，我国东部地区的部分省市仍能保持较高的投资效率，上海、北京、浙江位列省级政府效率排名的前三位；深圳市、衡阳市、舟山市、珠海市等位列地级市政府效率的前100 强。从这些省市可以总结出"四优"经验：公共服务优质、政府规模优化、居民经济福利优厚、政务公开优先。各个省市都在努力提高投资效率，全面实行政务公开、加强公共服务能力建设、不断优化政府投资规模、注重改善辖区居民经济福利等措施，为提升我国地方政府效率献计献策、努力实践。

第三节　城市政府的主要融资方式及其利弊

我国城市政府在社会经济发展中是一个特殊的角色，既有社会管理职责，又有经济发展功能，作为市场经济中的一个重要主体，在经济建设中起着十分重要的作用。

---

① 丁伯康. 地方政府投融资活动的存在问题、管理体系和建议［EB/OL］. http：//www. sohu. com/a/227796749_ 726670，2018 - 04 - 10.

融资已成为当今城市政府发展经济、建设项目的必要方式，是解决政府财政难题、缓解政府借贷压力、完成城市基础设施建设的有效方式。由于城市建设面对的项目众多，所需资金量巨大，可供选择的融资方式较多且各有千秋，因此，分析主要融资方式的特点及其利弊，有助于提高资源配置效率和防范风险。

一、地方融资平台

地方政府融资平台是由地方政府及其部门和机构通过财政拨款或注入土地、股权等资产设立的、承担政府投资项目融资功能并拥有独立法人资格的经济实体。地方政府融资平台目前融通资金的方式主要为银行贷款，还可以通过发行城投债、上级财政拨款等方式获得资金。地方融资平台建设的优势在于能够解决地方政府在法律上无自主负债权的问题，使地方融资平台公司能通过城投债方式融得大量资金，发挥债务融资方式的作用。地方融资平台的弊端在于建设留下的安全隐患。

第一，过度依赖地方政府融资平台融资。地方政府举借的债务中，有大量负债资金以融资平台为举借主体，但融资平台本身就存在着巨大的风险。地方政府融资平台将大部分资金投入到公益性项目中，这一部分项目通常不能产生现金流，或者不能产生足够的现金流以偿还本金和利息。随着融资平台负债规模的不断提高，地方政府的偿债风险逐渐加大。由于地方政府融资平台在筹资过程中由地方政府提供财政担保，一旦地方政府的财政收入减少，融资平台的违约风险将上升，最终造成商业银行的不良资金大幅增加。此外，目前关于地方政府融资平台的设立条件没有统一的规定和要求，地方政府融资平台的运行缺少有效的规范和约束。融资平台的不规范管理导致平台公司经营效率低下，盈利能力较弱。

第二，地方政府的债务信息不透明，监管约束机制缺失。目前，我国地方政府尚未建立起完善的债务信息披露制度，中央政府难以对地方政府的融资规模、融资渠道与资金用途进行评估。监管约束机制的缺失使地方政府在进行项目融资时，缺少严密的债务筹措规划，所筹资金不能与地方政府的财政负担水平一致，同时，地方政府对融通资金的使用效益缺少考核评价体系，从而导致地方债务违约风险不断增大。

第三，地方政府的债务预算管理体系不健全，缺少风险意识。目前，我国大部分地方政府性债务收支未纳入预算管理和监督，相关管理制度不健全。

我国社会管理体制决定了地方政府不存在破产的可能性，中央政府为地方政府提供了隐形担保，即使地方政府债务难以偿还，仍然由中央财政作为最后偿付人。这一现状容易引发地方政府的道德风险，地方政府官员在晋升机制和政绩指标的激励下，很容易过度举债，通过投资拉动当地 GDP 增长而不用担心债务风险的发生。解决这些问题，必须从平台形成的机制入手，清理整顿平台是第一步。只有这样，才能真正对平台风险做出较为准确的评估。

赋予地方政府的发债权，如市政债，是清理现有地方政府性债务的一项举措。需要注意的是，市政债可以缓解地方融资平台的风险，但是地方财政风险并不会因此而消失。市政债有其优点，但是，市政债取代地方融资平台只不过是将银行业的风险转移到公众手中，不能从根本上解决地方政府融资所带来的财政风险问题。因此，发行市政债，只是地方政府债务信息透明化的一个步骤，是地方财政健全过程中的一步。有了市政债，地方政府的债务管理也不能有丝毫的放松。

二、财政渠道融资

通过财政渠道进行融资是地方政府实现经济建设和社会服务的重要形式，税收应该是地方政府财政收入最主要的资金来源。我们知道，基础设施和公共服务的外部性特别强，仅靠市场的力量是难以完成的，这就意味着政府的财力（税收）投入在其中扮演着重要的角色。政府所征收的各种无指定用途的税收均属于一般税收，如增值税、消费税（除燃油外）、营业税、企业所得税、个人所得税等，它们应该是财政渠道投入融资的主体。从来源看，车辆购置税、车船税、消费税（燃油税）与车辆的使用和道路建设有着密切的关系。财政渠道融资往往表现为各种形式的政府财政预算拨款。

财政渠道融资的优势在于政府预算拨款对具体项目而言，不用考虑未来的资金偿还问题，特别适合未来没有直接现金流入的公益性项目的建设。公共服务体系建设在很大程度上也是如此，由公共服务的非营利性所决定，最基本的投入应该依靠政府投入，而不是其他需要偿还的资金投入。

财政渠道融资的弊端在于增加居民的税负以及对政府财政支出的挤出效应。在其他条件不变的情况下，通过增加税收来为公共支出进行融资，会在一定程度上增加居民的负担、降低福利，从而降低社会投资的意愿，也会因占用有限财力产生挤出效应。

三、土地融资

不可否认的是，在40多年的改革开放中，特别是1994年以后，土地融资在地方政府融资中的地位不容忽视。1994年，分税制改革的直接目标是提高两个比重，即提高财政收入占GDP（国内生产总值）比重和提高中央财政收入占全国财政总收入的比重。不少地方的财力相对不足，即使是经济相对发达的地区，一般预算收入（公共预算收入）往往只能保证当地的经常性支出。建设性支出几乎要靠一般预算收入之外的其他资金来源，其中，最重要的莫过于国有土地出让收入。土地出让金在中央和地方的分成比例经历了一个演进的过程。最开始的规定是，土地使用权出让收入扣除土地出让业务费后，全部上缴财政。上缴财政部分，取得收入的城市财政部门先留下20%作为城市土地开发建设费用，其余部分按40%上缴中央财政，60%留归取得收入的城市财政部门。到了1992年，分成比例的收取办法改为，土地出让金总额的5%上缴中央财政，地方财政收取的土地出让金比例由各省、自治区、直辖市和各计划单列市财政部门在核定合理的土地开发成本和住房价款的基础上自行确定。自此，地方政府成为土地出让金的"主要受益者"，而土地出让金与地方政府的利益也日益密切起来。① 在财政分权和经济增长竞赛双重激励下，地方政府找到了土地这个要素抓手，通过对城市基础设施建设的偏向性配置，使高房价和繁荣的土地财政成为城市发展的重要内容。由表7-1可知，2006年国有土地出让收入已占国家财政收入的4.25%，至2017年增长至30.16%，这说明政府对于土地融资的依赖性显著增强。

表7-1　国有土地出让收入与面积

年份	财政收入（亿元）	国有土地出让收入（亿元）	国有土地出让收入占财政收入比例（%）	国有土地出让面积（万公顷）
2006	38760	1650	4.26	23.25
2007	51322	7272	14.17	22.65
2008	61330	9737	15.88	16.31
2009	68518	14257	20.81	22.08
2010	83102	29398	35.38	29.15
2011	103874	33479	32.23	33.39
2012	117254	28892	24.64	32.28
2013	129210	41250	31.92	36.70
2014	140370	42931	30.58	27.18
2015	152269	32543	21.37	22.14
2016	159605	37457	23.47	20.82
2017	172593	52059	30.16	22.54

资料来源：CEIC数据库，2006~2016年《中国国土资源公报》，《2017中国土地矿产海洋资源统计公报》。

---

① 地方政府收取的土地出让金在各级政府间如何分成？［EB/OL］．土流网，https：//www.tudi-net.com/read/1361.html，2016-11-08.

土地融资的优势在于地方政府（除了直接获得土地出让金外）基于融资平台通过土地抵押和担保能够获取大量资金，在现阶段财政收入越来越难以满足庞大的城市建设支出需求时，土地作为政府一项重要资产，使用土地融资是一条有效的资金获取方法。

土地融资的弊端在于土地融资引起的土地财政抬高了房价。此外，土地融资确实带来了一些问题，特别是城市拆迁与农村征地，有着较大的利益空间，在使一些人暴富的同时，也滋生了严重的腐败行为。更重要的是，之前所形成的土地财政模式是不可持续的。土地是有限的，卖地收入总有萎缩的时候，卖地还带来了一些政府决策者的扭曲性行为。

四、债务融资

长期以来，债务融资与土地融资相配合，一直是地方政府的重要资金来源。预算法对地方政府直接发债提出了限制，使地方政府债务融资形势更加特殊，滋生了一个具有中国特色的地方债方面的专业术语——地方政府性债务。

使用债务融资方式的优势在于可以实现代际公平，能弥补庞大的资金缺口，为地方经济发展起到推动作用。其弊端在于地方政府的债务总量大以及期限结构不匹配问题带来了较大的风险。与经济总量和全国税收相比，当前，地方政府性债务尚不足以构成中国国家主权债务风险。但是，这并不等于说地方债就已经高枕无忧。债务问题不仅仅是总量问题，还表现为期限结构问题。如果期限结构不合理，同样可能带来短期的债务清偿问题。因此，亟待规范地方债、控制地方性政府债务规模的扩大，以保证地方财政的正常运转。

五、股权融资

股权融资是指企业的股东愿意让出部分企业所有权，通过企业增资的方式引进新的股东，同时使总股本增加的融资方式。

与其他融资方式相比，企业通过上市来募集资金有突出的优点：第一，筹资风险小。由于普通股票没有固定的到期日，不支付固定的利息，不存在不能还本付息的风险。第二，可以提高企业的信用度。普通股本和留存收益构成了公司介入一切债务的基础。有了较多的股本，就可以为债权人提供较大的损失保障。第三，所筹集的资金具有永久性，无到期日，不需归还。在公司持续经营期间可长期使用，能充分保证公司生产经营的资金需求。第四，有利于帮助企业建立规范的现代企业制度。

股票融资的缺点在于融资成本较高。对筹资来讲，普通股的股利从税后利润中支付，不具有抵税作用。另外，普通股的发行费用也较高。股票融资上市的时间跨度长，竞争激烈，无法满足企业紧迫的融资需求。而且，容易分散控制权。当企业发行新股时，出售新股票，引进新股东，会导致公司控制权的分散。

六、项目融资模式

项目融资是围绕某个特定项目进行融资、建设、运营的一系列活动。贷款方在向一个经济实体的特定项目提供贷款时，需要考察该经济实体的现金流和收益，将其视为偿还债务的资金来源，并将该经济实体的资产视为这笔贷款的担保物，若对这两点感到满意，则贷款方同意贷款。从国际范围来看，项目融资产生于 20 世纪 50 年代，成熟于 60 年代中期。进入 20 世纪 70 年代，这一方式在石油、钢铁、森林、发电以及一些大型项目建设中得到了广泛而成功的运用，已成为大型能源项目国际性融资的一种主要手段。20 世纪 80 年代初，世界性的经济危机使项目融资进入低潮。1985 年以后，随着世界经济的复苏和项目融资模式的不断创新，项目融资尤其是 BOT 模式，在发达国家和发展中国家都得到了相当大的发展。20 世纪 80 年代中期，项目融资被引入中国。

项目融资在我国广为应用，与我国的国情一致。一是制度优势，主要体现在三个方面：①政府良好的信用，资金筹措迅速且操作简便，成本相对较低；②可以充分发挥财务杠杆作用，放大财政资金的使用效率；③有利于缓解政府近期的现金支出压力。二是各地财政资金的有限性、投资渠道不足与资金需求矛盾的日益突出。因此，面对这些困境，需要转变发展思路，充分利用不断发展的资本市场，对城市基础设施等准公共物品进行经营，推进城市建设的快速发展。由此，便产生了 BOT、TOT、PPP、ABS 为主的新的投融资范式。

（一）BOT 模式

BOT 是建设（Build）、经营（Operate）和转让（Transfer）三个英文单词的第一个字母的缩写，代表着一个完整的项目融资过程。BOT 融资方式在我国被称为"特许经营方式"，其含义是指国家或者地方政府部门通过特许经营协议，授予签约方的外商投资企业（包括中外合资、中外合作、外商独资）或本国其他的经济实体组建公司，由该项目公司承担公共基础设施（基础产业）项目的融资、建造、经营和维护。在协议规定的特许期限内，项目公司拥有投资建造的所有权，允许向设施使用者收取适当的费用，由此回收项目投资、经营和维护成本，并获得合理的回报。特许期满后，项目公司将设施无偿地移交给签约方。我国第一个采用 BOT 模式的项目是深圳沙头角 B 电厂，项目于 1984 年签署合资协议，1986 年完成融资安排并动工兴建，1988 年建成投入使用。该项目被认为是中国最早一个有限追索的项目融资案例。1994 年，中国政府开始研究 BOT 方式。1996 年，国内第一家以民营企业投资兴建的 BOT 项目——刺桐大桥工程项目开始建设。该项目也被称为"国产BOT"，开创了利用国内资金进行项目融资的先例。之后，该模式在中国得到了很大的发展，逐步从电力、公路等行业拓展到地铁、桥梁、港口、隧道、排水、供水和环保等更多的基础设施项目领域，目前，这种投融资模式在城市建设中扮演着重要角色。该模式的难点在于运营期的时间确定、设施的服务价格以及移交时的资产质量等。

（二）TOT模式

TOT（Transfer – Operate – Transfer）即移交—经营—移交，从BOT模式演变而来。其具体模式是融资方将已经建成的运行项目在一定期限内移交给投资商运营，以该项目在未来若干年的收益为标的，一次性地从投资商那里融得一笔资金，用于建设新的基础设施项目。待经营期满后，再把该项目设施移交给融资方。简单来说，TOT模式就是政府通过出售已建成项目在一定期限内的现金流量以获得资金来建设新项目的一种融资方式。其实质是一种先付租金的租借模式，并不涉及项目的设计和施工，适合于有稳定收益、运营周期长的基础设施项目建设。

（三）PPP模式

PPP模式，即公共部门与私人/民营企业的合作模式，是指政府、营利性企业和非营利性企业以某个项目为基础而形成的相互合作关系的模式。通过这种合作模式，合作各方可以得到比单独行动更有力的结果。合作各方参与某个项目时，政府并不是把项目的责任全部转移给私人企业，而是由参与合作的各方共同承担责任和融资风险。PPP模式包含BOT、TOT等多种模式，但又不同于后者，PPP模式更加强调合作过程中的风险分担机制和项目的货币价值原则。PPP模式的一个突出的特征就是在项目初期就实现了风险分配，由于政府为企业分担了一些风险，因此，投资者的风险减少，降低了融资难度，提高了融资的可能性。同时，PPP模式吸引了私人部门融资，政府与私人部门形成了伙伴关系，在分担风险的同时，也大大提高了资金的使用效率，体现了货币价值原则。近些年，国家力推这一模式，其应用范围拓展得很快。

北京市地铁4号线是我国第一个采用PPP项目融资模式建设并获得成功的基础设施项目。2005年2月7日，北京首都创业集团有限公司（以下简称"首创集团"）、香港地铁有限公司（以下简称"香港地铁"）和北京市基础设施投资有限公司三方联合体与北京市政府草签了《北京市地铁四号线特许经营协议》，首创集团、香港地铁获得了4号线为期30年的特许经营权（正线28.65千米，车站24座；总投资153亿元；按建设主体将建设内容分为A、B两部分：A部分为土建工程，投资107亿元，占比70%；B部分为车辆、信号、自动售检票系统、机电设备，投资46亿元，占比30%。）。4号线竣工后，联合体按《资产租赁协议》取得了 A 部分的资产使用权，负责全部设施的维护，通过票款收入及站内商业经营收入回收投资。经营期结束后，联合体将 B 部分设施完好无偿地移交给市政府指定部门，将 A 部分设施归还给原产权单位。作为国内第一条实现特许经营的轨道交通线，北京地铁 4 号线一举吸纳了 46 亿元的社会投资。在 PPP 模式下，北京地铁的融资、运营和管理分而治之，其优势主要体现在以下几个方面：引进香港地铁的先进经验；引进市场竞争机制；分散部分投资风险；由政府定价，承担票价风险；投资方承担客流量的风险。香港地铁的进入不仅带来了社会投资，减轻了政府的财政负担，还打破了北京地铁多年来垄断经营的格局，通过在公共事业领域建立适度竞争的市场机制，为市民提供更好的服务，引进全新的管理和运营模式，使地铁运营能够盈利。

对引资方来说，PPP 模式的优点在于融资规模大，信用良好；操作简便，迅速引入高水平服务，提高运行效率；降低财力投入。其缺点在于不利于股份制改组改造，转换机制；政企难分，强化行政垄断；自身服务水平难以有效提高。

（四）ABS 模式

ABS（Asset-Backed Securitization）模式，即资产证券化，是以该项目资产的未来预期收益为保证，在资本市场上发行高级债券来筹集资金的一种项目证券融资方式。这种模式的本质在于使原本信用等级较低的项目也可以进入国际高档证券市场，利用该市场的信用等级高、证券安全性和流动性高、债券利率低的特点，大幅度降低发行债券筹集资金的成本。ABS 融资在我国起步较晚，并且由于法律制度、税收政策、会计准则不完善等方面的问题，ABS 模式在我国的推广依然面临着诸多困难。虽然 BOT、TOT、PPP 和 ABS 等新的融资模式对筹集满足需要的大量建设资金的城市投融资具有重要意义，但由于在运行机制、投资风险、融资成本、对外部环境的要求等方面存在很大的差异，各模式的应用具有一定的局限性与风险，同时也导致了一定的脆弱性问题（见表 7-2）。

表 7-2 投融资模式的脆弱性比较

融资模式	BOT	TOT	PPP	ABS
项目所有权	有	部分或没有	部分	还本付息后有
项目经营权	失去（转交之前）	部分或没有	部分	有
融资难度	难	易	难	难
风险分配	政府与投资者均高	一般	一般	小
融资成本	较高	中	中	低

资料来源：王雍君，陈灵. 城市投融资管理研究 [M]. 北京：经济科学出版社，2012.

首先在投资风险方面。在 BOT 模式中，投资不能随便放弃和转让，由于投资大、周期长，在建设运营的过程中易受政府政策、市场环境等非金融因素的影响，风险较大。TOT 模式既避免了建设超支、工程停建或不能正常运营、现金流量不足以偿还债务的风险，又能尽量取得项目经营的收益，从而使投资方回避了整个项目工程中可能遇到的大量风险，但政府机构的风险则有所加大。PPP 模式采取有效的风险分配方案，把风险分配给最有能力的参与方来承担。由于期间政府向借贷机构做出承诺，将按照政府与项目公司签订的合同支付有关费用，政府与投资商都降低了部分风险，使项目能比较顺利地获得金融机构的贷款。ABS 项目由于债券投资者的数量众多，极大地分散了风险，而且，这种债券可以在二级市场上转让，具有较高的资信等级，这使其在资本市场上的风险相对较小。

其次在融资成本方面。由于 BOT 模式必须经过项目确定、项目准备、招标、谈判、签署与 BOT 有关的文件合同、维护、移交等阶段，涉及政府的许可、审批以及外汇担保等诸多环节，牵涉的范围广、涉及方多、操作复杂，在几种融资模式中融资成本最高。而 ABS 模式的运作只涉及原始权益人、项目公司、投资者、证券承销商等几个主体，无须政府许可、授权及外汇担保等环节，其融资成本可以说是这四种模式中最低的。TOT 模式和 PPP 模式的融资成本则介于两者之间，TOT 模式由于积累大量风险的建设阶段和试生产阶段已经完成，且 TOT 模式涉及的环节较少，评估、谈判等方面的从属费用也势必会大大降低。因此，它的融资成本要低于 BOT 模式。

最后在适用性方面。新型融资方式涉及一系列法律法规的修改完善问题。如在 PPP 项目融资方面，国际上的一些惯例和做法与我国现行的法律、法规相冲突。虽然现在中央文件已经明确规定大部分城市的基础设施领域向外资、民营资本开放，但在实际执行中，地方政府并没有具体的实施细则，市场准入仍需要分类审批；此外，社会资本在进入城市基础设施领域实施 BOT、TOT 项目融资之时，会遇到谁代表政府与企业签约的问题。因为按照国家有关政策规定，政府不能从事经营性活动。一些企业对合同的合法性和信赖度主要取决于对政府领导的信任，而不是合同本身的法律效力。

第四节　投资环境、营商环境建设中的问题

投资环境、营商环境是投融资活动能否正常进行的重要条件。投资环境，顾名思义，侧重于投融资活动这个环节；营商环境则更多侧重于与厂商经营业务活动有关的软环境，如制度、政策和服务等。

一、投资环境建设中需要关注的新课题

我国政府高度重视投资环境与营商环境的建设，但是时代在变化、目标在提高，我们遇到了许多新的条件、问题、机遇和挑战。

（一）关于引进高质量外资

自1978年中国实行改革开放政策以来，中国对外开放程度逐步扩大，由点到面，由沿海到内陆，一个全方位、多层次、有重点的对外开放格局已经形成。利用外资直接投资取得了丰硕的成果，其在弥补国内建设资金不足、引进先进技术和管理经验、吸收安置劳动力、促进经济快速发展等方面显示了突出的作用。

但是，随着社会经济的迅速发展，出现了两方面的新情况。一方面，随着对外开放的进一步扩大，外商直接投资领域和地域进一步拓展，一些新的现象、新的问题相继出现，表现为外商直接投资的规模、技术层次和空间结构与中国的实际需要还不相适应，地区分布过于集中，外商直接投资的国别来源较为单调，外商的不法投资行为更为隐秘；另一方面，中国经济适逢新一轮的全面调整时期，力争在较短时间内实现由计划经济向市场经济、由粗放型经营方式向集约型经营方式转变，实现对外开放由以量的积累向质的提高转换。因而，无论是经济结构的调整，还是产业结构的升级和组织结构的完善，都对对外开放尤其是引进外商直接投资提出了新的要求。这些方面有的涉及政策或法律法规的调整，有的涉及财政、金融、投资、税收、科技、劳动等管理体制的改革，以及中央与地方的关系、政策之间的协调等。总之，在我国经济成长和阶段性转换的过程中，在新时期中国现代化的建设中，需要对外商企业的投资行为、投资方式、投资决策的特点加以研究，为我国对外经济政策的调整及经济体制的改革提供客观依据，从而把我国利用外商直接投资的能力和管理外商投资企业的能力提高到一个新的水平。

（二）关于虚拟空间和数字经济

从发展上看，投资环境或区位也是变动的。随着环境或区位构成因素的变化，投资成本和区位决策不断变化。1968年，互联网的诞生标志着虚拟空间的诞生。网络虚拟空间指运用计算机网络建立起来的非物质空间形态，其重要意义在于人类可以在其非物质化的空间形态中产生社会行为，满足人的社会需求。网络虚拟空间从诞生至今不过短短50年，其数据量无限大、算法精妙，不再受困于电脑屏幕的方寸之地，几乎取得了与现实传统空间同等的成就。人类本身生活在空间中，而传统的空间概念却在淡出人类的生活。实际上，这只不过是传统的空间概念已经过时，它正在发生异变，有了新的含义。新的空间将会削弱人类城乡聚居的差异，信息时代将会使摩天大楼和绿色原野"同此凉热"。美国一位房

地产经理曾深有感触地说，"信息高速公路（其创造的虚拟空间）正在取代购物中心、办公大楼和其他不动产，成为经商售货和提供服务的主要场所，这种潮流对房地产的出售、出租和价格具有毁灭性的打击"。

由此可以看出，信息时代和知识经济一方面将带来人们意识观念的改变，影响人们的生活习惯、价值判断和行为方式，另一方面将引起空间概念的变化，导致基础条件、生产设施和营销方式改变。这一系列直接或间接的变化必将引发区位价值的升降变化，引起投资环境优势的变化。因此，新的视野和评价区位、评价投资环境就显得十分必要。

（三）关于制度建设

近年来，随着改革开放的深入，许多方面进入了制度的"深水区"，特别是在软制度环境建设方面，仍需加大力度，主要表现在以下几个方面：

第一，提高政府的行政管理效能。需要解决在政策和法规上透明度低、法规政策之间不统一、相互矛盾的现象；纠正一些职能部门重审批、轻服务、本位主义严重的做法。

第二，不同市场主体之间存在歧视，亟待在制度上加以保障。现今，我国统一、开放、竞争有序的现代市场体系还不够完善，对不同市场主体并非公平对待。市场的开放程度仍较低，资本、技术、劳动力等生产要素市场相对滞后，地区封锁、行业垄断现象依然存在。

第三，社会信用体系的建立与现代经济发展仍有很大的差距。在政府信用、企业信用、个人信用方面均存在一些令人担忧的问题，如假冒伪劣、商业欺诈等违法行为时有发生。法制保障不够完善，监管执法不够有效。一些地方的法律规定不具体，可操作性差，地方法规政策之间不统一、相互矛盾的现象依然存在。此外，当前的审批后续监管仍然是"放管服"改革的薄弱环节，实际工作中存在随意执法、多头监管、监管缺位等问题，企业在当地的经营需要得到完善的法制保障。

（四）关于产业导向

我国的主导产业在地域分布上较为分散，这种分散对降低企业生产成本、提高整个行业的竞争力有负面影响。

一是工业园区的无序兴建造成了城市资源的内耗。无序建设的现象非常突出，工业园区在我国遍地开花，这些园区土地利用粗放、基础设施不完善、经济效益低、管理不规范，导致地区缺乏有效的投资环境。

二是主导产业的发展缺乏统一规划和布局的产业引导。我国主导产业集中度低，在空间上较为分散，没有形成产业集群，所以没有更多的竞争力，这与我国长期以来对主导产业的布局缺乏规划、缺乏指导有关。工业园区各种类型的重复建设，招商引资工作的盲目无序行为，其根本原因是缺乏一个产业布局框架。城市规划建设和经济发展规划脱节，主导产业分布更加支离破碎，对目前的形式和布局的调整需要支付更高的价格。

（五）关于高端人才

人才是最重要、最高级的生产要素。在我国，由于中西部地区的基础设施相对落后，地理位置比较偏僻，因此，难以吸引很多高素质人才。而高素质人才匮乏又进一步制约了当地的生产力发展，从而形成了一个欠发达"循环"。

我国人才要素主要有以下几个问题。首先，我国劳动力短缺。劳动密集型企业对劳动力的需求量很大，但我国人才由于各种原因，不愿从事制造业工作。其次，我国高技术人才的存量与增量均无法满足经济发展对专有技术人员的需求。我国的高等院校较少，区域文化强，在语言、文化等方面对吸引和留住外地人才有一定的障碍，特别是对高素质人才。并且在人才政策、职业发展等方面，大城市对中高端人才有着较大的吸引力，导致中小城市中高管岗位无才可用，强化了欠发达的循环。最后，各地培养的人才与实际当地需要的人才之间有差距，尤其是高级技工人才，社会上重学历、轻技术的观念尚未扭转。

二、改善投资环境的对策

改进投资环境的目标是为各类市场主体投资兴业营造稳定、公平、透明、可预期的良好环境，使各地区能有数量更多、效益更好的项目和厂商进入，从而拉动当地经济发展。为此，各地政府需要做到以下几个方面：

（一）加强监管执法，打造公平、便利的市场环境

政府在制定法律法规时，应该充分考虑到优化投资环境与营商环境的需要，依照法定权限和程序，及时制定或者修改、废止有关法律、法规、规章和行政规范性文件。政府需要努力改善市场环境，提高服务水平，使其更加便利化、快捷化，努力创建政策透明、营商便利、主体公平的竞争环境。政府有关部门应当严格按照法律法规和职责，落实监管责任，明确监管对象和范围，理清监管事权，依法对市场主体进行监管，实现监管全覆盖。按照国务院的要求，政府需要做到以下几点：

（1）充分听取市场主体、行业协会的意见。除依法需要保密外，与市场主体生产经营活动密切相关的行政法规、规章和行政规范性文件的制定，应当通过报纸、网络等向社会公开征求意见，并建立健全意见采纳情况反馈机制。

（2）加快推进公共法律服务体系建设，全面提升公共法律服务能力和水平，为优化营商环境提供全方位的法律服务。提高国家工作人员依法履职的能力，引导市场主体合法经营、依法维护自身的合法权益，不断增强全社会的法治意识，

为营造法治化营商环境提供基础性支撑。

（3）进一步增强服务意识，切实转变工作作风，为市场主体提供规范、便利、高效的政务服务。政府及其有关部门应当推进政务服务标准化，按照减环节、减材料、减时限的要求，编制并向社会公开政务服务事项（包括行政权力事项和公共服务事项，下同）的标准化工作流程和办事指南，细化、量化政务服务标准，压缩自由裁量权，推进同一事项实行无差别受理、同标准办理。没有法律、法规、规章依据，不得增设政务服务事项的办理条件和环节。政府及其有关部门办理政务服务事项时，应当根据实际情况，推行当场办结、一次办结、限时办结等制度，实现集中办理、就近办理、网上办理、异地可办。需要市场主体补正有关材料、手续的，应当一次性告知需要补正的内容；需要进行现场踏勘、现场核查、技术审查、听证论证的，应当及时安排、限时办结。

（4）加快构建以信用为基础的新型监管机制，创新和完善信用监管，强化信用监管的支撑保障，加强信用监管的组织实施，不断提升信用监管的效能。

（5）对新技术、新产业、新业态、新模式等实行包容审慎监管，针对其性质、特点分类制定和实行相应的监管规则和标准，留足发展空间，同时确保质量和安全，不得简单化予以禁止或者不予监管。

（6）充分运用信息网络技术，做好服务与监管。对直接涉及公共安全和人民群众生命健康等特殊行业、重点领域，依法依规实行全覆盖的重点监管，并严格规范重点监管的程序；对通过投诉举报、转办交办、数据监测等发现的问题，应当有针对性地进行检查，并依法依规处理。

在营商环境建设上，各地有一些创新的做法。例如，浙江建设了全省统一的政务服务网，覆盖各级政府机关3000多个、乡镇（街道）1300多个、村（社区）2万余个。同时，大力破除信息孤岛，让"数据跑路"代替"群众跑腿"，已开放57个省级单位的1.35万余项数据共享权限，打通省市县三级259套系统。湖北武汉在全市推行"同标准、无差别"的标准化审批服务，按照"一事项一标准、一子项一编码、一流程一规范"的要求，对"马上办、网上办、一次办"事项逐项编制标准化的办事指南表和一次性告知书，最大限度地减环节、减材料、减时限、减费用。福建创新实施信用风险分类，开展"双随机、一公开"抽查，把抽查结果作为企业信用风险分类的重要考量因素，并根据企业风险信用状况确定抽查比例和频次。对信用较好、风险较低的企业，降低抽查比例和频次，减少打扰；对信用风险一般的企业，按正常比例和频次抽取；对违法失信、风险较高的企业，提高抽查比例和频次，严管重罚。北京依托市场监管"风险洞察平台"开展大数据监管。通过综合工商系统数据、企业信用数据和互联网信息，形成企业的大数据全景信息视图，为实时监测年报数据、开展跨地区跨部门综合监管、提高执法效能提供有力支撑。上海市长宁区和杭州市余杭区对接，探索建立跨省市监管协作工作机制和跨区域网络违法行为监管协作工作机制。网络违法行为协查、违法线索及案件移送实现全程电子化，案件从录入到归档形成完整闭环管理。从协查请求到信息反馈由原先的数月缩减至三个工作日内。

（二）加强市场主体保护

市场主体是经济发展的依托，为了保护好、发挥好市场主体的力量，国家出台了多项法规政策，国家领导人在多个场合强调了其重要性。为了营造更好的营商环境，让企业能够安心经营，国务院出台的《优化营商环境条例》具体做出了如下要求：

（1）保障各类市场主体依法平等使用资金、技术、人力资源、土地使用权及其他自然资源等各类生产要素和公共服务资源。政府及其有关部门在政府资金安排、土地供应、税费减免、资质许可、标准制定、项目申报、职称评定、人力资源政策等方面，应当依法平等对待各类市场主体，不得制定或者实施歧视性政策措施。

（2）招标投标和政府采购应当公开透明、公平公正，依法平等对待各类所有制和不同地区的市场主体，不得以不合理的条件或者产品产地来源等进行限制或者排斥。政府有关部门应当加强招标投标和政府采购监管，依法纠正和查处违法违规行为。

（3）依法保护市场主体的财产权和其他合法权益，保护企业经营者的人身和财产安全。严禁违反法定权限、条件、程序对市场主体的财产和企业经营者的个人财产实施查封、冻结和扣押等行政强制措施；对于确需依法实施行政强制措施的，应当限定在必需的范围内。禁止在法律、法规的规定之外要求市场主体提供财力、物力或者人力的摊派行为。市场主体有权拒绝任何形式的摊派。

在这个方面各地都在加紧落实，如广东佛山对市、区两级55个系统的1833项许可和公共服务事项编制了办事指南和业务手册，细化了415个标准要件，并全面应用于综合窗口、审批部门、网上办事大厅。同时，制定了前后台流转标准、数据对接标准、物料流转流程规范等，推动实现了"认流程不认面孔、认标准不认关系"的无差别服务。

（三）放开市场，加快产业升级

按照国务院提出的加快发展现代服务业，努力建设国际先进制造业基地的要求，随着电子信息、电气、设备制造业的发展，汽车及零部件、新材料、纺织服装、家用电器、精密仪器、精细化工和生物医药的长足进步，模具、文具等产业的平稳发展，我国的产业定位将聚焦于全球500强和行业龙头企业，争取更多地引进公司总部、研发中心和各类机构。对于高新技术产业、节能环保产业和现代服务业，我们必须勇于创新，开拓思维。港口业要增加运输、仓储等现代服务业的投资。为了早日建成中国服务外包示范城市的目标，继续做好服务外包产业发展的各项基础性工作，积极推进服务外包示范园和人才培养基地建设，加快离岸服务外包业务的发展，积极引进国内外服务外包项目。为促进我国培养现代商贸物流企业，做好引导，注重质量把关，力争成功培育一批内外贸易额较大，在境内外有完整的销售体系，能刺激企业扩大市场，具有物流和电子商务功能的内外一体的现代贸易物流大企业。此外，鼓励外商投资企业和地方企业加强行业之间的合作，特别是同行业或相关行业，以促进产业结构升级。

（四）加强关键人才的培养和引入

我国的人才数量、素质和结构与经济发展的要求有很大的差距。针对此差距，应努力做到以下两点：

（1）加快我国科技和知识平台的构建，营造知识技术的良好氛围。促进资源的积累，主要是我国行业专业知识和技术跟踪和突破，包括政府、外国投资，国内企业和其他社会力量的协同作战。按照市场规律和科学规律，发展知识技术。有了足够的技术知识资源的支持，工业发展和外国投资才会取得更好的结果。在知识和技术推广方面，适当加大对关联性基础研究的投入。

（2）推进全民素质教育，提高人力资源的质量。继续加强基础教育，调整教育机制，大力发展成人教育和职业教育，转岗分流，对下岗职工进行再就业培训，加快实用技术人才的培养。注重人才的培养，加快引进专业人才，促进国际人才的快速流入。同时，为了满足我国重点出口企业的发展需要，也为了自己更好的健康发展，各地需要提供一个平台。根据人才智力因素，采取措施，鼓励建立更多的人才培训机构和人员交流，采取让人才脱颖而出的激励措施，创造良好的社会氛围。

各地政府已经关注到了这方面。各地对人才引入的重视程度在被媒体称为"抢人大战"的城市人才争夺战中得到了充分的体现。这场大战发轫于武汉、西安、成都等城市，其后迅速引发诸多城市跟进，并由内陆向东部沿海蔓延。从"抢人大战"的"参战"范围看，以各省省会等城市为主；从"争抢"的对象看，主要是大学毕业生以及拥有特殊技能的人才；各地采取的政策措施包括放宽落户条件、简化落户程序，发放就业、创业补贴，提供项目资助，给予租房、购房等优惠。此外，在促进就业方面，武汉还力争扩大实习（训）见习机会和就业岗位，计划5年内组织建设3000个以上大学生实习（训）见习基地；计划建成50所以上公益性创业学院，每年提供不少于10万人次的大学生创新创业培训机会。石家庄的落户政策承诺即报即批，当日则可办结，大专以上学历凭毕业证即可申请。

第八章　未来发展趋势

从迅猛发展的科学技术和不断进步的社会来看，未来充满了美好和期待。特别是进入 21 世纪以来，新一代移动通信、互联网、物联网、云计算、智慧地球等一系列重大突破和创新风起云涌，为城市的发展带来了新的机遇、新的动力和活力。未来如何取向，一些国家和城市率先提出了建设"智能城市""智慧城市""数字城市""信息化城市""移动城市""泛在城市"和"虚拟城市"等①新理念，值得我们探讨。

第一节　数字经济：城市腾飞的翅膀、转型升级的利器

数字经济是继农业经济、工业经济等传统经济之后的新经济形态，数字技术直接改变了传统生产要素的秩序和能力，"数字"上升为主导因素，其具有不占地、不耗能、可复制、用不竭、低成本、强渗透等先天优势，无孔不入，塑造着新的生产方式，促使其成为驱动全球经济社会发展和技术变革的主导力量。

一、数字经济浪潮与形成逻辑

世界各国政府把大力发展数字经济看作是促进本国经济增长、推动经济社会转型、改善经济结构、培育经济新动能的必然选择。全球发达国家纷纷布局数字经济，抢占新一轮世界经济竞争的主导权，美国实施"信息高速公路"战略、"智慧地球"战略以及"先进制造业"战略；德国实施"工业 4.0"发展战略；日本先后实施"e – Japan""u – Japan""i – Japan"和"智能日本 ICT"等国家战略；发展中国家也先后出台国家数字经济发展规划，制定推动国家数字经济发展的指导方略（见表 8 – 1）。

---

① 《中国信息化城市发展指南》编写组．中国信息化城市发展指南［M］．北京：经济管理出版社，2012.

表 8 – 1　全球数字经济竞争力 Top10

国家	数字基础设施竞争力	数字产业竞争力	数字创新竞争力	数字治理竞争力	综合竞争力
美国	88.20	88.93	83.02	83.41	85.89
中国	50.30	84.10	58.92	54.97	62.07
新加坡	52.98	13.20	83.30	63.54	53.26
英国	37.98	31.58	69.47	72.78	52.95
日本	44.14	18.51	78.51	64.30	51.37
韩国	47.54	12.98	75.61	67.93	51.01
芬兰	38.76	7.21	88.09	66.51	50.14
德国	36.87	24.79	75.69	58.19	48.88
瑞典	41.62	11.52	73.68	66.26	48.27
荷兰	39.47	12.62	68.81	69.22	47.53

资料来源：《全球数字经济竞争力发展报告（2017）》。

随着全球第三次技术革命进入深化阶段，全新的数字经济时代全面来临，中国从数字经济的跟跑者变成了领跑者。中国的网民规模、宽带网民数、国家顶级域名注册数这三项数据名列世界第一已超过十年，网络购物、智能手机出货量和移动支付笔数这些新的世界第一表明互联网正在成为经济转型升级的新引擎。[①] 2018 年，我国数字经济规模达到 31.3 万亿元，占 GDP 的 34.8%。麦肯锡《中国数字经济如何引领全球新趋势》报告指出，中国已经拥有了全球最活跃的数字化投资与创业生态系统。

二、城市数字化的跃升

数字化把城市推向了一个没有空间限制的平台。数字化的实质就是数据化、网络化、智能化和智慧化，数字经济时代的城市发展就是建设和管理数字化的综合体，而数字基础设施是数字城市的重要组成部分。

城市数字化的过程不是一蹴而就的，出现了数字城市、智慧城市、智能城市等一系列的概念，也经常会与连线城市、感知城市、无线城市、信息城市、虚拟城市等概念相交叉。其中，数字城市和智慧城市是城市数字化进程中的两个典型阶段。数字城市源于戈尔于 1998 年提出的数字地球理念，是通过城市数字化更好地把握城市系统的运动状态和规律，是物质城市在数字网络空间的再现和反

---

① 新华社. 报告显示：到 2018 年底我国网民数量达到 8.3 亿人［EB/OL］. http：//media. people. com. cn/GB/n1/2019/0814/c40606 - 31293413. html，2019 - 08 - 14.

映。智慧城市的思想起源于 1998 年鲍里尔的《怎样通过智慧的增长阻止城市的无序发展》一书，用于构建城市的建筑、运输、电网、水网、公共安全等基础设施和服务的集成信息系统，逐渐演化成任何形式的以技术为基础的城市规划、发展和运营的创新活动。智慧城市是指能够充分运用信息和通信技术手段感测、分析、整合城市运行核心系统的各项关键信息，从而对包括民生、环保、公共安全、城市服务、工商业活动在内的各种需求做出智能的响应，为人类创造更美好的城市生活。智慧城市本质上是通过信息化手段，实现城市社会、经济等资源的优化配置和智能管理，实现政府、企业和居民的智能化，可以看作是"数字城市 + 物联网"。2013 年，美国哥伦布、芬兰奥卢、加拿大多伦多和斯特拉特福、中国台中和桃源县、爱沙尼亚塔林被评为全球七大智慧城市。

我国的城市数字化跃升路径也经历了从落后、追赶和领先的过程。1998 ~ 2008 年，在全球数字经济建设时期，我国的数字城市建设在较大程度上落后于全球的数字城市建设进度。2008 年至今，全球智慧城市建设如火如荼，我国在智慧城市建设上反应敏捷，迅速跟上主流国家的发展步伐。2013 年 8 月 5 日，住房和城乡建设部对外公布了国家智慧城市试点名单，共确定了 103 个城市（区、县、镇）。经过十年的探索，我国智慧城市建设已进入新阶段。数据统计显示，截至 2017 年底，我国超过 500 个城市已明确提出或正在建设智慧城市，全国拥有超过 3000 个已经开始的智慧城市项目。预计 2021 年，我国智慧城市建设市场规模将达到 18.7 万亿元。

表 8 - 2　我国主要城市的智慧城市发展水平

发展阶段	主要城市
领跑者	北京、上海、广州、深圳、天津、武汉、宁波、南京、佛山、扬州、浦东新区、宁波杭州湾新区
追赶者	重庆、无锡、大连、福州、杭州、青岛、昆明、成都、嘉定、莆田、江门、东莞、东营
准备者	沈阳、株洲、伊犁、江阳

资料来源：《中国智慧城市发展水平评估报告》。

如今，人工智能（Artificial Intelligence，AI）的到来带来了城市数字化的实质性跃升，"AI 城市"正逐渐成为智慧城市建设的明星选手。智慧城市之前相关的城市形态本质上都只是把城市信息进行汇总，但它们并没有让城市本身更智慧。AI 的到来使这种停滞状态得到了改变。智慧城市项目中包含了越来越多 AI 与城市场景相结合的基础条件，如环境污染监控、城市智能安防，就是以识别能力为主的机器视觉项目；城轨管理、机场智能化，就是以数据智能为主的项目；水务、电力、供暖的智能化，本质上又是工业智能项目。此外，物联网市场在逼近产业成熟与标准化，这将让大量城市智能化需求获得硬件抓手，这也意味着城市 AI 将迎来新的发展机遇。关于智慧城市建设的整体思路正在发生变化，城市的整体智能正在成为讨论桌上的新热点。

第二节　城市经济发展的新基础

一、新要素

《经济学人》2017 年 5 月刊发的封面文章《未来的能源——大数据》指出，数据之于 21 世纪，就像石油之于 20 世纪，它是发展和改变的动力。大数据是指由于数据规模巨大，而无法在合理时间内采用常规方法进行存储、管理和处理的数据集合，具有多样性、大量性、高速性的特点。大数据一方面是数字经济的关键生产要素，另一方面是资源配置在市场中的必要条件，是数字经济进一步发展的首要因素。社会经济发展的过程始终伴随着人类不断进行资源创造创新的过程，资源的内涵并非一成不变，它会随着人类对稀缺性、有用性和可选择性的认识的发展而拓展深化。从农业经济时代的光、水、土地等自然资源到工业化阶段的能源、矿产以及资金、人力资本等社会资源，在数字经济时代，大数据等数字化的知识和信息等要素进一步扩大着社会生产所依托的边界与规模，支撑并推动着人类社会以前所未有的速度前进（见图 8-1）。以大数据为核心要素的产业成为发展的主导力量，引领着发展方向，成为发展的新支撑。

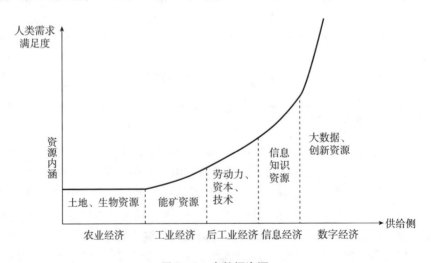

图 8-1　大数据资源

大数据不像过去的其他资源，它采用不同的方式提取、加工、估值和交易，它改变了市场规则，要求使用新的管理方式，未来的竞争也将围绕谁应该拥有数据并从数据中获利展开。数据已经产生了新的基础设施、商业领域、垄断机构、政治理论，最关键的是，还产生了一种新经济。首先，大数据产业自身催生出了数据交易、数据租赁服务等新兴产业业态，同时推动着智能终端产品的转型升级，使电子信息产业得到加速发展。其次，大数据与不同行业的交叉融合与创新，使传统行业在经营、服务模式上发生变革，衍生出了互联网金融、共享汽车等新平台、新模式和新业态。最后，大众创业、万众创新的现象正随着大数据的共享开放而得到加速发展。数字经济因技术创新和技术驱动的经济创新而得到加速发展。随着大数据技术的发展，传统产业开始向数字化和智能化方向转型升级。大数据技术与社会经济的各个领域加速交叉融合，传统行业可以提升其生产效率和创新能力，实现其数字化转型。

大数据是一场革命，将对各个发展阶段的城市带来深刻的影响，甚至改变我们的思维方式。大数据是智慧城市的基石，大数据的处理技术是智慧城市的信息引擎。数据将成为城市最重要的资源。城市最重要的是人，城市的核心价值是为人提供便利的连接，数据令城市中的每一个人都成为城市经济的重要节点，因此，数据将成为一项很重要的资源。社会治理是城市面临的重要问题，数据智能为城市提供了"穿透式"治理能力。未来城市一定是数字基础设施和传统基础设施融合的系统，运用云计算、大数据和人工智能技术构建城市的数据基础设施，利用城市"活数据"来优化物理资源配置的新一代智慧城市。城市数据智能操作系统将成为"城市大脑"，应用到城市交通、安保、环保等各个角度，甚至在"城市大脑"的支持下，实现城市规划的快速迭代。数据会揭示一切，智慧城市将成为城市发展的崭新图景。在城市大数据方面，杭州市走在前列，杭州市政府已经建构了六大数据库，包括人口库、法人库、证照库、信用信息库、办事材料库和共享库，这六大数据库已经覆盖了杭州市，这在城市建设管理上是历史性的创举，这种大数据库有可能根本改变整个杭州的城市结构，为杭州市的社会经济发展带来革命性的变化。

二、新维度

数字经济的"ABC"技术——人工智能、大数据、云计算具有典型的网络空间特征，为人类创造了一个无限的、高速运行的虚拟空间，并与人类社会从来没有离开过的有限的、低速的实体空间相叠加，把城市空间带入到了一个虚实融合的空间中。这导致城市经济的经典理论遭受挑战，许多颠扑不破的原理不再"放之四海而皆准"；所产生的颠覆性创新快速扩散和广泛融合，传统的城市经济原理和理论均遭受了巨大的冲击。

经济活动在一定地域空间范围内的集聚是城市经济存在的基础。数字经济跨越时空界限，弱化了时间因素、空间因素、重整要素秩序对经济活动的影响。因此，我们需要对时间维度上的速度、时差、滞后性等概念，空间维度上的距离、区位、范围等因素，权重维度上的要素"排序"进行重新审视，考察现有的城市经济所具备的新维度，拓展城市社会经济发展的边界。

（一）对有关"时间维"概念的影响

速度成为关键竞争要素。数字经济本质上就是一种速度型经济，一方面是因为现代信息网络可用光速传输信息，企业需要以接近于实时的速度收集、处理和应用信息，节奏大大加快，企业规模的大小所起到的作用将会越来越小，企业处理各个生产环节速度的快慢逐渐成为影响企业成败的关键因素。另一方面随着消费者需求的不断变化和竞争对手的不断出现，产品与服务的更新周期越来越快。这要求企业以最快的速度对市场做出反应，及时调整新的战略，并加以实施。

时差克服成为新价值领域。信息技术已经把经济活动的速度提升到了光速级别，不是以高速公路、高铁、飞机、航天器为主的传统的经济运行环境所能比拟的。数字经济使人们的信息传输、经济往来可以在更小的时间跨度上进行，网络承担了大量的传输服务，减少了大量的交通流量，加快了业务流程。时差资源得以利用，只需轻轻点击鼠标即可完成千万里之外的一笔交易，如无延时医疗、全球性即时会展、会议、翻译等。即时服务、点对点精准服务、快捷服务等都是因为克服时差而产生的全新的价值创造领域。

滞后性问题被缓解。由于网络的发展，经济组织结构趋向扁平化，在一个经济系统内，处于网络节点的各经济活动参加者可直接联系，降低了中间交易环节存在的必要性，显著削弱了经济运行各环节之间传导的时滞性效应。同时，市场调节是一种事后调节，对于市场中供需不平衡变化的反映，企业可能无法及时地获得价格变化的信号，做出准确的决定。在价格升高时过分提高产量，或在价格降低时明显缩小产量，导致供需不平衡呈现出螺旋式上升的状态。在数字经济下，价格变化的信号可以被迅速获得，企业能够依托网络平台做出相应的产销行为，避免因为市场信号的滞后性蒙受损失，提高经济效益。

（二）对有关"空间维"概念的影响

区位因素发生改变。数字经济改变了经济要素组合和集聚方式，改变了传统的区位概念。由于信息传输具有低成本、便捷性的特点，使跨行政边界的经济活动更加容易和频繁，区位概念逐渐淡化。传统的自然资源、劳动力成本以及交通条件等要素对经济活动的制约作用弱化，与数据、信息的传播与转化紧密相关的区位条件成为经济活动空间选择的决定性因素。社会经济增长不仅依靠物质资源的投入，更多地依赖信息、知识、技术的贡献，作为智力型、高技术性经济活动，劳动力素质是决定信息和知识生产最优区位的首要因素，显示着要素在城市间流动的新的区位选择趋向。

城市边界重新界定。进入数字经济阶段以来，在城市这个空间维度上，城市群、城市内部、城乡之间更加具有动态性、流变性，已经很难找到纯粹的乡村地区。由于城市化的力量无处不在，以及各种要素流动性的空前强化，城市理论所继承的传统，就是以人口、行政边界为划分基础的方法论，就出现了适用性问题，也就是说，不能再将空间理解为某种固定不变的空间单元，仅用城乡二分或者"城市—非城市"来做简单的空间区分。

城市基础设施重新界定。工业经济时代，经济基础设施以铁路、公路、飞机、栈桥、隧道和通信线路组成的交通通信等有形设施为主，构成城市主导产业发展不可或缺的"硬环境"。在数字经济时代，城市基础设施的核心变为大数据、云计算、平台、移动互联网，城市发展环境由区域"软环境"与这些有形设施共同构成。这些有形设施不再需要工业经济时代如此大规模的基础设施建设投入，其作用的发挥具有更高的技术门槛，因此，只有掌握相关技能的人才相互接触和交流，才能释放出经济效益，鼓励人才创新的城市氛围和城市精神变得至关重要。

城市产业集聚的虚拟化。城市因为经济活动的集中和集聚而存在，从产业布局的角度看，数字经济下的实体经济中的不同企业形成了虚拟产业集群、虚拟科技园区，甚至是虚拟城市等新的经济关系，大多处于同一产业链条上的企业依托现代信息与网络技术，打破地理位置束缚，构建虚拟企业的基础运作平台，利用虚拟场景实现产业集群的多种产品服务，使产、供、销业务虚拟化，集群内企业间通过迅速、便捷的联系共同经营产品的生产和服务，突破了传统城市集聚区的限制。

三、新特征

数字经济具有突出的特性，是原有经济形式所难以比拟的。虚拟性，无形无影，却织起了一个网络世界、无量平台；开放性，大门敞开，要素自由流动，主体个性彰显；交互性，不受约束地对话交流；无限性，信息资源取之不尽，空间范围无穷无尽；指数性，信息传播迅速爆发、信息资源迅速放大、价值增值快速，等等。这种新的经济形态已经并正在改变着、冲击着既有的经济运行方式、活动规则和经济发展方式。

（一）虚拟性（共享性、开放性、即时性）

虚拟性，源自数字（信息）技术，由"0"和"1"组成了一个无影无形、深不可测的虚拟空间，开创了一个有别于实体空间的大千世界。经济活动的空间已经不再仅仅是传统意义上的地球表面的一部分，而是在这个实体空间内，外加一个联通实体空间的无形网络世界，人类文明在向新世界延伸。虚拟空间打破了传统物理空间的概念和内涵，导致经济活动在虚拟空间与现实空间的更替和转换。此时的经济运行、要素流动已经超越了传统的物质世界（空间），这个无形的电子空间，冲击着传统（包括思想观念、理论、生产方式、行为方式、生活方式、管理方式等），构建着全新的秩序。

数字技术在生成虚拟性的同时，也共生出了即时性、共享性和开放性（跨界、无界），也衍生出了便捷与公开透明。当数据信息在以光速传递的世界（平台）中运行时，延时克服了，秒杀出现了，排他性消失了，地域差异熨平了，数字技术创造了一个神奇的世界（平台）。在这个新世界，充满了日益滋生的海量数据，打破了信息不对称，改变了生产者、消费者和市场的诸多行为。对传统经济学的许多原理产生了冲击，如理性人假设由有限理性到高度理性；边际成本递增转向递减，边际效用转向递增；客户重要性（价值）突起，超过厂商；研发、服务环节重视度陡升；一般技能劳动者占比减退；等等。正如曼纽尔·卡斯特在《网络社会的崛起》一书中所说，网络以其独特的超大功能彻底动摇了以固定空间领域为基础的民族国家或所有组织的既有形式。同样，网络也以其独特的方式根本地改变了现实的政治、经济和社会生活。

（二）指数性（可复制性、无限性、爆炸性）

数字经济是以数字技术为依托、以数据为本源（资源）、以创新为动力、以服务为方向的经济形式和投入产出体系。因此，认识和把握数据的特性和产业系统、市场体系状况就显得十分关键。

其一，数据是数字时代的石油，作为新的生产要素，具有可复制、可共享、无限供给、无限使用和无限增长的特点。数字时代，数据资源不仅可以重复使用、复制（静态生长、边际成本趋零、摊薄），还可以随着使用时空边界的延伸（动态生长、边际收益趋增）使其资源规模巨量增长，开发利用潜力取之不尽、用之不竭，这为社会经济的发展提供了不可估量的支撑。需要指出的是，数字资源及其产生的财富，在单位时间内规模数量的增加速度是惊人的。数字技术的发展使单位时间内的运作效率大幅提高，能在短时间内积累或释放出巨大的能量。许多新兴的电商、科技公司在几年的时间就超越许多传统行业企业巨头成为独角兽，为年轻创业者提供了暴富的土壤。小米用了不到十年的时间便成为世界500强的中国公司；2015年成立的拼多多用了不到三年的时间便在美国纳斯达克证券交易所正式挂牌上市；直播带货的当红主播紧抓这一机遇，创造了一个又一个电商销售奇迹。

其二，数字时代，产业系统、市场体系处于一个暴增的环境中。平台日益完善，数据资源能够为生产者和消费者提供第一线信息，便于对接、实现各自的预期。产业系统、市场体系是建立在可复制、可共享、无限供给的数据资源基础上的，在创新激发下，在不断完善的市场信息对称性下，产销、供需日益精准对接，消费意愿与新型厂商开拓导致量价齐涨，经济出现指数增长和倍增效应。

其三，产生"赢者通吃"的效应。规模经济理论告诉我们，需求方数量的增长可以减少供应方的成本，使产品对其他用户更具吸引力，加速需求的增长，触发正反馈机制，形成一家公司或一种技术垄断市场、赢者通吃的局面。平台企业正是利用网络的外部性（爆炸性）来圈拢吸纳客户的，从而快速实现规模经济。比如，微信形成了信息交流、支付、购物、打车、缴费等全方位的生态圈，微信的规模经济发挥了作用，市场占有率越来越高。

（三）多样性（分散性、精准性、公平性）

数字时代开启了一个"个性化"消费时代。由于数字技术创建了虚拟空间和平台经济，大数据、云计算、智能工具等如鱼得水，有力地支撑了多样化的生产和个性化需求的满足。数字技术促进了企业的生产方式从规模化生产向分散化、个性化定制转变，厂商可以运用数字技术方便地汇集到海量客户的信息资源，低成本地开展多样化业务，有效地满足多种消费需求，包括以往难以提供服务的部分（末端消费对象、模拟、体验消费等），产生长尾效应。这种新的经济形态能够做到在每一个品类上都可实现自身的规模经济。例如，淘宝作为一个典型的长尾平台，具有零库存，无采购成本、库存成本、流通成本等特点，每个商家都可以实现产品的销量最大化，这是以往的生产方式难以企及的。

多样性还表现在用户的全流程参与、消费的精准性实现、个体与中小企业的扩张。由于平台经济的快速发展，范围经济的实现条件由产品的相关性转向基于用户数量的规模经济，消费者倾向于选择适合自己的小众商品，客户需求被进一步细分。这样，大型企业的时代开始转向中小企业的时代，市场原本存在的大量长尾端消费被激活，有了实践空间。市场主体的多元化和中小型化、市场导向的多元化和精准化有利于社会公平性的实现。

可以看到，在这个新的数字经济下，许多沿用数百年、千年的规范失去了魅力，许多颠扑不破、灵验的规则、原理不再"放之四海而皆准"。

（四）可达性（互通性、渗透性、均衡性）

数字技术的跨越性、互通性、渗透性突破了地理空间的割据性，消除了距离对地理空间相互作用的制约，降低了交易费用，使实体空间可达性大为提高，导致实体空间的经济联系由原有的等级阶层联系向新的平等共享式互动发展转移。原有的垂直等级空间被打破，新的纵横交错的空间网络得以建立。

数字技术强大的可达性、渗透性弱化了距离要素的制约作用，把地理空间对经济活动（空间障碍的摩擦成本）的制约降至最低程度，即经济活动中的空间距离成本在收缩，甚至变得无足轻重，市场竞争无限趋近于自由竞争。就空间距离而言，数字信息网络将整个世界经济连为一体，世界真正成为"地球村"。数字信息的完全性与传播的快捷性使理性预期增强，推动了经济的自由化，减少了信息不对称。经济的全球化进程大大加快，世界各国经济的相互依存性空前加强。

数字技术的可达性、渗透性大大强化了均衡性、跨越性。其实，虚拟空间不仅可以使人们摆脱距离空间的束缚，还可以摆脱时间的约束，数字技术使人进一步脱离了地理实体空间的束缚，给区域经济带来了革命性变革。由于市场进入门槛大幅减低，那些家庭困难或者贫困人群可以开设虚拟店铺，通过虚拟世界接触到世界市场和国际客户，没有大幅的营销费用和庞大的商业体系也一样能够构建出自己独特的竞争力。还有那些占地面积小、耗能少、低污染的小型智慧型企业等可以获得最大化发展。数字技术打破了区位逻辑作用原理，各种知识、创意和信息可以低廉、自由、高效地传递到四面八方，实现共享，促进区域均衡发展。在社会管理服务层面，这将有助于科学合理的决策，大大提高服务、管理效率，协调经济社会发展，催生新的资源依托、支撑、锁定模式，如弯道超车、超常发展、裂变式的指数增长等。

虚拟性、开放性、无疆界性动摇了区域管辖的基础，对政府的治理管制提出了挑战。实际上，数字简化便捷了政府和公众之间的沟通，有利于行政效率的提高。

四、新路径

数字经济在社会经济发展实践中快速渗透，衍生出了无穷的发展机遇。数字经济的基础性技术（互联网、大数据、人工智能和区块链等）本身具有典型的虚拟性、网络性和融合性特征，创造了新的经济运行空间、要素禀赋、城市组织方式和全新的治理手段，诸多在传统城市经济范畴下无法实践的条件正在逐一变为现实。数字经济作为人类社会全新的技术经济范式和社会经济形态，带来了城市经济运行的新路径和新机制，为各城市转型发展、抢占先机提供了历史机遇，成为城市经济发展质量变革、效率变革、动力变革的重要驱动力，城市经济运行秩序也在全新构建之中（见表8-3）。

（1）从城市运行最根本的空间特征来说，数字技术创造了一个超高速的、无限宽广的、大数据化的虚拟空间，动摇了以物理空间为基础的工业经济社会的既有形式。这个虚拟空间一方面在相当多的领域替代了实体空间的功能，加速了经济社会的信息流动，使生产要素、产品和服务能够实现跨区域的流动和交换。另一方面虚拟空间从实际需求出发服务于实体空间，与实体空间相融合，促进了实体空间原有功能的虚拟化、网络化，虚实融合空间中多层次、立体的产业网络成为城市网络的新形式。

表 8 – 3　数字经济背景下城市经济建设发展的新路径

对比分析	传统城市	数字经济背景下的城市
空间特征	实体空间 静态；区位优势	虚拟＋实体融合空间 动态；要素流动趋势
要素禀赋	常规资源（有限性）	常规资源＋虚拟资源（无限性）
组织形态	工业设备体系 标准化、集中化、大规模的工业生产 块状分割、垂直型的组织模式 一、二、三次产业	物联网、工业互联网 多样化、分散化、个性化定制的服务型生产 网络协同、扁平化的组织模式 产业融合、渗透、交叉
管理治理	人工政务 行政单位 集中性、单向	电子政务 平台、节点 渗透性、双向互动

数字技术突破时空限制，为实现要素的优化配置提供了技术支持平台，提高了发展效率。数字化基础设施的应用普及使信息传递由单点源扩散变为多点源网状覆盖，提升了信息的完全性与传播的快捷性，减少了信息不对称和市场失灵，使理性预期增强，因信息闭塞而错失发展机遇的现象将会越来越少。工业经济对要素的空间配置以静态的"位空间"为基础，哪里有区位优势，人财物就往哪里集中。在数字经济条件下，动态的"流空间"成为新基础，哪里的流动阻力小，哪里的落差大，哪里的适宜性强（根据香农第二定律：信息通量具有对应性、有效性），人才流、物流、资金流和信息流就往哪里流。而且，信息流甚至能够做到瞬时移动和转化，减少物化延迟性带来的损耗，加速技术流、资金流、人才流、物资流的流动，大大促进要素优化组合和生产率提升。数字经济弱化了空间对非区域性资源流动的限制，最大限度地降低了非区域性资源流动成本，充分放大了城市的根植性优势，使该城市的特色资源禀赋能够被充分发挥，激发存量效应，提高城市经济发展的充分性。

城市的连接性将突破地域限制，变得更为密切。在数字经济时代，信息技术的进步增加了面对面交流的重要性，连接对城市的关键作用越发凸显。时间效率和沟通品质的连接已成为新的重点，人的空间接近性没有任何一种通信方式可以代替，人作为信息的承载体，其转移的问题在未来将会更加重要。产业转移与人口迁移路径因而成为重塑城市化空间的关键力量，充分重视产业空间集聚所具有的共享、匹配和学习三大效应，是创新驱动发展的关键所在。"交通—产业—空间"协同体系的构建，能够提升全要素生产率，促进城市高效率运行。通过建立更加开放的区域格局、更加高效连接的都市圈、更具亲近性的街区，为思想知识的交流、创新创造连接的空间，让城市高效率连接，高质量发展。人们为了更美好的生活聚集到城市，城市生活中产生的大量数据为解读城市特征和有机关联提供了有趣的信息。城市生活虽然有诸多烦恼，但聚集带来的效率提升能够创造更多的价值，因此，城市依然在持续不断地吸引人口。

（2）从城市经济发展基础的要素禀赋来说，与工业生产方式下的生产要素相比，数字技术革命并不仅仅增加了新经济要素，还带来了要素禀赋内容的改变，如大数据、互联网、信息等，使生产要素的范畴和边界延伸至更广阔的无限空间，资源的概念被泛化，扩大了经济发展所依托的边界和规模。更为重要的是，数字技术带来了大数据这种"人造资源"，作为新的生产力要素，不断渗透到城市经济发展当中，取代传统的经济要素成为经济发展新的主导要素，并改变了传统要素（如自然资源）在经济发展中的地位与序列，使传统的要素更加优化，促进了要素禀赋结构的升级，成为产业结构性变革的根本性力量。与支撑传统经济发展的土地、煤炭、水等自然资源相比，这些"人造资源"越用越多、越用越有价值，本身就具有增量效应，成为促进新经济增长的主要来源。

数字经济能够通过升级要素禀赋激发新动能。一方面数字技术所带来的要素创新能够通过创造新的增量来对冲传统动能的减弱，加快新技术、新产业的培育，找到新的经济增长点；另一方面通过"大众创业、万众创新"和"互联网＋"等数字经济实践，可以创造出新业态、新模式来改造传统动能。当然，新动能与旧动能是相对的、是动态发展的，旧动能经过升级改造可以变成新动能，新动能随着时代发展、技术革新也会衰落成旧动能。这就要求我们时刻要以发展的眼光审视新旧动能转换，在改造升级传统动能时，注意发掘其中蕴藏的新的生命力；在培育发展新动能时，及时根据技术前沿调整方向。推动新旧动能转换，进一步打开人类生产和生活的资源、环境、市场的新空间，克服因资源匮乏、环境污染、市场饱和导致的工业危机，从而在数字经济时代背景下把人类生产方式和生活方式提升到一个新的历史阶段。

（3）从城市经济发展的产业模式来说，数字技术的革命性发展带来了工业互联网、云平台、智能化生产设备、物联网等生产领域的新支撑，网络技术不仅把同一产业的上下游紧密联系起来，而且还把不同行业的服务和产品融入一个市场，重塑产业链、价值链和创新链，多样化、分散化、个性化定制的服务型生产成为主要形式。网络为不同地区的企业创造了新的合作竞争条件，使更广泛的合作成为可能，网络协同制造模式、扁平化和柔性化的组织模式成为必然选择。

数字经济通过平台经济等诸多新的产业组织方式，推进城市内部产业融合，构筑新的产业体系。在工业经济阶段，产业演化遵循经典的三次产业变动规律，要素和产业比重逐渐由第一产业向第二、三产业转移，经济表现出明显的农业、工业和服务业的划分。以平台经济等为主的数字经济引发了广泛的产业跨界融合，迅速发展的大数据、网络技术、智能技术具有极高的渗透性功能，将更多原本不具有融合基础的产业更好地融合起来，使数字经济迅速地向第一、二产业扩张，使三大产业之间的界限模糊，甚至出现了一、二、三产业相互融合的趋势。数字经济所推动的产业的融合变革，已不是传统意义上的产业结构调整，而是通过嵌入到全球价值链的产业功能的互补和延伸，实现比过去更大程度的融合和渗透，在不同产业或同一产业内的不同行业，通过相互渗透、相互交叉，逐步形成新产业或新业态的融合发展。

数字经济拓展了城市产业的转型升级路径，丰富了新型工业化道路的内涵。"数字经济＋"并不仅仅是"数字经济＋各个传统行业"，而是利用信息通信技术以及数字经济平台，让数字经济与传统行业进行深度融合，创造新的发展生态。目前，数字经济对新型工业化的推动主要表现在以下两个方面：第一，将数字经济技术运用于传统工业中去，培育"数字经济＋"式的产业经济，为传统工业注入新的活力，成为城市经济发展的新兴产业。传统产业走信息技术和高科技之路，既能提高产品的技术含量和价值，又能加快市场流通，真正促进企业和城市发展。第二，以数字经济技术带来的新市场、新资源、新产业、新业态为方向，迫使工业转型，加快产业结构的优化升级，为城市转型创造新路径。

（4）数字政府是中国数字的有机组成部分，是推动数字中国建设、推动社会与经济的高质量发展、再创营商环境新优势的重要抓手和重要引擎。政府是最大公共数据源，应以政务数据为枢纽，打通与社会数据、企业数据之间的壁垒，通过借助社会力量，加强政企间的合作，提升软件和平台能力，解决网络通、数据通、业务通，实现政务服务新升级。数字政府发展至今，与前期电子政务的主要区别体现在以下三点：一是要充分应用新一代信息通信技术，特别是以5G为代表的新一代网络基础设施，利用大数据、人工智能进行智能化、科学化以及高效和便捷的服务和监管；二是更强调数据，数字政府就是数据驱动的，或者数据要素起决定性的作用；三是平台化，平台化数字政府的特征应该是开放、会聚、充分，从而获得更加高效、高质量、低成本的政府监管服务能力。

城市数字化建设以及数字化管理工作的应用，都离不开相应的平台去进行较好的呈现。所以，在城市数字化发展过程之中，需要构建完善的城市管理服务综合指挥系统，通过加强平台建设来促进城市发展。大致可以分为多个平台项目，在市政设施方面，建立数字化市政设施综合管理平台、城市照明管理平台、应急指挥平台、执法平台、行政平台、档案管理平台、市民生活服务平台等，从而保障人民对数字化城市的积极参与，并且通过平台的实际建设，为人们提供更加优质的管理服务，为人们的生活提供便利。同时，管理行为数字化能够在一定程度上规范行政执法的操作环节，避免出现执法不严、执法漏洞的现象，增强市场监管的公开程度以及市场管理的透明程度，将城市管理服务落实到位。

政府需要利用大数据、云计算、物联网等信息技术手段，提高决策透明度、服务便捷性和管理科学性，改善民生保障，缓解社会矛盾，提升社会治理能力，增进社会福祉。互联网具有普惠、便捷、开放、共享等特征，数字经济已经渗透到公共服务领域，为加快提升公共服务水平、有效促进民生改善与社会和谐提供了有力保障。数字政府应贴近社会民众，服务民生保障，通过各种教育形式和宣传手段向社会民众宣传信息知识，增强民众的信息意识，提高民众使用信息资源的能力，降低使用信息资源的费用和门槛，使信息消费成为一种大众化、平民化的消费，让更多民众拥有更为平等的发展空间，防止因信息不对称带来新的社会矛盾和问题。同时，政府为便利民众办事，在教育、医疗、人保等部门开通了政务微信，实现政府职能全覆盖，为民众提高民生保障服务成为工作的常态。数字经济治理是政府治理体系的核心内容，也是推进国家治理体系和治理能力现代化的应有之义。随着网络信息技术的深入发展，与经济社会各行业各领域的融合在逐渐加强，涌现出了一批新技术、新模式、新业态、新产业，促使数字经济不断发展壮大。数字技术的广泛发展与运用推动经济社会各行业各领域组织的层级结构向扁平化方向发展，逐渐打破了组织层级结构、组织内外部边界，形成了平台化、社会化的新型组织，重构了新的经济社会结构，不断实现企业治理能力现代化。近年来，随着智能技术在生产生活领域中的运用，很多企业运用数据智能这种全新的商业范式，对组织管理进行改革与创新，重构新的经济形态，大大降低运行成本，提升经济运行效率。在政府治理能力现代化方面，大力建设电子政务和数字政府，提高行政效率，实现治理范式的巨大转变。政府向社会公众开放和共享公共数据，及时让他们知晓政务信息，消除政府和社会公众之间的信息差，打破政府各部门各自为政、信息封锁、职能交叉重叠的传统状态，构建起无缝隙、一体化的跨部门业务协同体系。随着"放管服"的深入实施，政府的一些权力逐渐转移到企业和非政府组织中，由政府的单向管理、封闭式管理转变为政府、企业、社会公众三者共同参与的开放式治理、协同治理，降低了治理成本，提高了治理能力的现代化水平。

随着我国各项政务改革方案的不断实施，城市建设速度越来越快，各地各级政府本着以人为本的服务意识,不断开拓创新,在已有的城市管理模式中,大胆改革,建立起许多适应现代城市管理需要的数字化城市管理体系。尤其是在经济较为发达的大中型城市,新的数字化城市管理体系已经开始对城市管理效率的提升起到了巨大的推动作用,实现了时间空间全覆盖、政府和普通市民全参与、服务社会各界的管理模式。面对我国城市化进程中出现的很多城市病,充分利用现有的城市资源,更好地服务市民,转变观念,积极创新,依靠先进的信息技术和高科技手段已经成为向市民提供优质、便捷的城市管理服务,更加高效管理城市的必然选择。因此,国内各地持续推进数字化城市管理建设,强调结合新技术,如大数据技术、云计算技术、人工智能技术等,提高数字化城市管理系统的综合处理能力,充分利用现有的城市资源,结合当地实际,实现城市管理的跨越式发展。一方面,推进了信息技术与智慧城市建设的深度融合,在城市基础设施、公共安全、城市管理、医疗卫生、文化教育、社区服务等领域取得了大量新成果,有效提升了智能感知、安全管理、绿色运行、分析决策等能力,推动城市治理向数据化、智能化、协同化转变;另一方面,促进了信息技术在市民衣食住行等方面的广泛应用,国家构建的"一号一窗一网"政务服务体系被快速推进,实现了市民办事便捷化。此外,以互联网平台为主体的创新服务不断增多,如共享单车、掌上公交、网络约车、网上医院及网上购物等,不断满足和丰富了市民的个性化需求。新一代信息技术的颠覆式创新应用,打破了在时间和空间上的限制,促进了城市治理理念、治理内容、治理方式的变革。譬如,在城市治理模式层面,通过构建开放式的多主体参与平台,形成政府和社会各界共同治理的局面,有效激发社会组织活力,发挥各个参与主体的作用;基于"互联网+"的创新实践,构建24小时无间断线上服务,同时针对市民的个性化服务不断普及,使市民办事渠道更加多样、获取服务更加高效便捷;基于大数据的城市治理,有利于解决信息不对称、响应不及时、决策不科学等问题,有效推动城市治理的精细化与智慧化。

五、新机制

数字技术给人类带来了太多惊喜,数字经济也带来了众多新的生机和发展机会,多少企业因此得以新生,走向辉煌;多少人们因此得以沟通,得到了理解和欢乐;多少地方/城市站在了新的起跑线上,数字技术建造了一个平等、自由、美好的世界,创生了一个新经济:数字经济。下面让我们来看看,数字经济是通过哪些重要机制来塑造新的生产力和新生活的。

(一)引领机制

技术的先进性、不可替代性决定了数字经济的引领性。首先,技术独特且在持续不断创新，是由"0"和"1"组成的空间，以高速、超大量的数字信息流（数据资源）跨越空间距离障碍或地域空间限制，以磅礴的气势引领（推动、拉动）着各行各业前行。其次，虚拟无形，虚无缥缈，无孔不入，跨越联通，催生、开辟、拓展着新的经济和发展形式。再次，智能化，信息网络技术与传感、数据处理、人工智能、仿生、控制等技术相结合，形成了史无前例的智慧产业、智慧城市、智慧社会，大大提升了生产力水平，这就是一次生产方式的重大革命。最后，高效、即时、开放、迅捷地传递信息，依托互联网、大数据、云计算、人工智能和区块链等新一代信息技术，通过大数据的"识别—选择—过滤—存储—使用"，数字经济可以引导资源快速优化配置与再生，实现经济高质量发展。

近些年，数字经济长驱直入，创新引领，势头迅猛。以我国数字经济产业发展最为成熟的电子商务为例，2018年，阿里巴巴和蚂蚁金服总计向国家纳税516亿元，带动上下游产业纳税超2500亿元，创造就业机会4082万个。

（二）重置机制

数字经济的魅力还在于它对原有经济活动的重置机制，即改造、分化、重组功能。一是改造功能，或破坏功能，表现在对原有产业、传统成分的渗透、融合、破拆、扬弃、改造、整合。二是要素换序迭代，原本重要的传统要素土地、劳动力、资本等退居"二线"，数据要素上升为第一线要素，这个变化引发了经济社会的全方位革新，世界进入了大变革的时代。三是重新洗牌功能，数字技术提供了经济发展新的起跑线，使"换道超车"成为可能，不再拘泥于"弯道超车"。可以看到，经济运行的固有领域和对象在分化、肢解和重组，区域经济层面出现了像贵州那样原本不发达后来崛起的现象，这些地区如果靠传统的（要素）发展路径和模式，几乎是难以实现追赶的。贵州抓住了最具时代特征、最具创新活力、最具地域特征的经济发展方式。

数字技术的进步创新了生产方式，打破了循序渐进的传统发展模式，跳跃式发展模式、平等的发展环境诞生。过去，由于各种条件的渐进性、时序性、累积性等特点，发展不可能跨越阶段。然而，在新技术下，可能性出现了，网络提供了这样的机会和平台；发展一个创业/智力型企业最主要的已经不是场地、办公楼，原材料、能源，而是最新的资讯和思路，这些元素在网络中（平台上）可以很容易获得。传统经济是线性的、粗放型的、长链条型的增长模式，数字经济依靠知识、信息、数据和技术等新型生产要素的迅捷开放性，呈现出指数型、集约型、高效率的经济增长模式，市场进入门槛降低，偏远落后地区摆脱了"循环累积因果理论""梯度转移理论"的增长路径依赖，实现了直接跨越。

数字技术的进步为实现资源的最优配置提供了技术支持平台，所以，在未来经济活动中知识与信息成为最"贵"的资源。而且,网络会将知识、信息的搜寻成本降到最低。随着网络带来的透明化、虚拟化、亲近化,实体空间的距离障碍和隔阂很容易被消除。比如,电子网络使人们对固定场所的依赖性大为减弱,人们的工作、学习和生活方式变得更加多样化、个性化,这些使原来城市的功能分区不再那么绝对和清晰,传统城市商务、办公、金融中心等职能削弱。城市中心区的用地强度降低,商业将分散,部分后台办公功能将分散到虚拟网络单元中去,城市中心以及区域空间形态将被重组。

(三)加速机制

数字技术提供了一个高速运行的虚拟空间,其间的信息传递是以光速运行的,原有的实体空间已经不可同日而语,经济数据的处理、传输以及决策的过程、速度都大大提升,经济成果产出的效率和规模空前跃升。有研究显示,数据即是高速流动的介质,又持续增值①,网络的价值以网络节点数平方的速度增长,形成了数字经济的倍增(加速、指数)机制。倍增和加速的原理,一是破除了传统的积累路径,高效发挥了要素作用,使人才、科技、知识、技术、研发的重要性上升,那些低效的传统要素腾退、失效,如用地影响效力下降;二是打破了"硬核"固定成本,一方面有史以来一直难以逾越的距离因素影响降低,数字技术大大克服了距离成本;另一方面新建立的虚拟空间的边际成本趋于零,大大拓展了经济新空间,提升了效率;三是联通了全社会(人类)的智慧,集合性、组合性、网络性力量上升为主导(决策依据的信息、知识的广度、深度得以实现),智慧智能化影响攀升,协同和协调不断升级;失误、失策、浪费、低效,甚至无效得到抑制;四是打破了传统的经济周期,在数字经济时代,资本周期波动规律、固定资产寿命等都已发生质变,产生了发展上的加速、高效、倍增效应。

数字经济的加速、倍增、指数增长机制打破了传统的生产周期和生产方式,必将重构产业体系和创建经济发展新动能。当然,也将冲击、颠覆、重塑经济发展理论。

(四)虚化机制

数字经济的虚化机制就是数字化、网络化。通过数字技术在实体经济中的扩散和应用、渗透和融合,弱化或者转换有形设施功能(如实体店、仓储站场、网上办公、电商),使原有经济活动实现数字化、网络化、无形化(如无纸化)、智能化。

虚化机制推动了实体经济与虚拟经济的不断融合,促进了产业升级转型。数

---

① 阿里巴巴集团首席战略官曾鸣先生的《智能商业:数据时代的新商业范式》。

字经济虚化包括数字产业化、产业数字化和数字治理①。

数字产业化是指由数字技术发展所带来的新兴产业。可以看到，互联网、大数据、人工智能、区块链、传感智能等数字技术代表了先进生产力的发展要求，大数据作为重要的生产要素，催生了一批新业态、新经济模式和消费模式，如电子商务、网络自媒体、互联网金融、远程控制、无人驾驶、智能产品等。

产业数字化是指现有产业利用数字技术推进数字化、网络化、智能化，实现提质增效的过程。数字技术赋能传统产业，加速了传统产业的分化、转型、突围和升级，衍生出了新的产业生态网络。信息网络技术大幅改善了信息对称性，降低了企业的交易费用，开辟了新的商业（营销）模式、组织模式，个性化、柔性化、虚拟化、智能化、小微化成为追逐方向；产业组织深刻变革，组织模式由"金字塔制"转向"云端制"，出现了专业化、社会化、协同化、定制化、平台化的新型生产组织形式。

数字治理是指社会对数据资源的收集、鉴别、存储、发布、开发、运用等一系列制度规范。这涉及信息基础设施建设、市场主体、隐私和商业秘密、信息公开、可靠性与安全性等。

由此可见，虚化机制在新兴数字产业的引领下，将改变传统的生产组织模式、商业模式、交易模式，加速传统产业的转型升级，为社会塑造新的物质和精神生产力。

（五）共享机制

数字经济打破了传统的市场规则，一改以往由厂商、寡头主导的、被动的、封闭的、滞后的、暗箱的、押宝式的交易方式，变为平等的、主动的、开放的、即时的、透明的、放心的交易方式，市场主体有了平等的地位。这个层面的变化是由数字技术带来的。

开放性产生了共享机制。在数字技术所创造的虚拟空间里（也被称为平台），不拒绝不排斥任何市场主体，不分先后，具有非竞争性和非排他性的特点，是个开放的空间（平台），且各主体地位平等，信息权益对称、共享。

这个空间（平台）还具有即时性特征。一方面，平台经济的即时性可以高效传递信息、对接个性化需求（平台通过算法等大数据技术和软件管理为交易双方提供机会）。另一方面，开放性调动了广泛的市场主体参与到社会大生产中来。这使个性化、按需生产成为可能，企业可以通过大数据的方法刻画用户画像，利用平台模式改造落后产业，重塑生产方式，精准产品产销，抢占市场先机。比如，淘宝基于先进的人工智能算法技术，做到服务千人千面，通过 AI 个性化推

---

① 《中国数字经济发展与就业白皮书（2019 年）》。

荐，使消费者在海量商品中找到真正需要和适合的商品。

虚拟空间（平台）为产权理论的突破提供了舞台，在这个平台上，所有者转让闲置商品的使用权，连接供需双方，创造价值，实现"使用而非拥有""不使用即浪费"的经济学家箴言。《2019 年数字经济报告》显示，在全球市值最大的 20 家数字企业中，有 40% 拥有基于平台的商业模式。伴随着大数据、人工智能、区块链、云计算等技术的不断发展，平台在用户数量、信息交换、精准匹配、成本效率方面再度飞跃。

数据资源具有无限复制、低成本、取之不尽、用之不竭的特征，由其构成的平台和共享机制可以释放更多的供给和需求，影响着大多数人的机会和收入分配。

共享机制具有开放、整合、外部性、零成本等特性，作为新型生产方式，优化资源配置、降低交易成本、拓展消费市场至关重要。

六、新观念

数字经济的滚滚大潮裹挟着海量新事物而来，不断激发和涌现出新的观念，城市经济工作者需要与时俱进，以大数据要素为基础，以新原理和新路径为主体，以新观念铸就城市经济的灵魂。

数字技术促进了资源观的更新。纵观人类社会经济发展的历程，每一阶段的主要特征之一都是新的资源开发和利用形式占据了经济发展的潮头，并且成为经济发展中的决定性因素；反过来，新资源的开发利用又催生了新的经济时期。西方国家的资源观与发展和协同演进进程自 20 世纪 40～60 年代开始，经历了两次工业革命的进步，资源开发利用的深度、广度和速度达到了前所未有的地步，"取之不尽、用之不竭"的人本位资源观盛行。20 世纪中期，战后经济的迅速发展和工业化进程的加速导致了资源的大规模开发利用，由此带来了一系列生态问题，人口、资源、环境与发展问题日益受到重视，资源有限和资源保护的观点成为主流。自 20 世纪 70 年代以来，有关资源的争论都是围绕人口、资源、环境与发展关系展开的，并逐渐从自然科学的问题转入到社会科学甚至哲学领域，为后来在全球范围内达成共识的以资源可持续利用为核心的可持续发展思想奠定了基础。把社会、经济和环境因素纳入资源范畴、合理利用和保护资源以及技术能够创造新的资源等观点成为应对可持续发展问题的新思路，人类开始有意识地通过产业结构调整以及社会经济资源介入等方式缓解资源耗竭和短缺等问题，以产业供给为主的手段成为生产力提升的侧重点。新一轮的科技发展带来的资源范畴的迅速扩大，要求我们重新认识我们所处的时代、了解周围还有哪些可以开发利用的资源；在资源观念和理念上做出迅速的反应，充分地挖掘和梳理那些可以被依托的新资源；在新的技术和认知水平下深化对资源的内涵和价值多维性的认识，推广新的资源利用方式，构建新的资源体系，贯彻深化供给侧结构性改革的新资源观。进行资源创新和构建新资源观不仅是要素端改革的重要内容，还将有助于生产端改革的实现，包括创新驱动力的形成以及促进新旧动能转换。新资源观下的资源体系具有自我适应性和动态发展性，随着发展任务和现实问题的不同，资源体系的支撑力始终会有极大的潜力可以挖掘和改进。特别是在当前背景下，在我国大力推进供给侧结构性改革的大势下，社会总供给的结构优化要立足于产业结构的调整和升级。资源创新有助于扩大产业依赖的根基，刺激产生新的产业和业态，塑造新的经济发展动能，拓展新的市场和需求，满足不断升级的社会要求。因此，我们必须随着社会的发展、新技术的进步与时俱进，及时更新资源观，有意识地推进资源创新，并以此来引领、指导新时代的发展行动。

数字技术革命还带来了人类发展理念的更新，不仅解放了双手，还解放了人们的头脑，使地方经济在发展过程中摆脱了诸多传统发展模式下的约束和障碍，将更多的目光聚焦于人类需求的满足度和生存质量的提升上，由传统技术水平下的可持续发展观念逐渐过渡到与数字技术相适应的高质量发展理念上来。

数字经济削弱了经济发展的差异，为区域经济平等竞争提供了基本条件。在传统经济中，区域差异性会导致不同市场主体参与经济活动的不平等性。过去受制于地域空间性、常规资源的有限性和相对封闭僵化的生产方式，区域恶性竞争带来了极大的资源浪费。在数字经济信息网络高速发展的市场环境下，偏远落后地区同样可以凭借相同的数字网络平台进入市场与发达地区竞争，开放经济、共享经济等成为全新范式。区域经济更加注重互联、统筹和合作，在开放共享的理念指引下，不断走向区域全面协调发展的新格局。

数字经济为落后地区创造了后发优势，摆脱了"循环累积因果理论"的增长路径，实现了跨越式发展。过去由于区域经济各种发展条件的渐进性、时序性、累积性等特点，发展不可能跨越阶段，落后地区的发展表现出较强的路径依赖性。在数字经济时代，网络和信息技术提供了超越机会和跨越平台，由于数字经济以外源性技术为主，并且在结构上突出服务性特征，原有的技术基础条件对地区发展数字经济的影响减小，落后地区更容易进入，也可以更为灵活地做出发展方向的选择。尤其是网络细化了分工和行业产业分类，落后地区能够更有效地避免与发达地区的"红海竞争"，在数字经济的新领域寻找到突破点，以"蓝海战略"实现"换道超车"。此外，落后地区转换成本较小，可以通过先行战略、鼓励政策等在体量上优先进入，主动寻求机会，带动该地区打破循序渐进的传统发展模式，实现跨越式发展。

第三节 中国城市数字经济发展风起云涌

中国有 661 座城市，有 88 座城市的城区户籍人口超过了 100 万。中国有从事软件信息服务的企业 3.78 万家，从业人员 643 万人；全国 4 个直辖市和 15 个副省级中心城市实现的软件与信息服务收入占全国的 81.2%；① 全国已有 27 个省（区、市）在地方政府工作报告中明确强调发展数字化和数字经济，这些数字无不见证着数字经济为我国城市经济带来的远超想象的改变，每一个城市经济场景早已构成数字化蓝图上的一隅，每一个城市中生活的人早已成为数字化生活中的一员。追踪并描绘数字经济下的城市经济表现也已经成为总结城市经济发展得失、制定发展规划的重要依据。

数字经济成为众多研究报告中点击率最高的热词，这些报告在城市层面上为我们提供了评价城市数字经济发展的不同角度和维度。在城市数字经济的覆盖领域、空间格局以及发展梯度三个方面，我们能够对我国城市数字经济的发展现状进行一个较为系统的认识（见表 8－4）

表 8－4 城市数字经济发展报告

机构	报告	时间	对象	主要内容
赛迪顾问	中国数字经济百强城市发展研究白皮书	2018－11－29	4 个直辖市和 294 个地级市	基础设施、产业规模、产业融合和政务环境 4 个一级指标和 10 个二级指标
新华三集团	中国城市数字经济指数白皮书（2019）	2019－04－19	8 个城市群＋113 个城市＋50 个县市，"城市群—城市—县市"三位一体	数据及信息化基础设施、城市服务、城市治理、产业融合 4 个一指标及相应的 12 个二级指标
腾讯研究院	数字中国指数报告（2019）	2019－05－21	31 个省、自治区、直辖市和 351 个城市	数字产业、数字文化、数字生活以及数字政务 4 个板块，分别覆盖生产端、客户端和政府端

① 亿欧网. 中国 600 座三四线城市：如何发展数字经济？［EB/OL］. https：//www.iyiou.com/p/92275.html，2019－02－11.

机构	报告	时间	对象	主要内容
21世纪经济研究院和阿里研究院	2019长三角数字经济指数报告	2019-09-23	上海、杭州、湖州、宁波、南京、苏州、合肥、芜湖等27个中心城市	数字基础设施、数字商业、数字产业、数字政务、数字民生5个一级指标和15个二级指标
中国城市科学研究会智慧城市联合实验室	2019城市数字发展指数报告	2019-12-17	杭州、上海、武汉、深圳、北京、郑州、广州等50个数字发展程度较高的城市	数字环境、数字政务、数字生活、数字生态4个一级指标及20个分指标

资料来源：笔者根据网络开源报告整理所得。

一、领域覆盖

在城市经济视域下，数字经济的覆盖领域总的来说可以划分为基础设施、产业、民生和政务四个维度，包括市场主体的生产端和消费端、公共主体的居民端和政府端，能够充分地反映城市发展的各个方面，因此，为判断城市数字经济的发展水平提供了准确的依据（见图8-2）。

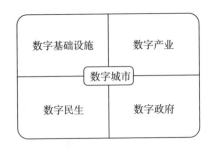

图8-2 城市数字经济的覆盖领域

资料来源：笔者根据以上研究报告汇总整理。

（一）数字基础设施

随着移动互联网和物联网的蓬勃发展，人与人、人与物、物与物的互联互通得以实现，数据量呈爆发式增长。庞大的数据量逐步成为企业乃至国家最为重要的战略资产。近年来，中国数字经济发展迅猛，根据中国信息通信研究院数据，中国数字基础产业在2018年的产值接近1万亿美元。数字基础设施成为孵化数字经济的核心基础。2019年，国家发改委明确指出，将加强新型基础设施建设，推进人工智能、工业互联网、物联网建设，加快5G商用步伐。数字基础设施与传统基础设施相比，不仅具有公共性、共享性、泛在性等共性特征，还具有融合性、生态性、赋能性等独特性特征。从演变历程来看，数字经济基础设施既包括宽带、无线网络等信息基础设施，又包括对传统基础设施的数字化转型和改造。从构成维度来看，数字基础设施包括数字网络基础设施（如大数据中心、物联网、云计算、智能终端）、应用基础设施（如工业互联网、车联网、无人机、无人驾驶、无人配送等）等硬性基础设施，以及标准、规则、政策、法律法规、服务、互联互通等软性基础设施，即以信息基础设施、数据基础、运营基础为核心的数字经济新基础设施。

典型代表：大数据排头兵——贵州

贵州作为一个地处西部、科教底子薄弱的省份，高举大数据旗帜。除了良好的生态环境适合建设中国天然的"大机房"外，更重要的在于贵州对大数据机遇迅速的反应和把握。

2013年，当大数据对很多人还比较陌生的时候，贵州省就着手确立发展大数据的战略。贵州省委和省政府积极作为，勇于担当，认为要实现后发赶超，就必须抢占产业先机，这就是他们把发展大数据产业紧紧抓住不放的道理。贵州建立了全国首个大数据省级综合试验区，出台了全国第一个数字经济发展规划，建成了第一个省级数据集聚、共享、开放的系统平台，设立了全球第一个大数据交易所，挂牌运行了第一个国家大数据工程实验室，一个朝阳产业在这片土地上蓬勃发展起来。2017年，贵州数字经济增速为37.2%，位列全国第一；以大数据为引领的电子信息制造业的增加值增长了86.3%，成为工业经济第二大增长点；大数据企业8900多家，大数据产业规模总量超过1100亿元，苹果、高通、微软等七家全球前十的互联网企业在此落户，阿里巴巴、华为、腾讯等互联网领军企业在此扎根发展。

随着大数据产业在贵州的深入发展，人们越发了解发展大数据的道理。大数据可以孕育全新的业态，可以改造和提升传统产业。在贵州，用大数据技术搭建的货运交易平台货车帮，改变了中国公路货运物流业态，战略重组后已成为全国最大的大数据物流平台；全国首家"云链"服务商白山云科技，深耕云分发、云存储和云聚合业务，已入选全球顶级内容分发网络（CDN）服务商，云业务服务中国70%的互联网用户；易鲸捷创新研发出完全自主可控的国产知识产权数据库，填补了国内数据库核心技术的空白。优质大数据企业的扎堆带来了良好的集聚效应，数据加工、数据开发、数据安全等新业态不断涌现。同时，大数据改变了传统行业格局，已成为转型升级的新引擎。近年来，贵州以大数据与实体经济深度融合为重点，加快"千企改造""万企融合"，推出了茅台、瓮福等一大批转型升级典型，初步构建了大数据与实体经济融合发展的基本格局，成为2017

年国务院第四次大督查中的典型经验。

贵州发展大数据的道理还在于极大促进了脱贫攻坚工作。贵州作为全国贫困人口最多、贫困面积最大的省份，是我国脱贫攻坚的主战场。依托大数据和云计算，贵州创新开发了云扶贫平台，打通了各类政务数据壁垒，充分洞察民生需求，精准对接扶贫资源，用大数据驱动大扶贫。"精准扶贫云"打通了扶贫、公安、教育、医疗、交通等17个部门和单位数据，实现实时共享交换，精准识别扶贫对象的车子、房子、医疗、社保、子女教育等情况。教育云和精准扶贫云"两云"叠加，能自动生成数据，自动办理教育扶贫资助。精准扶贫带来的脱贫攻坚成效明显，党的十八大以来，贵州省共减少贫困人口670.8万人。2017年12月8日中央政治局集体学习时，"贵州精准扶贫云"被作为典型案例进行了介绍。①

贵州省加快数字设施建设，制定了《贵州省建筑物信息基础设施建设规范》（以下简称《规范》）。《规范》由贵州省住房和城乡建设厅、贵州省通信管理局、贵州省大数据发展管理局联合发布，明确了信息基础设施应像水、电、气等市政基础设施一样成为建筑物的必备配套，与建筑物实现同步规划、同步设计、同步施工、同步验收。该《规范》于1月1日起正式实施。《规范》适用于各种新建民用建筑、有信息化需求的工业建筑。民用建筑的改建、扩建工程和其他建筑也可参照其执行。《规范》对建筑物的信息基础设施配套建设进行了统一规定，对机房、管线、电源等提出了具体的技术要求。它的实施将推动建筑行业和通信行业的有序融合，同时对当前规划5G站址、加快5G网络建设也具有重要意义。

以大数据为代表的数字经济在贵州从无到有、落地生根，并逐渐枝繁叶茂。从信息基础设施、数据基础设施的建设到应用，贵州逐渐形成数据中心，打造了衍生产业链。基于良好的数字经济，尤其是大数据基础设施建设，贵州大数据发展战略的路径越来越宽广，前景一片光明。

（二）数字产业

数字产业是以新一代信息技术为中心建立起来的，是发展最快、创新最活跃、引领带动作用最强的产业。以云计算、物联网、大数据人工智能和区块链为代表的新一代信息技术推动数字产业朝着跨界融合、平台化和生态化的方向深化发展。从数字产业的融合方向来划分，数字产业可划分为数字产业化和产业数字化两个方向。

数字产业化是数字经济的基础部分，即信息产业，具体包括电子信息制造业、信息通信业、软件和信息技术服务业、互联网行业等。

---

① 新华网. 数字经济的贵州样本［EB/OL］. http://www.xinhuanet.com/tech/2018－04/26/c_1122743402. htm, 2018－04－26.

产业数字化是数字经济的融合部分，是指国民经济各行各业与数字的结合，通过数字技术对传统产业进行连接与重组以带来产业增加和效率提升。产业数字化的本质是对产业链上下游的全要素数字化改造。产业互联网是产业数字化最重要的抓手，产业互联网通过各种数字技术为产业提供服务，而产业数字化可促进企业的数字化流程。

一线、新一线城市在数字产业化和产业数字化方面更为均衡，在二线及以下城市，数字产业化基础相对薄弱，但发展产业数字化领域具有较好的应用基础，未来潜力巨大；更低一级的县市提出的多是单一领域性的产业数字化，受制于数据及信息化基础设施短板，难以形成协同带动效应。城市数字产业的未来方向是通过"智能＋"等领先模式，借助物联网、大数据、AI、5G等前沿技术，持续为城市服务治理与产业经济发展提供新动能。这方面的典型代表如下：

1. 数字化转型——南京

作为江苏省的省会，南京市是全国五个通信枢纽、十个国家级互联网骨干直联点和全国互联网八大节点之一，也是"宽带中国"首批示范城市，这使南京有着较好的数字经济基础。

软件与信息服务业、电子信息制造业等数字经济核心产业是南京的重点产业，也是其实现数字产业化的主要抓手。2018年，南京市软件业务收入超过4500亿元，占江苏省一半、全国约7.1％，位于江苏第一。电力系统软件、通信软件、智能交通软件分别占据国内50％、30％、20％以上的市场份额。南京拥有重点软件企业超过5000家，8家本土企业进入全国软件业务收入百强，30家世界500强软件企业，37家中国软件百强企业在南京落户发展。近年来，南京出台了专门政策，在创业资金扶持、个人所得税奖补、人才安居保障以及子女就学等公共服务方面提供了全方位支持。

2. 数字商业标杆——金华

根据阿里研究院的统计，义乌的金华市拥有全球最大的小商品集散中心，共有334个"淘宝村"，位居全国第一；温州有324个，位居全国第二。以电商生态系统为依托，这些城市逐步形成规模效应和协同效应，产生了网络商业群聚现象。这些淘宝村以行政村为单元，电子商务年销售额达到1000万元，本村的活跃网店数量达到100家，占比超过了当地家庭户数的10％，创造了可观的经济收益。

（三）数字民生

数字民生是通过城市数字基础设施铺设，将数字技术应用于城市服务的众多环节当中，涉及智慧医疗、智慧教育、人社服务、营商环境、智慧交通、民生政务等，以满足高质量的城市居民生活需求，提升居民满意度。众多的城市都明确提出"让数据跑路，一趟不用跑"等数字化改造发展方向。这方面的典型代表如下：

1. 移动支付第一城——杭州

作为电商零售行业的中心城市，杭州以此为基础，近年来大力发展智慧城市建设，从产业到生活，数字经济正在全面改造这座城市。2013 年，杭州上城区进入住房与城乡建设部公布的首批 90 个国家智慧城市试点名单；2017 年 1 月，杭州成立了数据资源管理局，并专门设立了大数据管理服务中心；2017 年 11 月，"杭州政务"APP 上线，以政务办理为重点，在解决群众办事难问题的同时，延伸数据收集面，成为集政务信息共享和数据资源积累于一身的移动政务端；2018 年 5 月，全国首个城市数据大脑规划——《杭州城市数据大脑规划》发布，明确了未来 5 年杭州城市数据大脑的建设方向。

杭州为了冲击数字经济第一城，近年来大力发展智慧城市建设，开展"一网通"、电子证件等各项线上便民服务，鼓励和支持商业模式创新，依托电商、互联网金融孵化了一批中小型创业公司，并诞生了一批科技创新企业及独角兽。2018 年 9 月，在杭州·云栖大会上，杭州城市大脑 2.0 亮相，包括人工智能信号灯、智能时间巡检、公共信息服务、社会精细治理在内的民生服务设施已成为杭州新基础设施。城市大脑已从交通领域拓展至社会精细化治理领域，开始为消防安全提供支撑，在平安工厂、安全建设等领域也发挥了作用，助力构建城市安全发展保障体系。未来杭州城市大脑还将完成向旅游、医疗等其他领域拓展。

2. 智慧交通先行者——宁波

2012 年，宁波发布了《宁波市智慧交通建设规划》，以 2015 年为近期，2020 年为远期，用新一代信息技术重构和优化了覆盖综合交通全行业的服务与管理，包括公路、水路、铁路、民航以及城市内部交通。宁波市公安局还建立了基于大数据的交通引导模型，推出了道路交通拥堵指数，并在网上和官方微信上实时发布，实时进行交通分流，从而让城市道路交通更畅通。

此外，宁波市还将发展智慧交通的经验应用于智慧城市各环节的建设。2016 年，制定了《宁波市智慧城市发展"十三五"规划》，提出了"数据驱动、业务协同、产业融合、应用升级、信息安全"的国家新型智慧城市发展目标；2016 年，在全国范围内较早成立了大数据管理局，管理相关大数据业务；2017 年，宁波市公共设施物联网开放平台正式启用，实现了城管智能井盖、自来水智能抄表、智能烟感等实时感应数据的接入，接入设备数超过 24 万个；2018 年 9 月，宁波"城市大脑"CityGo 正式发布，将帮助城市协同创新和城市智能运营。

（四）数字政府

如果说智慧城市是一个有机体，那么数字政府一定是其大脑，主导着其中枢神经。数字政府通常是指政府通过网络等线上信息化渠道，进行政务的推进、落实、查询等功能的实施，方便公众利用数字化信息了解政府机构相关政策的实施情况。通过电子政务基础设施的建设，有效整合资源，实现政务信息数据的管理创新，建立丰富业务应用体系，实现各类信息的资源共享与在线应用，为企业、市民等提供便捷、高效、透明的服务，为政府提供智能决策和政策推行支持。这方面的典型代表如下：

云上的政务——深圳①

深圳市政务云项目于 2019 年初开始启动，主要内容为建设深圳市统一云管平台，对外提供统一运营门户，为各局委办提供线上资源申请和业务管理。

深圳市大数据资源管理中心按照"集约高效、共享开放、安全可靠、按需服务"的原则，以"云网合一、云数联动"为构架，构建了"1+11+N"开放兼容的统一政务云平台，承载着各市直部门的政务业务系统，形成了"1"个全市政务云平台、"N"个特色部门云、"11"个区级政务云平台的总体架构，实现了资源整合、管运分离、数据融合、业务贯通。

深圳市政务云基于华为云 Stack 解决方案，通过云管理平台实现市政务云与省、区的对接，实现统一管理，基于政务外网，实现市与区的相互资源共享。经过九个月的建设和业务迁移，目前，深圳已实现全市 53 个委办局、230 多个核心业务上云。已上云的业务系统有深圳、公共交易平台、政务服务平台、智能政务办公系统、资源交换共享平台、预警预报系统、应急管理局微信公众号管理平台、安全管理综合信息系统、财政信息管理系统、政务服务系统、社会多元共治信息化支撑平台、绩效考核系统、财政审批系统、城建档案系统、智慧海绵系统、金融监督局金融服务平台、政府办公厅"政务微信"项目等。

深圳市目前已经实现所有的数据都在一个平台上奔跑，资源共享、统一管理、统一运维，包括城市信息共享 APP、公共交易平台、政务服务平台、智能政务办公系统、资源交换共享平台、城市应急管理平台、安全管理综合信息系统、财政信息管理系统、财政审批系统、城建档案系统、智慧海绵系统、金融监督局金融服务平台等在内，建立了一个"云上的深圳"。深圳市的目标是在 2020 年建成"国际一流、国内一流"的双一流政务云，支撑深圳数字政府和新型智慧城市未来建设，并将城市的未来定位在云上。

二、空间格局

数字经济具有极强的集聚效应，表现为京津冀、长三角、珠三角三大城市群

---

① 科学中国. 数字深圳——云上的政务［EB/OL］. http://science.china.com.cn/2020-01/14/content_ 41033342. htm, 2020-01-14.

的头部集中效应。

经济研究院与阿里研究院联合发布的《2019 长三角数字经济指数报告》显示，2018 年，长三角数字经济规模达到 8.63 万亿元人民币，占全国数字经济总量的 28%，已经成为全国数字经济最活跃、体量最大、占比最高的地区。珠三角与京津冀的数字经济占全国数字经济总量的比重也分别达到 14% 和 11%。数据显示，长三角地区的数字经济规模在我国三大城市群中排名靠前。《长江三角洲区域一体化发展三年行动计划（2018－2020 年)》提出，长三角地区要以建设世界级产业集群为目标，优化重点产业布局，推动产业链深度融合。共同推动云计算、大数据、物联网、人工智能等技术创新，携手把长三角地区打造成为全球数字经济发展高地。

珠三角地区包括广州、佛山、肇庆、深圳、东莞、惠州、珠海、中山、江门九个城市，总面积 5.6 万平方千米，是我国开放程度最高、经济活力最强的区域之一，在国家发展大局中具有重要战略地位。据统计，2019 年前三季度，珠三角九个城市的 GDP 总量为 63494.51 亿元，约占广东经济总量的 82%，占全国经济总量的 9%。近年来，广州、深圳、佛山、东莞、中山、肇庆等珠三角城市频频牵手，力图冲破地理界线，实现跨界合作，逐渐聚合成为一座"超级城市"。发展不是"一城独大"，特别是对相对落后地区的经济总量来说，数字经济的意义无疑更加广阔，是弥合绝对差距、促成弯道超车的最有力抓手。

2014 年 2 月，国家明确提出实现京津冀协同发展是重大国家战略，开启了京津冀大变革、大发展、大跨越的历史性一步。2016 年 12 月，京津冀大数据综合试验区建设正式启动，旨在将京津冀地区打造成为国家大数据产业创新中心、应用先行区、改革综合试验区和全球大数据产业创新高地。

（一）城市分布

数字经济百强城市密集分布于华北、华东、华南等东南沿海地区，这三大区域的百强城市占比达到 73%，成为数字经济发展的前沿阵地。在长三角、珠三角和京津冀三大区域中，长三角和京津冀地区的上榜城市数量均达到 76.92%，但长三角地区的上榜城市数量为京津冀地区的两倍，且城市平均得分高于京津冀地区，同时，从区域分布来看，长三角地区呈现出城市集群带动式发展形态。

从城市属性来看，直辖市平均得分远高于其他类型城市，体现了直辖市显著的经济支柱作用；15 个副省级城市、5 个计划单列市排名均在 Top50 以内，平均分均高于上榜省会城市；榜单中 5 个经济特区城市的平均得分不够理想，低于省会城市，且除深圳之外，其他 4 个城市的排名均在 30 名之外。

（二）区域格局

当前，中国城市数字经济已形成"中心"和"热点"两种新生态，出现了长三角、珠三角、环渤海这 3 个中心，以及四川盆地、华中平原、闽东南、关中平原、山东半岛 5 个热点，区域协同发展效应显著。

"3 中心 5 热点"格局以环渤海、长三角、珠三角城市群为代表，这三个中心区域的核心城市的数字经济发展水平最高，其周边城市也普遍保持着较高水平的发展。热点区域包括以成都、重庆、贵阳为核心的西南热点，以武汉、郑州为核心的华中热点，以福州、厦门为核心的闽东南热点，以西安为核心的关中平原热点，以及以济南、青岛为核心的山东半岛热点，以呼和浩特、鄂尔多斯、榆林为代表的呼榆城市群逐渐形成西北部新高地。

（三）总体布局

全国数字经济发展呈现出从东部沿海向西部内陆逐渐降低的趋势，基本符合胡焕庸线确定的分布格局（东起黑龙江黑河市，西至云南省腾冲市）。以胡焕庸线为界，根据省会城市进行划分，东南各省的数字经济总指数占全国近 90%，西北各省的数字经济普遍低于全国平均水平。目前，数字经济发展与人口比例、生产要素分布关系较为紧密，数字经济发展指数呈现出强经济发展水平正相关性。

广东、上海、浙江、江苏、福建等东南地区省份的融合指数普遍较高，内蒙古、甘肃、青海、西藏等西北地区的融合指数普遍较低，总体呈现出从东南沿海向西部内陆递减的阶梯化分布特征。具体来看，广东、上海发展水平较高，在电子商务、中小企业信息化、第三方支付、互联网金融等服务业数字化方面均处于全国领先水平。湖北、福建等省市位列第二梯队，在制造业数字化方面表现突出。这是因为东南沿海的省份作为传统的经济发达地区和新兴信息技术发展的前沿阵地，在数字经济和实体经济以及金融领域融合方面具有先发优势。而内蒙古、甘肃、青海、西藏等西北内陆省份由于地理和历史等因素，数字经济和工业发展速度较慢，其数字经济融合指数与全国平均水平相差较大。

然而，数字经济正在成为后发城市经济发展的重要引擎，有望推动地区发展差异的缩小。各省数字经济指数与 GDP 分布趋势大体相同，但并非简单的正相关关系，GDP 与城市数字经济发展水平存在相关性，但并非绝对约束，部分地区的数字经济发展水平与经济规模存在较明显的差异，如贵州省 2018 年 GDP 实现 1.48 万亿元，占全国总量的 1.6%，而数字经济总指数为 27.4%，位居全国第 17 位，高于 GDP 排名 25 位。中西部的安徽、湖北、湖南、贵州、四川等省份凭借自身特色产业优势在数字经济与传统经济融合方面具有较强的发展潜力，如湖南在重点行业典型企业 PLM 普及率表现较好。加快推动数字经济与本地特色产业的深度融合将成为中西部省份实现弯道超车的重要抓手。此外，电子商务在企业中的广泛应用，以及数字金融等服务的深入融合，打破了东中西部资源流动和信息交换的时空限制，为中西部实现赶超提供了机遇。

三、发展梯度

第三次技术革命带来了广泛的社会经济变革。由于我国各区域经济基础差异较大，对数字经济机遇的反应速度和把握能力存在较大的差异，因此，各区域中的城市数字发展也呈现出了不同的阶段定位。在 2019 年对全国 113 个主要城市的调研中，将这些城市的数字经济发展水平划分为起步、发展、领先三个阶段。五阶段到三阶段的划分，从侧面反映了我国各城市数字经济发展程度的差距在逐渐缩小。各城市都已行动起来，观望者和觉醒者也已经展开了对数字经济发展的探索。总的来说，处于起步阶段的 74 个城市的经济规模普遍较小，产业结构相对单一，在产业数字化转型方面依靠自身能力难以实现突破，因此，多是借助外力、筑巢引凤，借助周边城市的辐射效应，或凭借优惠政策吸引相关产业资本。正处在发展阶段的城市以一、二线城市为主，这些城市发展数字经济的路径各不相同，在基础设施、产业、民生和数字政务等各领域实现了不同程度的创新，城市数字化发展程度较高，并且仍具有巨大的数字经济发展潜力。处在领先阶段的上海、北京、深圳、成都、杭州和重庆则是我国城市数字经济的领跑者，这些城市在数字经济发展上不断进行自主创新，在各方面都实现了均衡发展。

参考文献

［1］ Barber B. All Economies Are "Embedded": The Career of a Concept, and Beyond ［J］. Social Research, 1995 (62): 13 –387.

［2］ Christopher Wilson. The Dictionary of Demography ［Z］. Basil Blackwell Ltd.: Oxford, 1986: 225.

［3］ Ellison G, Glaeser E L. Geography Concentration in U. S. Manufacturing Industries: A Dartboard Approach ［J］. Journal of Political Economy, 1997, 105 (5): 889 –927.

［4］ Ellison G, Glaeser E L. The Geographic Concent Ration of Industry: Does Natural Advatage Explain Agglomeration ［J］. American Economic Review, 1999, 89 (2): 311 –316.

［5］ Friedmann J R. A General Theory of Polarized Development ［M］. New York: The Free Press, 1972.

［6］ Friedmann J R. Regional Development Policy: A Case of Venezuela ［M］. Cambridge: MIT Press, 1966.

［7］ Friedmann J. The World City Hypothesis ［J］. Development and Change, 1986 (7): 69 –83.

［8］ Granovetter M. Economic Action and Social Structure: The Problem of Embeddedness ［J］. American Journal of Sociology, 1985, 91 (3): 481 –510.

［9］ Henderson J. Overcoming the Adverse Effects of Geography: Infrastructure, Health and Agriculture Policies ［J］. International Regional Science Review, 1999, 22 (2): 233 –237.

［10］ Isard W. Introduction to Regional Science ［M］. Combridge: MIT Press, 1975.

［11］ Kim S. Regions, Resources, and Economic Geography: Sources of U. S. Regional Comparative Advantage, 1880 – 1987 ［J］. Regional Science and Urban Economics, 1999, 29 (1): 1 –32.

［12］ Krugman P. First Nature, Second Nature, and Metropolitan Location ［J］.

Journal of Regional Science, 1993, 33 (2): 129 – 144.

[13] Krugman P. Increasing Return and Economic Geography [J] . Journal of Political Geography, 1991, 99 (3): 183 – 199.

[14] Lampinen A, Lutz C, Newlands G, et al. Power Struggles in the Digital Economy: Platforms, Workers, and Markets [R] . Conference on Computer Supported Cooperative Work, 2018.

[15] Mark Granovetter. Economic Action and Social Structure: The Problem of Embeddedness [J] . American Journal of Sociology, 1985, 91 (3): 481 – 510.

[16] Marshall A . Principles of Economics [M] . Cambridge: Cambridge University Press, 1961.

[17] Marshall A. Elements of Economics of Industry [M] . London: Macmillan Publishers Limited, 1910.

[18] Ohlin B. Interregional and International Trade [M] . Cambridge: Harvard University Press, 1933.

[19] Ottaviano G. New Economic Geography: Firm Heterogeneity and Agglomeration Economics [J] . Journal of Economic Geography, 2010, 11 (1): 231 – 240.

[20] Schor J B. Does the Sharing Economy Increase Inequality within the Eighty Percent?: Findings From a Qualitative Study of Platform Providers [J] . Cambridge Journal of Regions, Economy and Society, 2017, 10 (2): 263 – 279.

[21] Uzzi B. The Source and Consequences of Embeddedness for the Economic Performance of Organizations: The Network Effect [J] . American Sociological Review, 1996, 61 (4): 674 – 698.

[22] Wirth L. Urbanism as a Way of Life [J] . American Journal of Sociology, 1938, 44 (1): 1 – 2.

[23] Zukin S, Dimaggio P. Structure of Capital: The Social Organization of Economy [M] . Cambridge: Cambridge University Press, 1990.

[24] 奥古斯特·廖什. 经济空间秩序 [M] . 北京: 商务印书馆, 1995.

[25] 卡尔·海因里希·马克思. 资本论 (第一卷) [M] . 北京: 人民出版社, 1975.

[26] 马克斯·韦伯. 非正当性的支配——城市类型学 [M] . 康乐, 简惠美, 译. 桂林: 广西师范大学出版社, 2005.

[27] 菲利普·潘什梅尔. 法国 [M] . 上海: 上海译文出版社, 1980.

[28] 简·雅各布斯. 城市经济 (第 2 版) [M] . 项婷婷, 译. 北京: 中信出版社, 2018.

［29］阿瑟·奥萨利文. 城市经济学［M］. 周京奎，译. 北京：北京大学出版社，2015.

［30］刘易斯·芒福德. 城市发展史——起源、演变和前景［M］. 宋俊岭，倪文彦，译. 北京：中国建筑工业出版社，1989.

［31］沃尔特·艾萨德. 区域科学学导论［M］. 陈宗兴，尹怀庭，陈为民，译. 北京：高等教育出版社，1991.

［32］沃尔特·克里斯塔勒. 德国南部中心地原理［M］. 常正文，王兴中，译. 北京：商务印书馆，1998.

·［33］沃纳·赫希. 城市经济学［M］. 刘世庆，李泽民，廖果，译. 北京：中国社会科学出版社，1990.

［34］西蒙·库兹涅茨. 现代经济增长［M］. 戴瑞，易诚，译. 北京：北京经济学院出版社，1989.

［35］约瑟夫·熊彼特. 经济发展理论［M］. 北京：商务印书馆，1990.

［36］约瑟夫·熊彼特. 资本主义、社会主义和民主［M］. 北京：商务印书馆，1999.

［37］K. J. 巴顿. 城市经济学——理论和政策［M］. 北京：商务印书馆，1984.

［38］大卫·李嘉图. 政治经济学及赋税原理［M］. 郭大力，王亚南，译. 北京：商务印书馆，2013.

［39］亚当·斯密. 国民财富的性质和原因的研究（上卷）［M］. 郭大力，王亚南，译. 北京：商务印书馆，2013.

［40］北京市统计局，国家统计局北京调查队. 北京统计年鉴［M］. 北京：中国统计出版社，2020.

［41］蔡翼飞，张车伟. 地区差距的新视角：人口与产业分布不匹配研究［J］. 中国工业经济，2012（5）：31 – 43.

［42］曹洪涛，储传亨. 当代中国的城市建设［M］. 北京：中国社会科学出版社，1990.

［43］陈登源. 大力发展数字经济 持续深化数字福州建设研究［J］. 社科纵横，2019，34（10）：52 – 55.

［44］陈萍. 城市经济发展：理论与实践［M］. 北京：经济管理出版社，2009.

［45］陈胜昌. 发展城市群和城市带——中国城市化的新方向［J］. 江西财经大学学报，2005（4）：47 – 50.

［46］陈晓红. 数字经济时代的技术融合与应用创新趋势分析［J］. 中南大

学学报（社会科学版），2018，24（5）：1 – 8.

[47] 陈彦光，周一星. 中国城市化过程的非线性动力学模型探讨 [J]. 北京大学学报（自然科学版），2007（4）：542 – 548.

[48] 陈永梅. 智慧城市建设现状及建设方向的思考 [J]. 科技传播，2013，5（3）：87，89.

[49] 陈甬军. 中国的城市化与城市化研究——兼论城市化道路 [J]. 东南学术，2004（4）：23 – 29.

[50] 程锦锥. 改革开放三十年我国产业结构理论研究进展 [J]. 湖南社会科学，2009（1）：101 – 107.

[51] 崔功豪，王本炎，查彦育. 城市地理学 [M]. 南京：江苏教育出版社，1992.

[52] 大数据引领贵阳高质量发展——专访全国人大代表、贵阳市市长陈晏 [J]. 财经界，2019（4）：25 – 28.

[53] 戴宾. 城市群及其相关概念辨析 [J]. 财经科学，2004（6）：101 – 103.

[54] 董志凯. 关于新中国经济增长与发展阶段（1949 – 2004）的探索 [J]. 中国经济史研究，2004（4）：103 – 106.

[55] 方创琳. 如何定义和界定城市群 [J]. 区域经济评论，2017（5）：5 – 6.

[56] 冯云廷. 城市经济学 [M]. 沈阳：东北财经大学出版社，2005.

[57] 付晓东. 中国城市土地潜力释放的"三级跳"——"政府 + 土地 + 金融"模式：不易流动的土地资源与易流动的金融资源的结合 [J]. 中共济南市委党校学报，2007（1）：22 – 27.

[58] 傅崇兰，陈光庭，董黎明，等. 中国城市发展问题报告 [M]. 北京：中国社会科学出版社，2003.

[59] 高洪深. 城市经济学 [M]. 北京：中国人民大学出版社，2011.

[60] 龚维进. 全球城市竞争力呈现七个新特点 [N]. 经济日报，2019 – 11 – 13（014）.

[61] 郭鸿懋，江曼琦，陆军，等. 城市空间经济学 [M]. 北京：经济科学出版社，2002.

[62] 国务院. 国务院办公厅关于部分地方优化营商环境典型做法的通报 [EB/OL]. [2018 – 08 – 03]. http：//www. gov. cn/zheng ce/content/2018 – 08/03/content_ 5311523. htm.

[63] 国务院. 优化营商环境条例·[EB/OL]. [2019 – 10 – 23]. http：//

www. qov. cn/zhengce/content/2019 – 10/23/content_ 5443963. htm.

［64］何海涛，梁爽．对马克思"生产力"概念的再反思［J］．中南民族大学学报（人文社会科学版），2018，38（3）：1 – 6.

［65］黄斌．北京文化创意产业空间演化研究［D］．北京：北京大学博士学位论文，2012.

［66］黄新焕，张宝英．全球数字产业的发展趋势和重点领域［J］．经济研究参考，2018（51）：53 – 61.

［67］纪晓岚．论城市本质［M］．北京：中国社会科学出版社，2002.

［68］姜珊．我国政府投资效率低下问题研究［J］．财经界（学术版），2013（35）：8.

［69］荆文君，孙宝文．数字经济促进经济高质量发展：一个理论分析框架［J］．经济学家，2019（2）：66 – 73.

［70］靖继鹏，张海涛，赵筱媛．县域经济主导产业的选择及产业发展模式［J］．经济纵横，2004（5）：36 – 39.

［71］阚滨，张德荣，韩长金．谈确立地区支柱产业及其选择标准［J］．宏观经济管理，1997（2）：32 – 34.

［72］李光政．数字化城市管理的现状与对策研究［J］．全国流通经济，2019（17）：106 – 107.

［73］李海舰，田跃新，李文杰．互联网思维与传统企业再造［J］．中国工业经济，2014（10）：135 – 146.

［74］李丽萍．国际城市的形成经济机制研究［J］．中共济南市委党校学报，2005（3）：25 – 29.

［75］李松涛．我国一线城市城市病日益严重影响居民幸福感［N］．中国青年报，2010 – 10 – 08（1）.

［76］理查德·佛罗里达．创意阶层的崛起［M］．司徒爱勤，译．北京：中信出版社，2010.

［77］连玉明．大数据蓝皮书：中国大数据发展报告 No. 2［M］．北京：社会科学文献出版社，2018.

［78］梁丽．大数据时代治理"城市病"的技术路径［J］．电子政务，2016（1）：88 – 95.

［79］刘波，陈荣德．C – BOT 系统论：一种崭新的城市化发展理论的建构［J］．中国软科学，2005（4）：138 – 146.

［80］刘静，胡文锴．交通拥堵率的量化分析［J］．商情，2016（28）：256 – 261.

［81］刘凯．论城市数字化进程［J］．艺术科技，2017，30（6）：71.

［82］刘立峰．地方政府投融资及其可持续性［M］．北京：中国发展出版社，2015.

［83］刘庆林，白洁．日本都市圈理论及对我国的启示［J］．山东社会科学，2005（12）：72－74.

［84］刘亭．城市经济特征和城市发展转型［J］．浙江经济，2019（12）：16.

［85］刘耀彬，宋学锋．基于 SOFM 人工神经网络的长江三角洲地区城市职能分类［J］．云南地理研究，2005（6）：19－22.

［86］刘月季．产业结构理论综述［J］．河南教育学院院报（社会科学版），1997，61（3）：65－68.

［87］吕立志．新型工业化进程中资源观的新发展［J］．南京社会科学，2003（S2）：19－24.

［88］吕文栋，朱华晟．浙江产业集群的动力机制——基于企业家的视角［J］．中国工业经济，2005（4）：86－93.

［89］罗小龙，许璐．城市品质：城市规划的新焦点与新探索［J］．规划师论坛，2017（11）：5－9.

［90］马利彪．区域主导产业选择问题研究［D］．长春：吉林大学博士学位论文，2009.

［91］倪前龙，倪波．区域主导产业选择的原则和指标［J］．西南民族学院学报（哲学社会科学版），1993（3）：7－10.

［92］裴长洪，倪江飞，李越．数字经济的政治经济学分析［J］．财贸经济，2018（9）：5－22.

［93］饶会林．城市经济理论与实践探索［M］．大连：东北财经大学出版社，1998.

［94］饶会林．城市经济学（上卷）［M］．大连：东北财经大学出版社，1999.

［95］内蒙古自治区城市建设 1947－1987［R］．内蒙古自治区城乡建设环境保护厅，1987.

［96］孙久文．现代区域经济学主要流派和区域经济学在中国的发展［J］．经济问题，2003（3）：2－4.

［97］孙霄汉．东莞模式的生成逻辑与转型发展——改革开放 40 年中国城市发展典型案例分析［J］．云南行政学院学报，2019，21（1）：49－53.

［98］谭成文，杨开忠，谭遂．中国首都圈的概念与划分［J］．地理学与国

土研究，2000（4）：1－7.

［99］汤培源，顾朝林．创意城市综述［J］．城市规划学刊，2007（3）：14－19.

［100］田炳信，周牧之．中国财富聚焦两大宝鼎［N］．新快报，2004－11－25.

［101］田美玲，刘嗣明，朱媛媛．国家中心城市评价指标体系与实证［J］．统计与决策，2014（9）：37－39.

［102］田相辉，温晓丽．奥运创意经济引领创意城市发展［J］．经济研究导刊，2008（9）：148－149.

［103］王莉莉.5G＋数字政府为城市赋能［J］．中国对外贸易，2019（8）：28－30.

［104］王萍，张京京．我国投资环境的现状、问题与对策［J］．中外企业家，2014（10）：56，58.

［105］王雍君，陈灵．城市投融资管理研究［M］．北京：经济科学出版社，2012.

［106］王勇，李广斌，钱新强．国内城市经营研究综述［J］．城市问题，2004（1）：8－13.

［107］伍青，陈东平．主导产业与辅助产业如何选择［J］．国防科技工业，2007（3）：29－30.

［108］向松祚．投资效率低下才是问题关键［N］．经济观察报，2012－08－06（016）.

［109］肖金成，马燕坤，张雪领．都市圈科学界定与现代化都市圈规划研究［J］．经济纵横，2019（11）：2，32－41.

［110］肖俊，李志刚.21世纪西方城市研究的"城市化"转向［J］．城市规划，2016，40（12）：98－105.

［111］谢文蕙，邓卫．城市经济学（第二版）［M］．北京：清华大学出版社，2008.

［112］熊建林．以工业化为前提的初期城市发展史及我国当代城市化道路选择［J］．西昌学院学报（自然科学版），2006（3）：71－73.

［113］徐红宇，陈忠暖，李志勇．中国城市职能分类研究综述［J］．地理环境研究，2005（2）：33－36.

［114］徐静，陈秀万．数字城市与智慧城市比较研究［J］．图书馆理论与实践，2013（11）：13－15.

［115］许晶华．我国智慧城市建设的现状和类型比较研究［J］．城市观察，

2012（4）：5-18.

[116] 薛莹. 地级以上城市的城市职能分类——以江浙沪地区为例 [J]. 长江流域资源与环境，2007（6）：695-699.

[117] 闫卫阳，刘静玉. 城市职能分类与职能调整的理论与方法探讨——以河南省为例 [J]. 河南大学学报（自然科学版），2009，39（3）：265-270.

[118] 阎川. 开发区蔓延与反思 [M]. 北京：中国建筑工业出版社，2008.

[119] 杨重光，刘维新. 社会主义城市经济学 [M]. 北京：中国财政经济出版社，1986.

[120] 叶曙明. 东莞模式：开启中国工业化的序幕 [J]. 文史天地，2018（9）：10-15.

[121] 原枨. 区域经济开发模式与主导产业选择的理论依据 [J]. 西安电子科技大学学报（社会科学版），2004（4）：37-42.

[122] 原新，唐晓平. 都市圈化：一种新型的中国城市化战略 [J]. 中国人口·资源与环境，2006（4）：7-12.

[123] 越泽明. 中国城市建设——非城市化的工业化道路 [M]. 日本：亚洲经济研究所，1978.

[124] 张长立. 产业集聚理论探究综述 [J]. 现代管理科学，2004（12）：32-33，44.

[125] 张从果，杨永春. 都市圈概念辨析 [J]. 城市规划，2007（4）：31-36，47.

[126] 张敦富. 城市经济学原理 [M]. 北京：中国轻工业出版社，2005.

[127] 张敦富. 城市经济学 [M]. 北京：中国轻工业出版社，2005.

[128] 张敦富. 区域经济学原理 [M]. 北京：中国轻工业出版社，1999.

[129] 张风波. 中国宏观经济结构与政策 [M]. 北京：中国财政经济出版社，1988.

[130] 张魁伟. 区域主导产业评价指标体系的构建 [J]. 科技进步与对策，2004（8）：7-9.

[131] 张新平. 新城市病景象 [J]. 散文诗世界，2015（1）.

[132] 张艳，程遥，刘婧. 中心城市发展与城市群产业整合——以郑州及中原城市群为例 [J]. 经济地理，2010，30（4）：579-584.

[133] 张一力，林俐，吴晓棠. 浙江产业集群模式：本土资本与国际市场结合型 [J]. 特区经济，2003（8）：43-44.

[134] 张占斌，时红秀，李万峰，等. 城镇化建设的投融资研究 [M]. 石

家庄：河北人民出版社，2013.

［135］张召堂．中国开发区可持续发展战略［M］．北京：中共中央党校出版社，2003.

［136］张钟汝．城市社会学［M］．上海：上海大学出版社，2001.

［137］赵金煜，信春华．基于 Weaver－Thomas 组合指数模型的区域主导产业选择研究——以山东省威海市为例［J］．中国经贸导刊，2012（8）：20－22.

［138］赵永新．探索创新驱动跨越发展的贵阳模式［N］．人民日报，2015－01－04（005）.

［139］郑长德，钟海燕．现代西方城市经济理论［M］．北京：经济日报出版社，2007.

［140］郑江绥，胡焱．区域主导产业的选择理论和指标构建［J］．经营与管理，2008（3）：23－24.

［141］郑立明．关于建设智慧城市的战略思考［J］．现代管理科学，2011（8）：66－68.

［142］中共中央文献研究室．建国以来重要文献选编（六）［M］．北京：中央文献出版社，1993.

［143］中国证券监督管理委员会．中国资本市场发展报告［M］．北京：中国金融出版社，2008.

［144］周起业，刘再兴，祝诚，等．区域经济学［M］．北京：中国人民大学出版社，1989.

［145］周一星．城市地理学［M］．北京：商务印书馆，1995.

［146］周一星．关于明确我国城镇概念和城镇人口统计口径的建议［J］．城市规划，1986（3）：10－15.

［147］周玉波．文化产业价值的经济学分析［J］．求索，2011（2）：57－59.

［148］朱要武，朱玉能．区域主导产业的选择基准［J］．上海综合经济，2003（11）：24－26.

［149］朱雨溪．全球化背景下城市更新策动的城市品质提升［C］//中国城市规划学会、杭州市人民政府．共享与品质——2018 中国城市规划年会论文集（02 城市更新），2018：646－655.

［150］庄美燕．经济开发区将何处去［J］．经营管理者，2006（12）：10－11.

［151］宗迪．二十年来我国城市经济理论研究进展［J］．中国城市经济，1999（2）：3－5.

［152］踪家峰．城市与区域经济学［M］．北京：经济科学出版社，2007.

附　表

表 A　1978～2018 年中国城市数量变化情况

年份	城市总数（个）	地级市（个）	县级市（个）
1978	193	98	92
1979	216	104	109
1980	223	107	113
1981	226	110	113
1982	245	109	133
1983	281	137	141
1984	300	148	149
1985	324	162	159
1986	353	166	184
1987	381	170	208
1988	434	183	248
1989	450	185	262
1990	467	185	279
1991	479	187	289
1992	517	191	323
1993	570	196	371
1994	622	206	413
1995	640	210	427
1996	666	218	445
1997	668	222	442
1998	668	227	437
1999	667	236	427
2000	663	259	400
2001	662	265	393

年份	城市总数（个）	地级市（个）	县级市（个）
2002	660	275	381
2003	660	282	374
2004	661	283	374
2005	661	283	374
2006	656	283	369
2007	655	283	368
2008	655	283	368
2009	654	283	367
2010	657	283	370
2011	657	284	369
2012	657	285	368
2013	658	286	368
2014	653	288	361
2015	656	291	361
2016	657	293	360
2017	661	294	363
2018	673	302	371

资料来源：2019 年《中国城市统计年鉴》。

表 B　1978 ~ 2019 年两种不同口径下的中国城镇化率

年份	总人口（万人）	城镇人口（万人）	常住人口城镇化率（％）	非农户籍人口（万人）	户籍人口城镇化率（％）
1978	96259	17245	17.92	15209	15.80
1980	98705	19140	19.39	16780	17.00
1985	105851	25094	23.71	21276	20.10
1990	114333	30195	26.41	24124	21.10
1995	121121	35174	29.04	29069	24.00
2000	126743	45906	36.22	33055	26.08
2005	130756	56212	42.99	41829	31.99
2006	131448	58288	44.34	42760	32.53
2007	132129	60633	45.89	43510	32.93
2008	132802	62403	46.99	44197	33.28

续表

年份	总人口 （万人）	城镇人口 （万人）	常住人口 城镇化率（％）	非农户籍人口 （万人）	户籍人口 城镇化率（％）
2009	133450	64512	48.34	45066	33.77
2010	134091	66978	49.95	45819	34.17
2011	134735	69079	51.27	46713	34.67
2012	135404	71182	52.57	47784	35.29
2013	136072	73111	53.73	49125	36.10
2014	136782	74916	54.77	50746	37.10
2015	137462	77116	56.10	54847	39.90
2016	138271	79298	57.35	56967	41.20
2017	139008	81347	58.52	58869	42.35
2018	139538	83137	59.58	60517	43.37
2019	140005	84843	60.60	62134	44.38

注：其中总人口、城镇人口、非农户籍人口等指标来源于《中国统计年鉴》，而常住人口城镇化率与户籍人口城镇化率根据前三项指标测算而得。

资料来源：《2019年中国统计年鉴》、各年份《国民经济和社会发展统计公报》、中华人民共和国住房和城乡建设部官网。

表C 2018年中国城市GDP（经济总量）100强

序号	城市	GDP（亿元）	同比增长（％）	人口（万人）
1	上海市	32679.87	6.6	1462
2	北京市	30319.98	6.6	1376
3	深圳市	24221.98	7.6	455
4	广州市	22859.35	6.2	928
5	重庆市	20363.19	6	2465
6	天津市	18809.64	3.6	1082
7	苏州市	18597.47	6.8	364
8	成都市	15342.77	8	851
9	武汉市	14847.29	8	884
10	杭州市	13509.15	6.7	635
11	南京市	12820.40	8	697
12	青岛市	12001.52	7.4	518
13	无锡市	11438.62	7.4	263

序号	城市	GDP（亿元）	同比增长（%）	人口（万人）
14	长沙市	11003.41	8.5	356
15	宁波市	10745.46	7	296
16	郑州市	10143.32	8.3	384
17	佛山市	9935.89	6.3	437
18	泉州市	8467.98	8.9	116
19	南通市	8427	7.2	215
20	西安市	8349.86	8.2	852
21	东莞市	8278.59	7.4	232
22	福州市	7856.81	8.6	285
23	济南市	7856.56	7.4	554
24	烟台市	7832.58	6.4	192
25	合肥市	7822.91	8.5	281
26	大连市	7668.48	6.5	400
27	长春市	7175.71	7.2	442
28	常州市	7050.27	7	303
29	唐山市	6954.97	7.3	335
30	徐州市	6755.23	4.2	342
31	哈尔滨市	6300.48	5.1	551
32	沈阳市	6292.40	5.4	601
33	潍坊市	6156.78	6.5	194
34	石家庄市	6082.62	7.4	422
35	温州市	6006.16	7.8	172
36	盐城市	5487.08	5.5	244
37	扬州市	5466.17	6.7	233
38	绍兴市	5416.90	7.1	223
39	南昌市	5274.67	8.9	311
40	昆明市	5206.90	8.4	320
41	泰州市	5107.63	6.7	164
42	淄博市	5068.35	6.1	289
43	济宁市	4930.58	5.8	189
44	台州市	4874.67	7.6	163
45	嘉兴市	4871.98	7.6	92

序号	城市	GDP（亿元）	同比增长（%）	人口（万人）
46	厦门市	4791:41	7.7	243
47	临沂市	4717.80	7.3	281
48	洛阳市	4640.78	7.9	207
49	襄阳市	4309.79	7.8	228
50	东营市	4152.47	4.5	113
51	惠州市	4103.05	6	164
52	金华市	4100.23	5.5	99
53	宜昌市	4064.18	7.7	127
54	镇江市	4050	3.1	103
55	南宁市	4026.91	5.4	387
56	漳州市	3947.64	8.7	63
57	太原市	3884.48	9.2	293
58	榆林市	3848.62	9	98
59	贵阳市	3798.45	9.9	259
60	鄂尔多斯市	3763.21	5	30
61	沧州市	3676.41	6.4	58
62	泰安市	3651.53	5.7	172
63	威海市	3641.48	6.8	136
64	中山市	3632.70	5.9	177
65	淮安市	3601.25	6.5	333
66	保定市	3589.79	6.6	288
67	南阳市	3566.77	7.4	203
68	邯郸市	3454.57	6.6	365
69	岳阳市	3411.01	8.3	110
70	常德市	3394.20	8.2	141
71	德州市	3380.30	6.7	125
72	芜湖市	3278.53	8.4	150
73	聊城市	3152.15	5.4	128
74	廊坊市	3108.23	6.5	88
75	乌鲁木齐市	3099.77	7.8	217
76	茂名市	3092.18	5.5	301
77	菏泽市	3078.78	7.9	236

序号	城市	GDP（亿元）	同比增长（%）	人口（万人）
78	柳州市	3053.65	6.4	183
79	衡阳市	3046.03	8.3	101
80	湛江市	3008.39	6	168
81	包头市	2951.79	6.8	156
82	珠海市	2914.74	8	127
83	呼和浩特市	2903.5	3.9	138
84	江门市	2900.41	7.8	145
85	许昌市	2830.62	8.6	134
86	赣州市	2807.24	9.3	228
87	大庆市	2801.16	3.5	137
88	连云港市	2771.70	4.7	224
89	宿迁市	2750.72	6.8	177
90	兰州市	2732.94	6.5	209
91	湖州市	2719.07	8.1	112
92	九江市	2700.19	8.7	100
93	周口市	2687.21	8.2	64
94	滨州市	2640.52	1.5	110
95	株洲市	2631.54	7.8	132
96	新乡市	2526.55	7.1	109
97	汕头市	2512.05	6.9	562
98	枣庄市	2402.38	4.3	247
99	龙岩市	2393.30	7.6	106
100	安阳市	2393.22	6.7	118

资料来源：2019 年《中国城市统计年鉴》。

后 记

本书稿从 2009 年确定选题开始，至今已超过了十个年头。这段时间也是我国城市经济发展变化最为活跃的阶段。因此，对城市经济问题的认识、理解在不断深化，写作大纲也经过了多次修改，数据、资料、案例的收集也在不断积累、丰富和完善。

时间进入 2020 年，为了加快完成书稿，博士生崔晓雨、王谦、王静田、王娜和硕士生陈祖贤、汪苇怡热情极高，积极加入了书稿的进一步推进工作中，在以前 20 余万字的基础上，开始了新一轮的数据资料更新、补充、整理和完善工作。

特别说明的是，王静田不仅承担了部分章节的写作，而且辅助对全书做了统稿，付出了很多努力。这本书，不仅是个人的认识和总结，也凝结着学生们的智慧和辛劳。在写作过程中，尽管疫情肆虐，但几乎每周都进行视频交流与探讨，实际上本书是师生共同的一个作品。

在此，对各位学生的参与和付出表示感谢！

付晓东

2020 年 7 月